一代宗师 旷世棋王

丁旭光 著

上海文化出版社

图书在版编目（CIP）数据

胡荣华：一代宗师　旷世棋王/丁旭光著. —上海：上海文化出版社，2018.8
 ISBN 978－7－5535－1283－9

Ⅰ．①胡… Ⅱ．①丁… Ⅲ．①胡荣华－生平事迹 Ⅳ．①K825．47

中国版本图书馆CIP数据核字（2018）第154563号

出　版　人：姜逸青
责任编辑：黄慧鸣
装帧设计：王　伟

书　　名：胡荣华：一代宗师　旷世棋王
作　　者：丁旭光
出　　版：上海世纪出版集团　上海文化出版社
地　　址：上海市绍兴路7号　200020
发　　行：上海文艺出版社发行中心
　　　　　上海市绍兴路50号　200020　www.ewen.co
印　　刷：上海天地海设计印刷有限公司
开　　本：700×1000　1/16
印　　张：15.75
版　　次：2018年8月第一版　2018年8月第一次印刷
国际书号：ISBN 978－7－5535－1283－9/K・157
定　　价：49.80元
告　读　者：如发现本书有质量问题请与印刷厂质量科联系 T：021－64366274

目录

胡荣华依然在春播（代序）　001

开端　001

棋坛老枪，横扫上海滩　003

荣华出世，启蒙法藏寺　008
  志成坊是石库门建筑　008
  父亲是他的启蒙老师　010
  母亲烧了他自制象棋　017
  一根铁签引出的话题　018

程门立雪，拜师窦国柱　021
  文史馆员窦先生　021
  今非昔比打浦桥　024

此生难忘，当年得意楼　026

珍贵照片，美哉徐大庆　030
  他依然在象棋表演队　030
  荣华富贵和富贵荣华　031
  为求师名徐老师请客　032

少年棋手，市队座上宾　035
  14岁入选上海象棋集训队　035
  零的突破　037
  棋手身上的时代烙印　040

参见魔叔，平生第一回　043

亦师亦友，上海三剑客　045

何顺安的陈年往事　045
　　朱剑秋的"鬼手百局"　049
　　徐天利的双枪宝典　053

雏鸟初鸣，一鸣惊五省　056

神机莫测，英雄出少年　057

动荡岁月，难忘是故人　069
　　贾友福的家成了小据点　069
　　路见不平，出手破局　072
　　嗜棋如命的"马王阿品"　074
　　何老师不敢枉东道　076

星星之火，燎原成重镇　077

前无古人，功成十连霸　079

兵败乐山，风光难再现　084

闭门思过，扬帆二七一　095

笑傲广州，横刀立马还　102

世人盛赞，霸主今又来　111

神话传说，世纪艳阳天　125

负重前行，老帅奋执鞭　129

大雪无痕，境界出天籁　133

千里之行，天山种友谊　139

万里奔波，美洲忙传道　146

三棋论战，英才叹空前　150

张弛有道，玩物不丧志　158
　　棋手和牌的不解之缘　158
　　两次夺冠前的奇妙巧合　159

一个由斗地主引出的话题　161

慧眼识人，响鼓重槌敲　166

低谷奋起的常昊　166

一夫当关的孙勇征　170

"以小打大"的谢靖　172

胡荣华象棋名局精选10局　177

第 1 局　杨官璘先负胡荣华　177

第 2 局　胡荣华先胜杨官璘　184

第 3 局　胡荣华先胜李义庭　193

第 4 局　陈新全先负胡荣华　198

第 5 局　李来群先负胡荣华　205

第 6 局　胡荣华先胜王嘉良　209

第 7 局　傅光明先负胡荣华　214

第 8 局　胡荣华先胜柳大华　220

第 9 局　胡荣华先胜黄景贤　226

第10 局　胡荣华先胜吕钦　230

胡荣华象棋年谱　234

跋　236

后记　239

胡荣华依然在春播（代序）　丁旭光

我行走在古镇一隅，视线胶着于街角的一幅春色对弈图，图中的主角，当然是对弈的一老一少。十几位观弈者或站或坐或蹲，呈挫低扬高状。

这一幅对弈图，把我带到六十年之前，卢湾区肇周路126弄弄堂口、顺昌路复兴路口的街角棋摊前、徐汇区现在的衡园小区南门西侧、当年标着斜土路1074弄的门牌但又不在斜土路上的1074弄那盏高高的昏黄的路灯下。当年戴着红领巾的胡荣华，与他的父亲与棋友与窦国柱先生一起，神游在楚河汉界中。窦国柱先生是我的近邻，当然也是我的老师。但是，我不可能成为胡荣华。因为，胡荣华只有一个。

1978年秋天的一个上午，窦先生远行之日，正是胡荣华和杨官璘准备代表中国从北京启程出国比赛之际。当天早上，胡荣华从北京直飞上海为窦国柱先生送行。我那天被窦先生家人委以重任，负责接待嘉宾胡荣华。

2017年3月26日的上午，我从一个有着四百年历史的古镇出发，去静安悦达广场，观摩一场"五星运动汇·挑战胡荣华"的胡荣华1对5的车轮战。"五星运动汇·挑战胡荣华"，是上海首届市民象棋挑战赛。此举旨在让业余棋手有机会过招胡大师。比赛已历时近月，吸引了八百余名选手参与。参赛选手分小学、中学、大学和成人四个组别，各组别产生的冠军再加一名马来西亚籍的外卡选手，五位民间高手向胡荣华发起5对1的车轮挑战。

身着蓝色上装的我，背着一个蓝色的双肩包，走在乡间的小路上，把自己交给了一大片油菜花的背景。那金黄色的油菜花，没有让我想起梵高的向日葵，但那似剪刀的三月的春风，让我感受到了金黄色的春天。

我是应邀而去。就在上一周，应中国象棋协会副主席王连云先生之邀，有幸和胡荣华、上海棋院院长单霞丽大师一起喝茶。茶叙中，胡荣华先生、单霞丽大师请我出任将要面世的上海棋院的杂志——《上海棋牌》"棋人棋事"栏目的专栏作家。几天后，我就把修改过的《神游在八荒六合中——中国棋王胡荣华侧记》的五千字的文稿，交给了上海书店出版社的副总编杨柏伟先生。文章于2017年10月，发表在《上海棋牌》的创刊号上。《上海棋牌》杂志，由杨柏伟先生鼎力。杨柏伟先生也是一位棋手，得道于住在静安区的象棋前辈屠景明。

而就在这同时，我正和米舒、管继平、杨忠明先生一起，为上海书店出版社要参加当年上海书展的一本《读书乐印谱》撰稿。巧上加巧的是，《读书乐印谱》的责任编辑，正是杨柏伟先生。从油菜花田野出发的这天早上，我正好完稿。

胡司令——胡荣华风采依然。1对5的车轮大战以他3胜2和收盘。胡司令当然不是为赢棋而来！

胡荣华，15岁，最年幼的全国冠军；

胡荣华，55岁，最年长的全国冠军；

十连霸，独霸棋坛二十年；

14次头戴桂冠。

前无古人！

后有来者乎？

赛前的舞龙，赛后的胡荣华象棋学校的小朋友们的书法和古筝表演；单霞丽大师的一袭米黄色的款款摆摆风衣亮相；胡司令的高足、全国冠军谢靖玉树临风的造型和潇洒的董旭斌大师；稳重厚实的葛维甫大师以及复旦大学的高才生、唱棋的葛慧莹。这所有的信息都指向了一点——传播文化！拓展象棋！

这历史性的画面，被苏进章先生悉数入镜。因为他知道，今天的现实，是明天的回忆、后天的历史。正如当天上午古镇的对弈图已经成为历史，下午悦达广场的对弈图，也已经成为历史。

我们都会成为历史。但是，有文字留证，有薪火相传，我们不会烟消云散。

胡司令知道，他今天的对手，正是明天的薪火相传者。

傍晚，回奉贤泰日乡下。正值夕阳西沉，一农人正在金黄色的花丛中拾缀，老农和夕阳重叠，画面优美至极，让我惚兮恍兮！倏忽间，那一片片金黄化为棋盘。而那老农，则成了棋盘上的播种者。

2018 年 4 月于雅庐半圆斋

开 端

1938年6月，川端康成在《名人》一书中这样描写当年还只是六段棋手的吴清源："现在的他又增添了高贵的、年轻僧侣的品格。看他的耳朵和脑袋，分明就是一副贵人相。可以说迄今还没有出现过像他这样如此明显地留给人天才印象的人。"

时隔几十年之后，另一位诺贝尔奖得主杨振宁先生这样评价吴清源："他就是物理学界的爱因斯坦，比爱因斯坦更爱因斯坦。因为，物理学界第一名和第二名的差距，没有围棋界第一名和第二名的差距那么大。"

两位对吴清源的评价都奇高，差异在一个是预判，一个是回顾。

我不是川端康成，也不是杨先生。作为象棋一代宗师胡荣华铁杆棋迷的我，和他们有一个共同点：都是棋艺爱好者。而且，都知道高处不胜寒独步天下棋坛者的智商、定力和成就。

胡荣华，15岁，最年幼的全国冠军；

胡荣华，55岁，最年长的全国冠军；

十连霸，独霸棋坛二十年；

14次头戴桂冠。

前无古人！

后有来者乎？

1960年全国个人赛第三轮中，杨官璘、胡荣华第一次在全国赛中相遇。角逐结果，年仅15岁、首次参加全国个人赛的弈林新秀，战胜了威震棋坛的三届全国冠军。这是象棋史上一则空前的新闻。胡荣华第三轮的胜出，为折桂冠奠定了重要的基础，从此矗起了一尊中国象棋的里程碑，就此开始了胡荣华时代。这局棋，全面展示了胡荣华在战略上敢于搏斗、善于争胜的精神面貌，充分体现了胡荣华勇于创新的棋艺风格。是局，杨官璘虽然在开局时失慎，但他在中残局逆境中展示的深厚功力，亦让胡荣华肃然起敬！

胡荣华令人叹为观止的成就，除了源于他的天才、源于极高的悟性外，更离不开他超人的勤奋：是他，首创了"中炮横车七路马"的布局；是他，发现了应付"中炮巡河炮"的最佳应着；又是他，创新了被古谱和今人否定的"飞相局""反宫马""鸳鸯炮"和"过宫炮"等布局。胡荣华行棋中出乎意料的妙手，堪称经典。观胡荣华行棋，虽一局已终，但三代仍有回响。

艺术，贵在创新。由于胡荣华的独创，使东方古老艺术的象棋，又一次获得了新生。

胡荣华的大名，在棋界与棋迷中是以顶礼膜拜的方式传播的。胡荣华行棋中的霸气，往往令对手噤若寒蝉。胡荣华以十连冠的彪炳战绩独霸棋坛二十年，"胡司令"的称谓也就成了他的雅号别称。

说到胡荣华，必须先说说上海棋坛；说到上海棋坛，就必须要说到杨官璘和上海棋手的快意恩仇。

棋坛老枪，横扫上海滩

当年，杨官璘到上海大兴公司来下棋，每一场比赛，老板都会付给他12元钱。杨官璘在大世界的出场费，也是12元一场。大兴公司在中百一店顶楼，下棋的氛围和条件都很好，游乐场每场给承包人30元，杨官璘的出场费多达12元。

上一个世纪的50年代初，杨官璘和广东名手陈松顺联袂，都是在盛夏抵沪，秋凉后返穗。陈松顺在上海下的棋不多，杨官璘下得很多。杨官璘与上海的各路高手，包括外地来沪的名手基本上都交过手。其中，除了北京谢小然与杨官璘二战皆平外，与杨官璘过招的其他棋手是胜少负多，杨官璘是战绩辉煌。杨官璘骄人的战绩，不但轰动了上海棋坛，也轰动了中国棋坛。

在杨官璘闯荡上海之前，上海的大象棋公开比赛，观众并不是很多。下棋的茶楼和酒家如老城隍庙的春风得意楼、福州路的青莲阁、中央西茶社、一家春、凤凰楼等地，最多也只能容纳二三百人。而且，往往也是虚位以待。即使是八仙桥青年会的大礼堂，坐满也不过三四百人。

因为杨官璘的到来，观众便趋之若鹜，几乎场场爆满。

1954年，年仅16有"独目神童"之称的李义庭，行棋已经十分老练。李义庭初来上海一试剑峰，就接连战胜了朱剑秋等多名上海好手。

一山岂容两虎！李义庭当然要挑战杨官璘。

第一场，李义庭在大新公司的露天花园挑战杨官璘。这一仗，李义庭是一鸣惊人，连胜杨官璘两局。第二局至残局时，双方都各剩车马兵，这本来应该是一盘和棋。但是杨官璘因为急于扳回，强行抢攻。结果，因疏于防守为李义庭所乘。

李义庭与杨官璘之战，轰动了上海。大家都以为连胜两局的李义庭会为保持名声返回武汉。但李义庭却没有金盆洗手的意思,决定与杨官璘下第二场。

第二场比赛,还是在大新公司的屋顶露天花园,观众超过了上一场,可谓盛况空前。那一天,除了顶层爆满,顶层下面的一层也是人满为患。为了满足下一层的观众看棋,主办方在下面一层置放了一个大棋盘,然后,按照上面传下来的报棋声摆棋。观众虽然看不到对局的杨官璘和李义庭,但也是享受了一次追星观棋。第二场比赛的结果是杨官璘扳回两局,双方总分下成平手。

下成2比2后,双方都意犹未尽,都不肯就此收手。于是,又进行了第三次的交锋。最后,杨官璘还是占了上风。

当时的杨官璘,除了下公开的大象棋比赛外,更多的时间是在茶楼与人下博彩棋,主要的场所是在淮海路重庆南路口的凌云阁茶楼。

杨官璘如此厉害,上海棋界还有谁能与之争锋?

上海棋界准备攻擂!

当时的上海棋坛,谢侠逊早就高挂免战牌。老七省棋王周德裕已经病故。除了新七省棋王董文渊,实力最强的公认是何顺安。与何顺安实力相当的棋手还有窦国柱、朱剑秋、屠景明、李武尚、董齐亮等。其他属一流高手的,还有徐大庆、陈荣棠、陈昌荣、刘彬如、宋义山、徐和良、何根林等棋手。

如何应战?谁打头阵?这个时候,陈荣棠主动请战!

这样,开路先锋的大任,落在了身材魁梧棋风剽悍的陈荣棠身上。

陈荣棠原籍江苏,是上海棋坛的一员虎将。他和已故棋手"百胜将军"万启有以及在沪的象棋大师徐和良一样,都被棋友们称呼为"小六子",均属一时俊彦。

陈荣棠以饶子、让先著称,尤精于后手"顺炮"与"单提马"布局。其行棋细腻飘逸又犀利泼辣。那年,上海象棋界"四金刚"之一的林荣兴夭亡后,陈荣棠是理想的递补人选。但由于其师"白莲教主"李武尚属意于其爱徒小阿四何顺安,于是上海棋坛的四金刚,只能抱残守缺。提到陈荣棠,必须提一提何顺安。因为,何顺安后来成了胡荣华的老师。

有一段时间，李武尚因公出差办理侦缉案件。为了使何顺安的棋艺能继续博采众长日有所进，李武尚临时委陈荣棠代为授教。其时，何顺安虽然崭露头角，但总是被陈荣棠让先。李武尚看在眼里，急在心头。有一次，李武尚故意说陈荣棠的棋路缺乏何顺安的灵活多变，比较呆板。如果下分先棋，陈荣棠恐难乐观。陈荣棠听后不知是计，自然是言难入耳。陈荣棠坚决要求与何顺安下一次十局赛，并且愿以二搏一斗彩。如是这般，一台好戏就在柳林路李家客厅上演。

与何顺安相比，陈荣棠是久战沙场，功夫当然老到。经过三个晚上的交兵，陈荣棠在分先对抗的十局赛中，以四胜三负三平占得上风。拿下十局赛后，陈荣棠是沾沾自喜。正当陈荣棠在享受胜利的快乐时，那厢的何顺安却发话："论局数你是多赢了一局，但以二搏一来计算，应该是我赢而不是你赢了。"

陈荣棠突闻何言，一时间哑口无言。一旁的李武尚见状，立马出来解围："这场干戈，是我挑起。老陈的身手确实不凡！阿四也得到了磨炼的机会，我自己也获益匪浅。你们两人都是赢家。这彩金，应该由我来承担。"

李武尚的爱徒之心，让人感动！

在传道授业上，何顺安有其师之遗风。多少年之后，何顺安作为胡荣华的老师，也是不遗余力！

身材魁梧主动请战身手不凡的陈荣棠面对身体瘦弱的杨官璘时，功力尽退，且五战尽墨，惨败下台。

陈荣棠下去了，朱剑秋上来了。扬州三剑客之一的朱剑秋擅长攻杀。朱剑秋与杨官璘在当时的东南棋会所在地金陵酒家恶斗两场，结果，朱剑秋还是不敌杨官璘。有一局，杨官璘中局弃车，以马炮入局，弈来如行云流水，精彩纷呈。

三战大将是棋艺不俗、为人忠厚随和、人称"烂好人"的宋义山。宋义山与杨官璘的首局在上海市工人文化宫进行。宋义山手起刀落胜了一局。这个时候，有人以李义庭为例劝宋义山见好就收鸣金息鼓。宋义山感到如此行事属不义之举，继续和杨过招，结果当然是连战连败。尽管宋义山败走麦城，但人们还是对宋义山赞誉有加。

第四位出场的是小阿四何顺安。何顺安行棋阴柔稳健，他的棋力，仅次于当时的董文渊。

第一局，和棋；

第二局，和棋；

第三局，还是和棋。也就是说，前三局全部是和棋。人们对何顺安抱有期望，希望何顺安拿下杨官璘，让上海棋坛扬眉吐气。

第四局开始了：开局，双方咬得很紧；中局时，继续呈胶着状态。看样子，还要下第五局。

第五局，又是和棋。

连和九局，何因此得"和棋大王"称号。

第十局，何顺安宁波帮粉丝要何顺安拼。何因强博告负。何顺安和前面三位大将一起，站在了同一个终端。

前四轮，上海的四员大将全部被杨官璘降伏。

第五轮，还有谁能上呢？

这个时候，有人想起了徐和良。徐和良当时名气并不是很大，但他下棋不落俗套很少走流行局面。而且，还擅长下让子棋。因此，大家想到了"以奇胜"。

徐和良也没有创造奇迹。

野路子的徐和良没能做到出奇制胜，反而被杨官璘"以正合"了。

棋艺超群的董文渊是上海的最后一张"王牌"。

董文渊原籍杭州，继周德裕之后，获得新七省棋王称号。除了象棋外，董文渊的围棋水平也极高——据说围棋可与当时的刘棣怀、顾水如等围棋国手有一比。董文渊与杨官璘的交手，第一次1比1平分秋色。以后，两人下六局赛，董文渊还是输给了杨官璘。其实，董文渊和杨官璘两人的棋艺功力相当。但是，因为杨官璘是有备而来，在开局上有所创新，且中局又善变。这样，往往在中局时，杨官璘已经奠定了优势。不过，董文渊的残局功夫也实在是了得。董文渊残局时善于声东击西，死缠滥打。有一次，在国际饭店孔雀厅的公开比赛中，至残局时，杨官璘已大占优势，胜利在望。但见董文渊来一个金蝉脱壳，玩起了一将一捉。杨官璘认为董文渊应该变着，董文渊认为自己可以不变——要变你杨官璘变着，要么和棋。双方一时争执不下。当时，还没有全国统一的棋规，裁判长就代表了棋规。裁判长李武尚在上海棋界有一定威望，棋艺又高超，曾胜过七省棋王周德裕。因其行棋诡异多变等原因，被上海棋界称为"白莲教主"。李武尚作出了双方不变作和的判定，杨官璘只能无奈接受。

在杨官璘面前，上海的棋手全军覆没！

不仅如此，杨官璘在凌云阁还下让子棋。上海的二流棋手如王寿海、韩文荣、李萃升（后改名为李立远）、许立勋、邱永高、姚镜容等，都被杨官璘让马分先，即一盘活马，一盘马先。结果，让活马时杨官璘几乎全部胜出，让马先时互有胜负。

杨官璘不仅战胜了上海所有高手，还在上海迎战外地来沪的高手。这一些高手中有北京的侯玉山、谢小然，天津的马宽，杭州的刘忆慈，温州的沈志奕，嘉兴的高淇，平湖的朱明华，以及湖北的罗天扬、李义庭等人。对阵的结果，还是无人能出其右，杨官璘是一统天下。

杨官璘平时不食烟酒，下棋时，对手往往是香烟不断，而杨官璘只是偶尔吃一块润喉糖。当年，在上海的几家乒乓房里，经常可以看到杨官璘的身影。杨官璘看上去身体瘦弱，但下起棋来却精神十足，这大概是注意养生之道，锻炼身体的结果吧。

对广大棋迷来说，杨官璘成了一个永远的传说。

杨官璘连年征战上海，攻无不克，战无不胜。在胡荣华崛起之前，又两次获得全国冠军，风头之健无人能与之比肩。

杨官璘的上海之行，给了上海棋坛一次次的下马威，让上海棋手的颜面一次次全无。不过，杨官璘的上海之行，客观上推动了上海象棋运动的发展。

当时的上海棋坛，已经没有人敢说把杨官璘从神坛上拖下马。上海的棋手和棋迷们只是在默默地祈祷："谁能让杨官璘的锋芒收敛？"

那个时候，胡荣华还只是一个留着小辫子的不会下象棋的小小少年。

荣华出世，启蒙法藏寺

志成坊是石库门建筑

胡荣华的祖籍是江苏建湖，他1945年出生在上海。全家靠母亲在针织九厂做工糊口。针织九厂是以后的名字，那个时候叫荣银针织厂，厂址在建国路马当路那里。解放初期，胡荣华去过荣银针织厂。因为劳资纠纷，工人罢工，私营老板发不出工资。胡荣华的母亲去找老板时，家里没人，母亲不放心把胡荣华一个人放在家里，就带着他一起去工厂，向老板讨工资。老板不是没有钱，只是想拖欠工资。当时，胡荣华耳朵里划过母亲的一句话："老板有绿纸头（美金）。"

去母亲的荣银针织厂，要经过顺昌路建国东路。建国东路96号，是一家当铺，叫协裕当。协裕当早在1921年就在康悌路145号（今建国东路96号）开业，是原卢湾区境内最早的一家当铺。抗日战争爆发以后，租界难民云集，上海的典当行业空前兴盛。解放战争时期，上海物价飞涨，典当行业也因为入不敷出大量倒闭。到解放初，典当行的数量大大减少。"协裕当"是诞生最早、消失最晚的一家当铺。"协裕当"1921年诞生，迟至1966年，仍在从事和典押贷款有关的业务。

胡荣华的母亲如果在老板那里讨不到工资，就会拿着家里的细软，牵着胡荣华，走进"协裕当"。

母亲一个月的收入70元不到，当时最低生活费是人均8元以下，可以得到政府的补助。

胡荣华记得，在他很小的时候，父亲的行动已经很不方便。走路的时候，脚朝外呈外八字。走不了几步，已感到吃力，这个时候，他要扶一下墙壁再继续行走。父亲的脚一开始是有点痛，走不动。慢慢的，越来越不能走了。按现在的说法，应该是风瘫。

胡荣华有兄弟姐妹五个，胡荣华排行老二，上面一个姐姐，下面有一个妹妹和两个弟弟。胡荣华本来是弟兄四个，走了一个。那个时候，大多数家庭是多子女。当时的社会医疗水平，还是比较低的。胡家其实有兄弟姐妹七个，走了两个。

胡荣华1945年出生在上海肇周路126弄。肇周路126弄，也叫志成坊，是石库门建筑。石库门作为特定历史时期的住宅，是上海文化的一个缩影。石库门是出现在上海设立租界之后，也就是1860年前后。一般来说，石库门都是砖木结构，以条门框、黑漆大门为最显著的外形特征。中国传统建筑大到宫殿寺庙，小到平民住宅，都是一个个独立的单体。石库门房子继承了传统，是既有房屋，又有院子。石库门不像传统民居，它是一幢连着一幢联成一排，给人一种紧凑的感觉。石库门是中西建筑理念交融的产物。

志成坊离现在的"新天地"很近。那时候，志成坊是一坊跨两区：肇周路的北面是卢湾区，路的南面是南市。志成坊属于卢湾区。因为三区合并，现在的志成坊，属于黄浦区。1949年以前．肇周路上竖着高高的铁栅栏。路的北面是法租界，路的南面是中国地界。陈旧的志成坊建造到现在，已经有八九十个年头了，至今还没有动拆迁的腔调，户口也没有冻结。

志成坊34户人家，都盼望志成坊遇到"新天地"的开发商香港瑞安集团，遇到罗康瑞，让志成坊也新那么一回。挨家靠户的志成坊的黑漆漆的大门，是一扇连着一扇。志成坊34户人家是低头不见抬头见，人前不说背后说——彼此都了如指掌。不要说一家一户住着几位长辈几个孩子，连他们的七大姑八大姨上门，也都能说出个子丑寅卯来。上海弄堂里流行的"大怪路子"和麻将，在胡荣华幼时的志成坊里已经依稀可见。除了象棋，胡荣华的"大怪路子"和麻将，都是在幼时无师自通于志成坊。

尤其是在冬天，在暖暖的太阳下，志成坊的过道上，常常被几个牌摊占领，牌摊是六个人为一个集体，以年长的男性为主。基本上是一片浓重的黑色：黑色的棉衣黑色的棉裤。胡荣华记得，那个时候的棉裤是不用皮带的，穿棉裤的时候右朝左拉一下，继而是左朝右紧一下，然后是用一根布带围腰打结。那个时候的玩牌，基本上都是三打三的大怪路子，也不赌钱。赌钱也是在外人看不见的地方。因为，哪怕你输赢很小，也要被处罚。

小时候，胡荣华听母亲说志成坊的弄堂口，原先有大铁门。半夜里，大铁门关闭后，有居民晚归时，会扬起头来叫喊。不一会，过街楼上的阿福师傅就会下来开门。1958年，国家号召"大炼钢铁"，居委会当然是不敢怠慢。于是，就紧跟形势，把大铁门拆下，扔进了炼钢炉。这一扔，就让负责开门关门的阿福师傅，因为无门可关，自然下岗。哦，那个时候不是叫下岗，叫失业。胡荣华听母亲说了大炼钢铁和阿福师傅无门可关的事情后，就开始杞人忧天：上海有那么多的石库门，那么多的大铁门，这样的大炼钢铁，又会让多少个阿福师傅无门可关？

父亲是他的启蒙老师

中午，清脆的放学铃声，回响在吉安路小学校园的上空。雀闹枝头的嬉笑声，从一拨戴着红领巾的孩子群里传来。在众多活泼的笑脸中，一张少年老成又非常可爱的面孔，穿过了蹦蹦跳跳的孩子群。他稚嫩的脸膛，长长的睫毛下，是一对传神的大眼睛。他拎了一只褪了色的蓝书包，快步走出吉安路小学的大门。

经过复兴中路顺昌路口时，小男孩停下了脚步。那双机灵的大眼睛，胶着于铁门里棋摊的棋盘上。他，就是胡荣华。

胡荣华学中国象棋比较晚。胡荣华现在回想起来，在他能记事的时候也不会下象棋。1950年，上海"二六轰炸"时，弄堂里拉起了警报。听到警报声，家人马上叫胡荣华钻到八仙桌下面。后来，胡荣华才知道，这是"二六轰炸"。

1950年2月6日中午，一阵凄厉的空袭警报声，响彻上海。

退守台湾的国民党空军出动四批次17架轰炸机飞临上海，对杨树浦发电厂等重点目标进行了轰炸，使上海供电几近瘫痪，并造成1400余人伤亡，损毁房屋1100余间，史称上海"二六轰炸"。

胡荣华听到的轰炸声音，是从卢家湾传来。卢家湾在上海卢湾区的打浦桥地区。在卢家湾的徐家汇路与重庆南路交会口的西北处，当时有一座发电厂，也是国民党空军的轰炸目标。

除了发电厂被炸外，一颗炸弹落在了徐家汇路西侧接近474弄的人行道上，造成重大伤亡。当时沿街都是木结构房子，爆炸很快引发大火，烧到了474弄弄堂口。火势蔓延速度很快，从弄堂口烧到弄堂里。石库门房子的外立面是砖混结构，里面全是木结构，包括楼梯楼板。一家着火，会殃及邻居！所幸的是消防人员及时赶到，控制了火势。

"二六轰炸"后，时任上海市长的陈毅震怒。不久，上海市公安局抓获了一个国民党特务小组。

"二六轰炸"时，5岁的胡荣华还不会下象棋。胡荣华下象棋的年龄，大概是在八九岁之间。

上一个世纪50年代末60年代初，是我国象棋界的春天。当时的上海棋坛，非常活跃。以擂台赛为首的赛事频繁，出现了历史上从未有过的繁荣景象，上海成了象棋的鼎盛之乡。棋坛上不但涌现出许多本地的象棋高手，就连全国各地的高手也经常云集到上海。这一切，为胡荣华棋艺的进步和发展，创造了良好的条件。

那个时候，上海的《新民晚报》上经常会出现六龄童、七龄童等小棋手的名字。在介绍一些象棋名手时，也常常出现名手五六岁就弈棋的信息。1953年，上海出现了两个象棋神童：一个是七龄童李耀芳，一个是十龄童郑渭森。李耀芳师承何顺安，郑渭森的老师是陈昌荣。陈昌荣是上海市前六名的好手。何顺安和陈昌荣均属白莲教主李武尚的门下。有一次，李耀芳和郑渭森两位神童在八仙桥青年会作公开表演赛。因为是第一次，整个青年会大礼堂被观众挤得水泄不通。交锋结果，李耀芳先走顺炮负于郑渭森。台上杀得昏天黑地，台下何顺安和陈昌荣的双手却紧紧握在了一起："师兄果然厉害！由于你的指点，小郑用你擅长的横车夹马招法为直车夹马，李耀芳拳打不识，还是败下阵来。"

没过多久，七龄童李耀芳败于十龄童郑渭森的对局，上了1956年广东《象棋》双月刊的总第3期上。《象棋》双月刊是当时国内唯一的一本象棋杂志。

郑渭森是陈昌荣唯一的徒弟。每逢郑渭森出战，不管战前战后，陈昌荣总要为他悉心定策或复盘。他对郑渭森说："我自己从来不拆盘面，为了你，就破例了。"

在陈昌荣的悉心辅导下，郑渭森的棋艺日有所长。大新游乐场八楼屋顶花园的棋坛，还特地聘请他担任"小台主"，专门在余兴节目中应战来宾。郑渭森的应众，时常赢来满堂的喝彩声。李耀芳自从拜何顺安为师后，棋艺也是日渐精进。李耀芳不但在上海的各个棋场一展风华，还经常外出到浙江和江苏等地的工人俱乐部与文化宫作巡回表演。有一次，李耀芳随"百岁棋王"谢侠逊去苏州应众献艺，盛况空前。一局甫终，掌声不绝于耳。

当七龄童李耀芳和十龄童郑渭森的大名频频见报之际，8岁的胡荣华刚刚开始下棋。李耀芳和郑渭森没有想到，假以时日，他俩会和胡荣华同场竞技并俯首称臣。胡荣华当然也没有料到，几年后的一个晚上，他应众时会拿下陈昌荣。之后，陈昌荣又成了他的师伯。

父亲是胡荣华学棋的启蒙老师。父亲只是和邻居下棋，有时会请上两三个邻居在家里下棋。以现在的标准来衡量，父亲的水平是很低的。低到什么地步呢？胡荣华进市队后，难得回家一次。有一次，回家的胡荣华，看到父亲正和邻居下棋。对方姓王，年纪比胡荣华爸爸小一点。胡荣华只是一瞄，竟看到两个人都走了瞎眼棋——两个人的车都在对方的口里。而且，两人下得都很起劲！后来，这位姓王的叔叔搬走了，父亲又和胡荣华姑姑的儿子下。姑姑儿子的棋和父亲也是脚上脚落，可谓棋逢对手。

正是水平不高的父亲，让胡荣华对象棋产生了极大的兴趣。胡荣华8岁那年的一个晚上，略懂象棋的父亲把胡荣华和姐姐叫在一起："我来教你们下象棋吧。"父亲讲解了各个棋子的走法和规则后，就让胡荣华和姐姐对弈。胡荣华人生最早的两局棋，都被姐姐"将死"。胡荣华虽然输了，却对这32个红黑棋子产生了强烈的兴趣，他体会到了一种从未有过的乐趣。当时的胡荣华，长得十分瘦小，是个挺不自信的孩子。和小朋友玩弄堂游戏，也是一直在输。平时在学校和家里游戏时，又总是听同学或者姐姐呼来唤去。而象棋却能让胡荣华感觉自己就是一个大将军，他可以对车马炮随意指挥。胡荣华从象棋里得到了乐趣，找到了自信。

从此，胡荣华和象棋结下了不解之缘。

当年，父亲教胡荣华和姐姐下棋，为的是增添家庭生活的乐趣，也是让孩子们不会因为无所事事，外出惹是生非。

胡荣华和父亲下棋的地方，是志成坊18—24号之间的过街楼下。这过街楼是志成坊的北出口。18号，是胡荣华姑姑家。18号和24号中间，朝北走几步，才是过街楼。天热的时候，那里有穿堂风。过街楼的北面，是吉安路300弄。300弄的北面，才真正是300弄的地块。300弄的南面，属于志成坊。胡荣华家是24号，24号在弄堂尽头，从胡荣华家的这一排拐个弯，穿过长30多米的300弄的弄堂，就到了吉安路。300弄这条弄堂，因为宽不到2米，显得很远很深。

一开始，胡荣华就对32个红黑棋子兴趣浓厚，但水平却是很差。在学会了简单的规则和车马炮的走法后，8岁的胡荣华就沉迷在楚河汉界中不能自拔。棋瘾上来了，小伙伴找到了，却没有象棋了。家里的那一副象棋，是父亲的常用物品，胡荣华轻易不用。

胡荣华知道家里生活不富裕，他也不习惯随意向大人要钱。

怎么办呢？没有棋子，就自己动手。胡荣华找来一张硬纸壳，用姐姐的圆规画了许多小圆圈。然后，再把圆圈一个个剪了下来。剪下的圆纸片往往超过了原来画好的尺寸。圆纸片上的"车马炮兵将士象"，虽然一笔一画如同刀刻，但还是歪歪斜斜。对年幼的胡荣华来说，这凝聚了他心血的圆纸片，是他的珍品。

有时，胡荣华也会奢侈一下，花2分钱去买一副纸质象棋。纸象棋为两张，红黑各一张。纸象棋买回来后，胡荣华会把棋子剪下来，然后贴在硬纸壳上。

32张圆纸片，孕育了一代宗师。胡荣华的成功，始于32个圆纸片。

一开始，学校里的同学是他的玩伴。很快，同学就不是他的对手。于是，胡荣华又转到里弄里找同伴下棋。年龄相仿的孩子中，会下象棋的不多。于是，他就找叔叔伯伯过招。叔叔伯伯的象棋水平，当然是高于胡荣华。叔叔伯伯们从让胡荣华车、马、炮开始；不久之后，只能让车、马；再以后，从只能让单车或者双马、单马直到让先。两年后的一个黄昏，一位经常和胡荣华下棋的叔叔看着棋盘，郑重地说道："以后不能让你先了，应该分先了。"

左邻右舍中，有很多人喜欢下棋。隔壁街坊，也就是吉安路300弄里，有几位高手。其中，有一位高手经常到淮海中路的凌云阁茶楼喝茶下棋。于是，胡荣华就一直缠着这位高手。高手也要工作，没那么多时间下棋。好在，当时上海有不少棋摊，下棋者众多。没隔多久，胡荣华就成了他家附近顺昌路上一家棋摊上的常客。又过了很短的时间，胡荣华就成了棋摊上的"坐地虎"。

后来，胡荣华知道，凌云阁在淮海中路重庆南路（现在的妇女用品商店边上）处。凌云阁在二楼，有60—70平方米。凌云阁下面是点心店。凌云阁的营业时间一般是朝九晚五。

上个世纪50年代初的凌云阁，是上海棋坛名手荟萃之地，是象棋的少林寺。外地棋手到上海，也必定去那里"造访"。仅凭"到凌云阁下过棋"这一句话，就可赢来棋友的赞叹。坐在凌云阁里的，都是象棋高手。连"扬州三剑客"之一的周德裕也到过那里。生于1900年的周德裕是江苏扬州人，得道于其父周焕文教授，集诸家之长，棋艺全面，长期活跃于上海棋坛。周德裕1930年代表华东去香港参加华东与华南埠际大赛，也曾和万启有代表华东在上海参加华东华北埠际大赛，成绩优异，被棋界誉为"七省棋王"。周德裕后来以棋为生，1933年旅居香港，并弈游广州及东南亚一带，常以擂台赛形式，轮战华南诸强手；1941年回沪后，仍以辅导棋艺为业。周德裕曾主编香港《华字日报》象棋专栏，著有《象戏勾玄》《象弈讲义》等，对先手中炮攻后手屏风马，有精辟见解。周德裕这样的一位象棋剑客，都去过凌云阁，凌云阁档次，可见一斑。更重要的是，周德裕和后来成为胡荣华老师的另外一位象棋剑客，不但是同乡，而且，师出同门。

吉安路300弄，是志成坊的北出口。吉安路北到崇德路，南至肇周路，全长700米左右。吉安路于1902年修筑，起初叫梅林山路。1906年，以法国工董局一位董事的名字命名为茄勒路。茄勒路这三个字用上海话读出来还是有法国味道的。租界收回以后，茄勒路改以江西吉安命名。如今，吉安路的北边已经拆光了，复兴中路到肇周路这一段，还有几家弄堂工厂,还可以感受到民国时代的意味。

以复兴中路为界,吉安路被分成两段。复兴中路以北,已经成了新发展区域的新天地板块。在这个区域里,大型的商业建筑覆盖了原来的石库门旧居。复兴中路以南的吉安路,还保留着老上海的腔调。

吉安路300弄的斜对面,有一座佛庙,叫法藏寺。法藏寺是老卢湾区规模最大的佛寺,门牌号码是吉安路271号。胡荣华和271这个数字有缘。271是胡荣华的幸运数字。

法藏讲寺始建于1924年,五年后落成。寺又简称法藏寺,创建者为天台宗兴慈法师。兴慈法师原在天台山,1918年应哈同夫妇邀请来上海开讲《天台四教仪集注》,住小南门青龙桥的超尘精舍。居士们见其住所窄小,赞助他于1924年在吉安路购地5亩,筹建寺院。于是,就有了这座寺院。寺院以法藏比丘专修净土法门为宗得名。首任方丈就是兴慈。寺院占地不大,只有2713平方米,建筑面积也不过是6357平方米。此外,它的结构与其他寺庙没有什么两样。但法藏寺是上海唯一的天台宗道场,也是天台宗、净土宗的著名寺庙之一。

现在看到的法藏寺是上世纪90年代以后修复的,以前,这里曾经是吉安路小学、无线电厂、玩具厂和戏剧服装厂……法藏寺的对面,有一家清真永丰面馆,父子两代经营面馆已达七八十年。

小时候的胡荣华,有时也会奢侈一把,到老面馆里去尝鲜。对胡荣华来说,老面馆就是他童年的味道。如果这味道还要再深究一层,那么,童年里,还有双档(面筋、百叶包)的鲜、鸡鸭血汤的香,另外加上油墩子油炸表皮和里面萝卜丝的清新。这是童年的味道,也是老卢湾老南市的味道,更是上海的味道。

因为出了一代象棋宗师胡荣华,所以,东面通吉安路南面通肇周路的志成坊,成了吉安路上名气最响的弄堂。

志成坊是上海老城厢里的老弄堂。一般来说,老城厢里的老弄堂受条件限制,有时会杂乱无章。志成坊却是一尘不染,很整洁,让人刮目相看。志成坊里的一位阿姨曾对人说:"因为阿拉弄堂里住的上海人多,所以干干净净。"

志成坊阿姨的这一句话,只是说了一个表象。真正的原因,是志成坊的一头是法藏寺。因为法藏寺近在咫尺，自然会影响人们的举止行为。还有就是，小小的只有34户人家的志成坊，出了一代象棋宗师胡荣华和另外两位艺术家：一位是画家仇德树，一位是作家童孟侯。

1948年出生的仇德树，在上塑十八厂和卢湾区文化馆做过美工。仇德树在"文革"中也是两耳不闻窗外事，经常把自己的春秋锁在法藏寺里，面对菩萨笔墨纵横。1979年，仇德树组织了"草草画社"，从此走上艺术之路。仇德树艺术语言和哲学思考的核心是"裂变"。

作家童孟侯在上海滩的文学圈子里，也不是一个小众人物。后来，童孟侯还在《解放日报》发表的文章里，写到了志成坊，写到了胡荣华和仇德树。

志成坊里，有一棵长得歪歪扭扭年头很长的无花果树。夏日时节，是无花果结果的时候。多年前的胡荣华，应该爬上去采过无花果吧！

画家仇德树和作家童孟侯是否爬过无花果树不得而知。但是，无花果树上一定还保留着胡荣华的印记。因为，胡荣华的平衡力是非常之好。小时候，他常常在志成坊的弄堂里侧身翻。而且，一翻就是十几个。即便在五羊杯激战之际，除了读小说，胡荣华还会到公园去玩碰碰车。2017年12月6号上午8点，在上海象棋院全国大学生比赛的开幕式上，西装革履的胡荣华、中国象棋协会副主席王连云、中国棋牌协会象棋部主任特级大师郭莉萍，和大学生象棋运动员分批合影。合影后，三人一起去了上海棋院的二楼贵宾室。脱下西装的胡荣华，随和自然。当我问起他小时候在志成坊弄堂里玩侧身翻的情景时，我们的胡大师竟然孩童般地旋转起来。一旁的两位忍俊不禁。而我，则迅速伸出双手看着胡大师。当然，我的担心纯属多余。

志成坊的"阿拉"们在潜意识里都认为，志成坊是一块风水宝地，因此也就倍加珍惜。

吉安路300弄弄堂口一侧，有一个老虎灶，下面出售热水，价格低廉。20世纪的50—70年代，每瓶热水是1分钱。老虎灶的上面，是茶水坐堂服务，可以喝茶泡茶，可以下棋。马路上下棋的那一伙棋友，下雨时会移至老虎灶楼上，继续他们的车马炮。这些良好的外部条件，为胡荣华棋艺的进步和发展，打下了良好的基础。

20世纪80年代末，旧区改造后，煤气使用普及，老虎灶消失。

母亲烧了他自制象棋

放学后，或者是节假日，不管是身在何处，胡荣华都会带着那副心爱的纸壳象棋。胡荣华常常会结伴到老西门垂柳婆娑的树荫下，兴趣盎然地和小伙伴们车马争雄。很快，纸壳象棋上的字迹因摩擦次数太多，变得模糊不清。胡荣华见状，会很专心地用笔重描。不多久，字迹又被磨掉，胡荣华会再描上一描。就在"一磨一描"中，胡荣华对车马炮之道顿悟，水平自然是日有所长。胡荣华成为学校和弄堂里的棋大王。

其后，胡荣华开始了他的浪迹天涯——去棋摊上闯荡江湖。

看到胡荣华的棋艺日有所长，父亲非常高兴。他已经隐隐约约地意识到，儿子是一个可造就棋才。

父亲是高兴了，但母亲却不高兴了。原先总是笑嘻嘻看着胡荣华和姐姐和父亲下棋的母亲，开始坚决反对胡荣华下棋。母亲反对胡荣华下棋，并不是胡荣华因为象棋影响学习，胡荣华不仅从没有耽误过功课，而且，成绩一直是优良。胡荣华的记忆力特好，即使晚上因下棋来不及背书，第二天早上读上两遍，过目不忘。

有好几次，母亲甚至把胡荣华的象棋丢到了煤球炉里焚烧。母亲坚决反对胡荣华下棋的原因，是因为胡荣华在棋摊上下棋，经常是下到很晚才回。不仅如此，下完棋回家后，还经常坐着发呆。有时，含着饭也在想棋。特别是1956年广东省的《象棋》双月刊出来后，胡荣华在象棋上用力更甚。

胡荣华用妈妈给的零钱，一分一分地藏着，凑齐一毛钱后，就会去买一本《象棋》双月刊。买来后，先要看封底的实用杀局的测验。《象棋》双月刊上的实用杀局，比加减乘除复杂多了。胡荣华也不摆棋子，就在脑子里拆棋，胡荣华超人的记忆力很可能与这个童子功有关。实用杀局是先走方胜，和江湖排局的和棋相比，难度相对小一点。

　　胡荣华确实很迷象棋，有时母亲叫他吃饭，他也没有听到。吃饭时，胡荣华还用筷子在桌上画来画去，寻找残棋的突破方案。母亲见状，非常担忧，她怕胡荣华因棋走火入魔。于是，便采取了极端行为。

　　经过几次烧了做、做了烧的反复，更因为胡荣华没有因下棋而耽误功课，人也没有因下棋变傻，又加上父亲的支持，几个月后，母亲终于让步，不再反对胡荣华下棋，也因此不去烧胡荣华的象棋了。

　　胡荣华的小学最早是在靠近肇周路的一所私立小学，叫思诚小学。后来改名为吉安路小学。改成吉安路小学后，小学的一半，在法藏寺里，胡荣华就在法藏寺里上课。和思诚小学相比，法藏寺里的课堂条件，算是好的。现在仔细想想，思诚小学应该改名为吉安路小学，吉安路小学也应该在法藏寺里上课。因为，这思诚两字，含有佛味。

　　胡荣华很快成了吉安路小学校"棋大王"。每天放学回家后，当然是先做功课。那时功课好像也不多，胡荣华经常在学校里就做好了。做完功课，胡荣华就找人杀几盘，实在找不到人，就到志成坊弄堂口的棋摊，或者到附近的复兴中路顺昌路口的棋摊上，去看别人下棋。

一根铁签引出的话题

　　复兴中路顺昌路口摆棋摊的，是一个比较随和的中年人，姓邓。因为胡荣华放学回家经常去看棋，邓老板当然也注意到了戴着红领巾的胡荣华。在邓老板的棋摊上，从来没有胡荣华这样的小不点儿。而且，胡荣华的神态，又是那样的专注，那样的少年老成。那时的棋摊，下一盘棋由输者付2分钱，和棋一人1分。作为孩子的胡荣华，只能站在棋摊一旁当观众。一天，也许是因为生意清淡，也可能是想测试胡荣华的棋力，邓老板主动招呼胡荣华和棋客分先对弈："小朋友，你怎么光看不下呢？"

　　胡荣华老实说："我没钱。"

　　邓老板说："你在这里下棋，输了不要你付钱。"

听到不需要付钱，胡荣华便高高兴兴地坐了下来。不一会儿，过来了一个要下棋的成年人。摊主上去介绍："今天这里没有人，你不如和这位小朋友下几盘吧。"对方看到确实无人，便坐下来漫不经心地和胡荣华你来我往起来。当时的胡荣华，9岁刚出头，个头又小，成年人一般不会把他放在眼内。没想到，胡荣华竟连胜了几盘。对方绝对没有想到，他会连输4盘给胡荣华这样一个小孩，这个时候，棋摊上已有旁观者。之后，又换了几个对手。邓老板没想到，胡荣华在接下来的一个小时里，又胜了10盘。这不是胡荣华的最高纪录，有一次，胡荣华在一个小时里赢了23盘，帮老板赚了4角6分。胡荣华大过了棋瘾，摊主当然是十分高兴。他希望胡荣华多去去他的棋摊，条件还是不变，胡荣华输了不付钱。那个时候的胡荣华，已经知道自己的实力：在邓老板的棋摊，他不大可能输棋。邓老板是让他这个小孩子为棋摊招引对手！按照时下的说法就是为他做广告代言人，而且又是免费的。那时行话，他胡荣华就是坐地虎，地头上的老虎。当时的胡荣华没有想那么多，胡荣华只是想万一我输了，不需要付2分钱，又有棋可下，很划算。胡荣华的广告效应确实很大！大到什么地步呢？每当胡荣华在那里和大人下棋，他们的周围，都会被围得密不透风，胡荣华的身后，人更多。因为胡荣华人小，观棋者在胡荣华的后面看得更清楚。有一次，胡荣华下得兴起，忘记了回家吃晚饭。母亲先是到弄堂口的棋摊找他，没找到。母亲又赶到复兴中路顺昌路口，走进棋摊后，她一时竟没有看到胡荣华，胡荣华被淹没在人群里。

胡荣华回忆：复兴路靠近济南路那里，扬州人陈荣棠开过一个棋摊。陈荣棠当时也是上海名手，他那个棋摊开的时间不长。复兴路顺昌路铁门里老邓的棋摊，开的时间比较长。但是，老邓棋摊头棋艺的平均水平，稍微差一点。好一点的是在顺昌路往北面走，在以前的顺昌路小菜场对面的香烛店。那个时候，香烛店里最好的棋手是汤秉堂，汤秉堂的水平，当时在上海三流棋手里是最高的。

今天的复兴中路顺昌路口，已经是旧貌换新颜。当年的石库门建筑早已影踪全无。有时，怀旧的胡荣华，只能是面对现代化的建筑，回味当年。

说起小时候下棋的棋摊，胡荣华想起了一件事。有一次，杨柏伟问胡荣华："在以前的老照片上看到棋摊一侧有一根铁签状的东西，上面有一圈一圈的牌子，那是塑料筹码吗？"

胡荣华告诉杨柏伟，那确实是筹码，但不是塑料做的。那个年代，还没有塑料。筹码是用硬纸板剪出来的，一个筹码代表2分钱。2分钱一盘棋，不算低。要知道，当时的大饼，不过是3分钱一个。

1967年生人的杨柏伟，毕业于上海大学历史系。毕业后先后任职于上海辞书出版社、上海文艺出版社、上海书店出版社，曾做了17年的棋牌类图书的编辑。在中国的出版界，编辑棋牌类图书最多的编辑，应该是非他莫属。不仅如此，杨柏伟还与棋坛名宿屠景明合作，编著了一本发行量达30万册的《中国象棋辞典》。

程门立雪，拜师窦国柱

在顺昌路棋摊上磨炼后，胡荣华的棋路宽了，也结识了不少棋友。

一天，有位在棋摊上认识的熟人朱翰章对胡荣华说，要请一位象棋名手指点他。朱翰章说的这位名手，就是窦国柱先生。

窦国柱先生的大名，胡荣华早有耳闻。父亲因为身体原因，几乎不外出。没事，就在家里看看书下下棋。胡荣华家的藏书也不少，藏书中有一本谢侠逊主编的1927年出版的《象棋谱大全》。胡荣华在书上看到过窦国柱以仙人指路开局胜棋王谢侠逊金钩炮的一盘棋。那盘棋的着法不多，一共只有23个回合。但是，就是从盘棋中，胡荣华感受到了丝绵老虎的厉害。另外，胡荣华认为谢侠逊以金钩炮来对付窦国柱的仙人指路开局，很有新意。胡荣华在古谱《梅花谱》和《橘中秘》里，没有看到过这样的应着。后来，胡荣华就不断地想谢侠逊这一门金钩炮的好处。再后来，在1960年全国个人赛的最后一轮，时年15岁第一次参加全国比赛的他，借鉴了谢侠逊的一炮过宫应对"刘仙人"的仙人指路开局，拿下了"刘仙人"，开始了垄断春秋。

文史馆员窦先生

窦国柱先生是上海文史馆馆员，中国象棋史上赫赫有名的扬州三剑客之一。不过，那个时候，胡荣华对文史馆馆员的概念不解，只知道他是象棋高人。1978年，窦老师驾鹤仙去时，胡荣华和另一位国手杨官璘正在北京集训，准备代表中国参加在菲律宾东马古晋举行的第一届亚洲象棋大赛。本来，计划从北京飞往东马古晋。得知窦老师逝世，胡荣华立即从北京赶到上海。

后来胡荣华了解到，窦国柱先生别名廷石。江苏省扬州市人，抗日战争胜利后迁居上海。窦国柱 1900 年出生，6 岁时就开始学象棋。其父为商人，在扬州开有九如斋茶食店，支持其子学棋。江苏扬州为江南重镇，早年曾为江淮盐商集散之地，文化发达，物阜民丰，人才辈出，象棋也曾显赫一时，出了不少象棋高手。清末，扬州棋风鼎盛，有"棋孟尝"之称的张毓英，常常出场地、出彩金、出奖品，在当地举办象棋比赛。少年窦国柱向往棋艺，常到张宅接受张毓英的指导。以后，窦国柱又从周焕文习弈。16 岁时显露头角，成名之后，与同是扬州名手的周德裕、朱剑秋并称为"扬州三剑客"。窦国柱在象棋、围棋上均有较深造诣，棋坛称之为"双枪将"。窦国柱的棋风稳重雄健，开局不拘一格，精于残局变化。1932 年，窦国柱偕同名手连学正代表上海赴南京参加"沪宁埠际象棋比赛"，与万启有、邓春林交手，上海队得胜，窦国柱获冠军。1951 年，窦国柱赴北京筹办并参加抗美援朝义赛。窦国柱在弈坛驰骋六十多年，著有《近代象棋名手对局选》等书。由于窦国柱在棋艺方面的贡献，经中央人民政府副主席李济深推荐，上海文史馆吸收他为馆员。解放后的窦国柱，虽已年过半百，但仍从弈不断。1956 年全国象棋锦标赛前夕，他应邀去天津，和参赛选手王嘉良共研，为王在比赛中夺得亚军出力。窦国柱还于 1957 年参加上海七区的象棋选拔赛，已近 60 高龄的他，勇夺冠军。1958 年，在一次公开表演赛中，他后走顺炮拿下当时风头正健的李义庭。

1978 年，窦国柱在上海病逝。

窦国柱的家离肇嘉浜路和大木桥路很近。那时的肇嘉浜路，还是一条臭水浜。这条臭名远扬的河浜于 1957 年被填平。肇嘉浜路东起当时的日晖东路，北到徐家汇。当时有"十里肇嘉浜十里臭水浜"的说法。肇嘉浜路在当时是一条分界线，路的北面属于高档地段，路的南面属于低档地段。窦国柱住在肇嘉浜路的南面。多少年之后，胡荣华在《新民晚报》上，读到了一篇《竹篱笆弹硌路及小河》的文章。胡荣华之所以关注到这一篇文章，是他既熟悉那个地方，又比较熟悉这篇文章的作者丁旭光。文章里提到了"香港风水先生对这独一无二地块的发现：这一地块东南西北莅临四条街，瑞金南路中有个金字，大木桥路中有个木字，肇嘉浜路中有水，斜土路中有个土字，阴阳五行她占四……"胡荣华看了之后，是一笑了之："广告宣传，风水先生根本不知道，瑞金南路当年还是一条河！"那条河叫日晖港。

胡荣华第一次去窦老师家，是夏天的一个下午。朱翰章带胡荣华走了很长时间后，才到了窦老师的家。窦老师的居处，就在现在的正阳路，当时还没有路名的小道旁。窦老师家的门牌上写的是斜土路1074弄，门牌号码胡荣华已记不清了。窦老师家屋顶上是小黑瓦，白墙是用石灰粉粉就。墙壁上，紧贴着的，是竹篱笆。窦老师居处的门前，是一条弹硌路。弹硌路的两旁，是十几间同样是白墙小瓦的"本地人"房子。房子的两侧，是一大片农田。因为是夏令时节，尽管是中午，仍然有长一声短一声的蛙鸣。

朱翰章大概知道窦老师有午睡的习惯，敲门的声音很轻。开门后，一位穿着朴素的中年妇女开了门。中年妇女正是窦老师的妻子。对比之后，胡荣华感到她比窦老师要年轻好多。窦老师夫妇有一个女儿。窦老师远行后，窦师母去了扬州乡下的女儿处。

一个多小时之后，午睡的窦老师醒了。知道来者等了一个多小时，非常感动，马上拿出棋盘和胡荣华下棋。胡荣华也没有客气，拿起棋就先走了一个当头炮，接着又结成了连环马。开始，窦老师只是漫不经心地信手拈来，岂料中盘时胡荣华强渡了一中兵。看到胡荣华过河的中兵，窦老师是大吃一惊。以后，窦老师费了一番力气，才弈了一盘和局。事后，窦老师非常满意地对朱翰章说："今天我已经用了五成力量，但还是被这小家伙下和，这小家伙厉害。"

窦老师是一个很有学问的人，他告诉胡荣华："象棋所以能够流传千百年，是因为象棋充满着自然元素和人生哲理，是中国古代文士智性才情的一种文化形态的反映，是中国传统文化组成部分的重要一链。象棋寄寓着红黑、阴阳、动静、刚柔相克的大道，集聚着宇宙和人生的无上智慧，必专心致志然后才会有所得。"

没想到，平素在街头巷尾早已司空见惯的"楚河汉界"，到了窦国柱先生这里后，变成了古往今来的智慧白帆。一时间，胡荣华是如痴如醉。多少年之后，胡荣华只要想起这一幕，就会感叹："到底是文史馆馆员！"

后来，胡荣华又去了窦老师家几次。

今非昔比打浦桥

有一次，窦老师为胡荣华讲解中炮对叠炮局以及破法：炮二平五，炮8进1；马二进三，炮2平8……

从窦老师家走出来，胡荣华一路向东。

胡荣华一边走，一边想棋，不知不觉，已走进了后来才知道路名的和厚里。那条呈"之"字走向曲里八拐的路，既没有铺石板，也没有铺水泥。那条路的两旁，尽目是陋之又陋的油毛毡作顶的土房。前两次随朱翰章来时，胡荣华没有注意小路两旁房屋的屋顶。现在看到这种油毛毡屋顶的土房，胡荣华感到很奇怪。和他们的志成坊相比，真是人间天上。从和厚里出去，就是日晖港。日晖港一头搁在肇嘉浜路，一头向南移，一直移到黄浦江。从肇嘉浜路到黄浦江这一段，叫日晖港龙须沟。龙须沟属于日晖港河的分支。

绕过日晖港，走进打浦桥，胡荣华看到了17路电车。那是最早的17路电车的起始站，在现在的天桥东侧的下面。车站的南面，也就是十几步之遥处，是窄窄的斜徐路。同样是十几步路之遥的西边，是一条更窄的徐家汇路，徐家汇路是一条柏油路。站在17路的车头，朝南望去，车后的背景，便是又低又矮的陋居。陋居以小瓦片封顶，墙面尽目是斑斑驳驳，破损不堪！斜徐路的路面是弹硌路，弹硌路两旁，是一排木质小棚。斜徐路上，人来人往，嘈声不断——那个露天的小菜场叫斜徐路菜场。

打浦桥地区当年最闹猛的地方，是瑞金二路。长约350米的沿街两旁，是一溜儿门面不高的店铺。走进店铺时，必须举腿跨越，因为下面是一横档。头上，也有一横档。横档中是凹槽，用来插一根根长板。晚上之后，一根根长板就成了一堵墙。

胡荣华一路走一路想，很快，就走到了瑞金二路。从瑞金二路右拐后，拐进了建国东路。

窦老师被人称为丝绵老虎。

胡荣华自己也不清楚,他后来尝试用鸳鸯炮和龟背炮布局时,是不是和当年窦老师对他讲授叠炮局有关、和那一段经历有关——从和厚里几个呈"之"字走向的曲里八拐的小路里,绕啊绕啊,最后还是绕出了一个大路朝天。

此生难忘,当年得意楼

1957年的暑假十分炎热。那个时候,一般人家不要说空调,连电风扇也是奢侈品。胡荣华躲在家里,手执一把蒲扇来来回回地在引风。蒲扇当时是上海人的夏令用品。胡荣华手上的这一把蒲扇,非常的特别。蒲扇刚买回来时,母亲在蒲扇的边缘缝上一圈布边。布边是用花布缝就,很漂亮。扇扇子的手势是有讲究的:手势不能太小,也不能太大。这样,风才可以徐徐而来。

胡荣华正在看一则"游刃有余"的残局。从摇扇子的方法中,他顿悟游刃有余的杀法。毫不费力的,他破解了残局。

其实,胡荣华的家里,也不是很热。因为找不到对手下棋,他感到十分无聊。因为无聊,热从心起。

实在找不到对手时,胡荣华会看古典小说《三侠五义》和《七侠五义》。他在阅读这古典小说时,感到这小说就是一个大大的棋盘。小说里的人物故事和情节,都一一对应了棋盘上的车马炮将士象。反正,这个时候的胡荣华,吃饭是棋,看书是棋,不管是清晨或者黄昏,满眼都是楚河汉界。即使入梦,也是铁马冰河。

就在那个中午,有人在20号的大门外叫着找人:"胡荣华是住这里吗?"

父亲正在睡午觉。胡荣华怕吵醒父亲,马上来到了大门前。胡荣华一看,是顺昌路一位下棋的大朋友傅鄂定。傅鄂定是邑庙区文化馆的职工。邑庙区现在归黄浦区。"八一三事变"后,上海沦陷,设南市区。抗战胜利后分为邑庙区、蓬莱区。1959年底邑庙、蓬莱两区合并成南市区。

胡荣华很有礼貌地问:傅老师找我有什么事?傅鄂定告诉胡荣华,暑假中市少年宫要举办上海市中小学生象棋比赛,问胡荣华想不想参加。胡荣华当然是求之不得,于是请傅鄂定帮忙报名。上海市少年宫的草地和西式的楼房，是胡荣华心想神往之处。有机会在那一座殿堂里神游楚河汉界，胡荣华早就是梦里几回。后来，傅鄂定不但帮胡荣华报了名，还陪胡荣华去比赛。这让小小的胡荣华心生感激。

傅鄂定走后，胡荣华拿出了一本1956年的广东《象棋》双月刊，翻到了第8页。这一页上，有一盘上海七龄童李耀芳败于十龄童郑渭森的对局。这一盘棋，双方以顺手炮开局。这盘棋胡荣华已看了多遍，早已烂熟于心。胡荣华每看一次，自信心就会增加一分。《象棋》双月刊是当时中国唯一的一本象棋杂志，一共才32页。对局能够登上这一本杂志，也能够说明对局者的水平。想到这里，胡荣华的脸上，展现出了后来被人们定义为经典的胡式微笑。

这一期的杂志上，有窦国柱老师五六炮先和张德魁的对局，还有徐大庆先走五八炮胜王尊骥的对局。

因为前后门都开着，弄堂有对穿风吹入胡家。南面吹来的一阵阵风中，可以闻到唐家湾菜市场的市井味；东面过来的风里，流动着法藏寺隐忍而悠长的佛味和禅味。继之而来的，是抑扬顿挫的诵经声。这两种声音就这样交织绵延，从胡荣华耳边慢慢流淌。胡荣华似乎是充耳不闻，他捧着的《象棋》杂志，慢慢变成一个恒久的形象，一个个的棋子在棋盘上变化着，就像星空一样莫测……

听着耳际传来的诵经声，看着《象棋》杂志的封面，胡荣华是目不转睛。杂志的右面，从上而下占了四分之一版面处，是红底白色的梅花；左上角，占了三分之一的地方，是典雅庄重的黑体变形字"象棋"；下面，是一个象棋盘；棋盘上的棋子，红棋是阳字，蓝（黑）棋是阴字。不知道是童年情结，抑或是有所偏爱，胡荣华对当时《象棋》杂志古典的封面，特别喜欢。

1957年暑假，胡荣华第一次参加了在上海市少年宫举行的上海市中小学生象棋比赛。当时已经很有名气的曾经的七龄童李耀芳、十龄童郑渭森都来参赛。十龄童当时被认为夺标呼声最高。最后，12岁的胡荣华大显身手，以不败战绩力挫群童而夺魁，得到了一面三角锦旗和一副象棋的奖品。用现在的眼光看，奖品微不足道，但是，对于第一次参加正式比赛，又是第一次获奖的胡荣华来说，其意义非同一般。

颁奖仪式结束后，胡荣华马不停蹄赶回家，把喜讯告诉了父母亲、姐姐、叔叔，以及大大小小的棋友们，让大家一起分享快乐。然后，胡荣华拿起一本练习册，又继续马不停蹄地赶到邑庙区文化馆，把这一喜讯告诉了他的大朋友傅鄂定。同时，又一次对傅鄂定表示了感激之情。

胡荣华被傅鄂定留在了办公室，两个人摆开了棋盘，一起拆棋。

练习册上，是胡荣华记录的这一次比赛的全部对局。上面，有胡荣华自己做的各种记号。尽管，胡荣华在这一次比赛中全胜夺冠，但有几盘棋，他还是不太满意。

黄昏，鸟儿已经归巢了，胡荣华尚未归家。

胡荣华在市小学生象棋比赛上泼辣的棋风、不落俗套的攻守以及丰富的想象力，已经引起了老棋手们的注意。他们知道：只要用心培养，胡荣华必将成为棋坛的栋梁之材。

1958年夏天，胡荣华小学毕业，考进了上海市五爱中学。

窦国柱先生看到胡荣华获奖自然是十分高兴，他希望让胡荣华再上高楼，于是，带胡荣华去上海老城隍庙里的春风得意楼茶室下棋。得意楼是一幢闻名遐迩的老式三层楼，是当时上海规模最大、生意最兴隆的茶楼。清末有竹枝词云：春风得意楼创建于清光绪年间，地处萃秀堂南侧，面临九曲桥，与湖心亭相望。登楼凭栏环顾，豫园风光、邑庙市景历历在目。得意楼厅屋宽敞，有座位千只，从早到晚茶客不断，过往客商歇脚，各大行业聚会，文人墨客雅集，衙门书吏、包打听、青楼女子也混迹其中。上个世纪的50年代中期，得意楼生意渐趋清淡。1958年豫园改建时，得意楼被拆除。得意楼的旧址，在现在的豫园售票处一带。

当年，春风得意楼的二楼曾是象棋专座，是各路棋手对弈、切磋之处，棋王谢侠逊也常常去献艺。上个世纪的50年代初，得意楼的二楼也曾是上海象棋表演队的活动"据点"。

除了上海的本地棋手，外地的一些高手也经常来得意楼聚弈。

在老棋手的提携与安排下，胡荣华经常和棋手交战。得意楼象棋表演的程序是先由两位高手对弈，然后由胡荣华这样的"小不点"与观众交战作为余兴节目。一次，两位高手表演后，12岁的胡荣华在台上等待观众上来挑战。这时，观众中有人大声说："请台上的高手和胡荣华下一盘！"

一声之后，茶室内一时竟鸦雀无声。片刻，正在台下观战的上海名手陈昌荣走了上来，坐在了胡荣华的对面："我陪你下一盘。"

看到名棋手上台，胡荣华一时窘迫且紧张。陈昌荣见状，鼓励胡荣华："没关系，定下心慢慢来。"看到笑容满面的老先生，胡荣华感觉是看到了邻家的老爷爷。他紧张的心情立刻放松。

定下心来的胡荣华，行棋自如。

经过一小时的交锋，胡荣华意外地胜了陈昌荣。老爷爷陈昌荣没有因为输给"娃娃"而感到丢脸，他微笑着对胡荣华说："小鬼，下得不错。"胡荣华仰视着面带笑容的陈老先生，强烈地感受到了棋坛前辈对他的期望。

那一刻，让胡荣华永生难忘。多少年过去后，只要回忆这一段往事，胡荣华依然是十分动情。直到现在，仍能清晰地记得陈老先生的笑容。陈老先生短短的一句"下得不错"，让当时的胡荣华十分震撼，他的感恩之情无法用语言表达。陈老先生的举动，甚至影响到了胡荣华的棋艺生涯。

胡荣华在得意楼战胜陈昌荣先生的消息，很快传遍了上海的大街小巷。如果说，胡荣华获得小学组冠军是在孩子中称雄的话，那得意楼一战，就是为胡荣华进入成人的队伍，敞开了大门。

珍贵照片，美哉徐大庆

他依然在象棋表演队

胡荣华和著名以及知名棋手交往中，还有一个比较关键的人物——象棋名手徐大庆。

是窦国柱把胡荣华带到了城隍庙的春风得意楼，在春风得意楼，胡荣华认识了徐大庆。徐大庆是上海名手，曾获上海市赛第7名。胡荣华曾经在1956年出版的广东《象棋》双月刊的总第3期上，看到过徐大庆先走五八炮胜王尊骥的精彩对局。徐大庆除了热情指导胡荣华下棋，还经常带胡荣华去大世界游乐场、淮海公园茶室等棋手聚集之处。因为徐大庆，胡荣华得以在那个阶段，与何顺安、朱剑秋、徐天利、李义庭等人过招。徐大庆对当时的胡荣华，有推窗望月之功。

从1954年开始，上海对象棋名手进行了整合。

整合分三个层面：

第一层是进入上海市文史馆。谢侠逊、窦国柱先生成为上海市文史馆馆员，窦国柱后来担任徐汇区象棋队教练。

第二层是区象棋队教练。屠景明任静安区象棋队教练，韩文荣任杨浦区象棋队教练，许立勋任长宁区象棋队教练。当教练意味着有了一份稳定的职业，有了稳定的收入。

第三层是徐大庆、陈昌荣、李武尚等棋手。第三层其实就是政府不管。

第三层其实早就存在，那就是上海象棋表演队。朱剑秋和徐大庆都在表演队里，徐大庆还是象棋表演队队长。

第三层棋手的水平，不比第二层差，但因为解放前的政治问题，没有被收编。所谓的政治问题，绝大部分是子虚乌有，是那种说你不行行也不行的奇谈怪论，是那个特殊年代的特殊产物。

当然，这个定义必须把李武尚排除在外。

1904年出生的李武尚，上一个世纪的中期称雄上海棋坛。李武尚因"门徒"众多，加之"审棋心细如发、行棋变化多端"，尤其擅长下让子棋，还精于歪门邪道的心理战，所以被棋界形象地称为"白莲教主"。1949年之前，他曾受聘任《文汇报》象棋专栏主编，还在警察局当密探。所有的这一切，更增加了他的神秘色彩。

第三层的棋手，没有了稳定的收入，怎么生活呢？有道是蟹有蟹路，虾有虾路。于是乎，第三层的棋手就继续在城隍庙得意楼等地方举行大象棋表演抑或下指导棋，或者自己在钢板上刻蜡纸然后油印手抄象棋书，卖钱来养家糊口。

荣华富贵和富贵荣华

徐大庆住在卢湾区。说到徐大庆，必须要说一说他一生引以为傲的一张合影照片。

如果说胡荣华是一匹千里马，那么，徐大庆就是胡荣华的伯乐。他不仅热情指导胡荣华下棋，并且想方设法把胡荣华带到重大棋赛上去经风雨、见世面。每个星期，徐大庆都要抽出一个下午，带胡荣华到大世界游乐场（后曾改为上海市青年宫）去应战来宾。那个时候，窦国柱和徐大庆的生活水准都不高，1米7出头的徐大庆，不但抽烟，还喝酒。但是，他们都没有收胡荣华指导费。现在想来，那个时候的民风，真是淳朴。从胡荣华少年成名到进入上海市象棋队之前的这一段时间内，徐大庆和胡荣华过从甚密。徐大庆不仅从棋艺上给胡荣华以无私的指导，在棋品和人品方面，也对胡荣华产生过积极的影响。

其时，大世界的象棋活动开展得很活跃。胡荣华在那里曾和上海市各个街道的高手一比高下。在和他们交锋中，胡荣华有所得益。再以后，徐大庆又把胡荣华带到淮海公园茶室。上个世纪50年代的后期，淮海公园的茶室里，汇集了上海和外地的象棋名手。通过徐大庆的介绍，胡荣华得到过何顺安、徐天利、惠颂祥、李义庭等名手的实战辅导。这些名师的精湛棋艺和棋品，把胡荣华带到了象棋领域的新天地。徐大庆在带胡荣华的同时，还指导过一位比胡荣华年长几岁的陈富贵，陈富贵后来去了湖北。在陈富贵去湖北前，徐大庆带胡荣华和陈富贵去了一次照相馆，三人拍了一张合影照。徐大庆在当中，陈富贵和胡荣华在两边。照片是黑白的，那个时候，没有彩照。如果要弄成彩照，要事后加工，重新染色。

1960年，胡荣华拿了全国冠军，陈富贵拿了湖北省冠军。这个时候，徐大庆的得意之色溢于言表：每遇棋手，必取此照——富贵荣华、荣华富贵！

需要说明的是，陈富贵正儿八经的老师是窦国柱，徐大庆只是带过他。

作为一个棋手，尤其是处在第三层的棋手，带过这样的两位学生，他当然是应该引以为傲的！

为求师名徐老师请客

胡荣华进入上海市象棋队后，徐大庆很为胡荣华高兴。进市队不久，上海市体委宣布胡荣华公开拜师何顺安。闻知此讯，徐大庆怅然有失！他认为自己被卷到一场徒弟争夺战中。而在这一场争夺战中，由于缺少一个拜师礼，再加上级别的差异，他似乎无法和对方叫板。想到一个潜力如此之大的天才徒弟可能和自己关系渐远，徐大庆实在是心有不甘。但一想到胡荣华从此以后是龙游大海，鹰击长空，他知道他理应去推波助澜。

思来想去，徐大庆想到要找一个合适的机会，把自己和胡荣华曾经的师徒关系昭示棋坛！如是，既可以保住自己的名分，又不会去伤及他人。徐大庆认为这是一个两全之策。

因为有所准备，机会说来就来。那一年，上海要举行一次全国邀请赛。徐大庆决定在邀请赛期间，公开且适度张扬地请一次客，主要是请来沪参赛的外地名手和部分上海名手。但是，上海市队除胡荣华之外的那几位"超一流"棋手，不在被请之列。

方孝臻在被请之列。方孝臻是山东省冠军，全国比赛进入过前8名。

酒宴之前，胡荣华与一位上海名手在即兴手谈，大家作壁上观。

这时，徐大庆走过来邀请方孝臻指导胡荣华一盘。

"我哪里敢指导呀！"方孝臻不认识胡荣华，他坦诚地自我调侃，"我看这个小孩的棋算度精确，反应机敏，我和他下真没有把握。"

方孝臻想自己代表着山东省，万一栽在这个小孩子手里，岂不是贻笑大方！于是，他就推辞说感冒了。徐大庆闻之，建议方孝臻去洗个热水澡，说烫烫澡感冒就好了！

方孝臻既没有和胡荣华下棋，也没去洗澡，只见他坐下来，拿起了酒杯。

徐大庆也拿起了酒杯。酒过三巡，徐大庆站起来开始"致辞"，大意是小胡跟了我好多年，现在市体委让他正式拜何顺安为师，因为何顺安的水平比我高，我一点意见也没有。但有些事情需要讲清楚，就是我和小胡的关系问题。今天让小胡在这里和大家讲一讲，请大家做个见证。

小小的胡荣华这时站了起来。

胡荣华说得不多，说徐老师对我帮助很大，我永远不会忘记……

一声稚气而真诚的徐老师，驱散了满天的云雾，宣告了徐胡的师徒关系是一个真实的存在。徐大庆满面春风，站起来再度举杯，说："有胡荣华的这一句话就足够了。我太高兴了，请大家开怀畅饮吧！"

因为全国所有省份的象棋冠军几乎都在座，这场徐氏"新闻发布会"应该说是成功地达到了"广而告之"的目的。

其实，徐大庆的担心有点多余。多少年之后，功成名就的胡荣华在一篇自传体文章里写道：

> 徐大庆先生是我棋坛生涯中给我影响较大的一位老师。他不仅热情指导我下棋，并且想方设法把我带到重大棋赛上去经风雨、见世面……通过徐大庆老师的介绍，我得到过何顺安、徐天利、惠颂祥、李义庭等名手的实战辅导。这些名师的精湛棋艺和高尚品格，使我进入了象棋领域的新天地。

透过字里行间,可以看到,胡荣华发自肺腑的感恩之心跃然纸上。当然,除了感恩徐大庆,还有徐天利,还有其他帮助过他的老师:包括复兴中路顺昌路棋摊上的邓老板、邑庙区文化馆的职工傅鄂定,还有陈昌荣等老师。

胡荣华做人做事自有他的法度,自有他的规范。

胡荣华更忘不了何顺安老师。1962年的全国象棋个人赛,改"积分循环"赛为大循环赛。26名选手要进行25轮大循环。因旷日持久,体力有损的何顺安棋艺大打折扣,早早退出了冠军的角逐。23轮弈罢,杨官璘以积36分一马当先,胡荣华、李义庭则以1分之差紧紧追随。糟糕的是,胡荣华曾负于李义庭,增加了胡荣华夺冠的难度。第24轮,侠骨丹心的何顺安是单骑救徒。

第24轮,何顺安对阵李义庭。自始至终,李义庭占据着优势。5个小时之后,封棋。下午开封续战,何顺安拼死抗争,于漆黑一团中觅得一线幽光,终于战平李义庭,全局历时达7小时。棋局终了,何顺安休克在棋案旁。这一盘和棋,使李义庭在冠军的争夺队伍中掉队,而杨官璘又与对手弈和,胡荣华勇胜。这样,杨官璘、胡荣华同以37分并驾齐驱,而先前杨胡之间是一盘和棋。由此,胡荣华夺魁的形势得到了大大改观。最后一轮,杨官璘、胡荣华同奏凯歌,最后并列冠军。

胡荣华知道,没有何顺安老师以休克在棋案旁为代价拖住李义庭,也就没有1962年的他。

少年棋手，市队座上宾

上海市象棋队、上海市围棋队、上海市国际象棋队，初建于第一届全国运动会前夕的1958年底。以三棋运动队为基础，上海棋社于1960年正式建立。上海棋社代表上海市体育运动委员会主管三个职业运动队，和中国最早的围棋杂志——《围棋》月刊。上海市的三项棋类运动，就此获得了飞速发展。

1956年，在第一次全国象棋比赛中，代表上海出战的何顺安只是获得了第6名。1957年，在全国三项棋类锦标赛，上海的刘棣怀和尤国钟分别获得围棋冠军和国际象棋亚军，徐天利获得中国象棋第6名。在以后的两届全国棋赛上，除了刘棣怀蝉联围棋冠军外，国际象棋和象棋冠军都花落广东。杨官璘因为三度获得全国象棋冠军，威震棋坛！广东队是如日中天。

1960年，陈毅同志代表党中央、毛主席发出号召，提倡下棋。当年，陈毅同志在上海大厦接见了刘棣怀、顾水如、陈祖德和吴淞笙等围棋运动员，勉励他们为发展围棋事业做出贡献，为上海争光。1960年前，上海参加全国比赛的选手，大多是年过半百甚至是年近古稀的老将，如围棋的刘棣怀、王幼宸、魏海鸿；中国象棋的何顺安、朱剑秋。从1960年起，上海队注入了新鲜血液，一批新手接班上岗：中国象棋有胡荣华，国际象棋有徐天利、许宏顺、戚惊萱，围棋有陈祖德、吴淞笙、华以刚等棋坛新秀。崭露头角的棋坛新人们进入了专业队后，开始茁壮成长。

14岁入选上海象棋集训队

胡荣华在1957年已崭露头角，获上海小学生象棋冠军。1959年，还在五爱中学念初中的胡荣华获得了卢湾区成年象棋比赛的冠军。看到胡荣华有象棋的特长，五爱中学把胡荣华送到上海市体育宫象棋培训班去学棋。那天，戴着一顶耷拉着护耳棉帽子的胡荣华，走进上海市体育宫后，有点云里雾里。当他拜见名噪棋坛的一代国手何顺安、朱剑秋、徐天利时，他竟激动得无言以对！他曾经跟随在徐大庆老师的身后，拜见过他们。在他的眼里，这几位身怀绝技的高手，就像法藏寺里脚踩祥云的菩萨。

不久，上海组织象棋集训队。集训队要求有四名队员，而当时只有何顺安、陈奇、徐天利三人。这样，在上海市少年宫当教练的徐天利，力荐胡荣华进入上海象棋集训队。戴着红领巾的胡荣华进入上海象棋集训队时，只有14岁，是一个正在念初一的卢湾区五爱中学的中学生。

去上海象棋集训队报到的那一天，胡荣华走到大门时，传达室的师傅看到戴着红领巾的胡荣华，问他找谁？胡荣华对师傅说我是来棋队报到上班的。老师傅不相信。

1960年10月，归上海市体育局领导的上海棋院（当时名为上海棋社，又称上海市体育总局棋牌运动管理中心）正式成立。

上海棋社在徐汇区的衡山路和吴兴路的路口，门牌号码是吴兴路87号。

一开始，上海棋社并没有正式的办公场所，是临时借在上海市体委的楼上办公。体委办公楼在国际饭店隔壁，南京西路150号的四楼。四楼的半个楼面让三棋运动队住，五层楼的一半是办公室。

上海市领导和体委对棋社都很重视，为上海棋社的办公场所之事，常务副市长宋建文还特地去找柯庆施和陈毅打招呼。知道是成立棋社，柯庆施和陈毅都很支持。宋建文说一定要为上海棋社找一个好地方。后来，上海体育局的领导张振亚，带着上海市象棋队的领队俞玉昌，在全上海找场所。一行人在上海市区东转西转，后来看中了吴兴路87号的花园洋房。1961年，上海棋社搬到了吴兴路87号。这一幢花园洋房有700平方米，楼里有两个冰箱，有一个停车库。花园也有700平方米。一个月的房租要700多元，加水电费在一起一年1万多元。那个时候的700元，可是一个很大的数目。

零的突破

在上海市象棋集训队，何顺安、朱剑秋、徐天利、陈奇和胡荣华五人，构成了老中青的五人组合。是队友也是对手。一开始，胡荣华的棋风就很有冲劲，也不落俗套。起初，何顺安、朱剑秋、徐天利可以让胡荣华二先，陈奇也可以让胡荣华一先。集训队队员在训练时，都是分先。何顺安、朱剑秋、徐天利等诸位前辈，都是中国象棋界顶天立地的大师，和大师进行分先对弈，让胡荣华得益匪浅。进入集训队后，胡荣华和前辈棋手天天下棋。在三个月中，胡荣华输了100局，是下一盘输一盘。墙上的成绩表上，显示的是一百个零。这一百个零，让胡荣华非常伤心！胡荣华感到前辈们的棋艺是深不可及。胡荣华从此也明白了一个道理：棋艺是输出来的，不是赢出来的。

一次，胡荣华又与何顺安对弈。行棋中，胡荣华走了一步随手棋。发现是一步劣着后，胡荣华把棋子又拿了起来。

就在那一瞬间，何顺安的脸马上绷紧。他指了指棋盘，严肃地对胡荣华说："把棋子放回来。"

胡荣华把棋子放回原处。

何顺安诚恳地说："小胡啊，落子无悔！输一盘棋没有关系，落子后，再拿起来重走，是绝对不可以的。"

何老师的一席话，让胡荣华又明白了一个道理：优秀，就是一种习惯。

自那以后，胡荣华与人对弈，每走一步棋，都是在深思熟虑之后。

老棋手们还对胡荣华提出了一个要求：每次对弈完，要当众复盘。

胡荣华严格按照老师们的要求去卜棋，他采取强记硬背的办法，连走路和吃饭时，也在大脑里分析研究棋艺。输了棋后，他会把对局在大脑里一遍又一遍地复盘。有时，躺在床上的胡荣华，会频频闪动着他的大眼睛，一直闪到东方发白。长时间"默棋"的结果，让胡荣华在"无心插柳"中练成了惊人的记忆力。

几位老师过去在淮海公园都辅导过胡荣华,本来就熟悉。现在,成了朝夕相处的队友后,自然是十分关心胡荣华。老师们不但天天和胡荣华下棋,下完棋后,还帮助胡荣华分析其中的成败得失。胡荣华输了以后,他们总是鼓励胡荣华"再想想"。

面对墙上的那一百个零,胡荣华陷入深思:输到这个地步,问题出在哪里?

胡荣华暗暗发誓,一定要在最短的时间里,赶上并超过各位老师。于是,《橘中秘》《梅花谱》和《韬略元机》等象棋古谱,就成了他如饥似渴的研究对象。白天训练比赛,晚上复盘研究。即便是星期天,他也独自一人在队里神游楚汉。为了不让爸爸妈妈挂念,有时,他会回家小憩。但稍待片刻后,便打道回队。

研究棋谱后的胡荣华,大受启发。他学会了许多多变的棋路,如"乌龙摆尾""四卒攻心""七擒七纵"等。同时,胡荣华还研究出了七八种变化。从此,胡荣华每走一步不再是只顾一路不管其余,而是考虑再三,多路权衡。老师们为了让胡荣华更快地成长,只要有全国一流高手来上海,总要请他们和胡荣华下指导棋。为此,何顺安老师感叹:胡荣华几个月里遇到的名将,比我们几年中遇到的还要多。

面对棋盘上扑朔迷离的局面,胡荣华越来越神闲气定。有时,他甚至在一个小时里不挪一子。

老师们思考时是一支一支地吞云吐雾。胡荣华思考时是靠那一大搪瓷杯的开水。一杯完了,再来一杯。胡荣华的智慧,就沉浸在搪瓷杯里。他的计谋,在水中融化后,泻到了棋盘上。

连续输了几个月后,终于有一天,胡荣华抵挡住了老师的进攻,第一次与何顺安下了一盘和棋。

"和了!和了!"胡荣华欣喜地拍着巴掌。

何顺安老师惊喜:"小鬼,不简单呀。"

这是胡荣华在上海象棋集训队的"零的突破"。

老师们快活地拍着胡荣华的肩膀惊呼:"小家伙有苗头了。"

随后,老师们又开玩笑:"这一分就像一根棒头,把前面的冰糖葫芦都串起来了。"

胡荣华在日记里写道："那一天，我感到天空特别高，特别蓝，特别晴朗。"

几个月之后，老师们都感到胡荣华的棋子紧了，分量重了，胜胡荣华不大容易了。稍有疏忽，反而被胡荣华所趁。

时针轻轻一滑，1960年的春天便如期而至。为了迎接全国运动会，上海举行了象棋选拔赛。上海市所有的象棋高手——年龄大小不论，悉数上阵。上海市集训队的队员，当然也都披挂上阵了。比赛分预赛和决赛两个阶段。胡荣华知道这是检验棋力的良机，也是全国运动会之前的试金石。预赛，胡荣华一路过关斩将，顺利出线。决赛阶段，胡荣华和老师何顺安遭遇。经过猜先，胡荣华执红先行。胡荣华知道何老师对开局的研究很深，尤其精于五七炮进三兵。

胡荣华以中炮开局，何顺安应马2过3。在胡荣华走了马二进三后，何顺安没有选择既稳健又有反弹力能攻能守的屏风马，而是剑走偏锋进了一步马8进9布成了单提马。胡荣华对单提马已经是成竹在胸，只见他大旗一挥，右车出动，左马盘河，然后弃三兵发动了全面的进攻。何顺安低估了胡荣华对单提马的研究，面对胡荣华的立体攻势，何顺安一时竟找不到良策。苦苦思索后，回天乏术的何顺安只能签城下之盟。随着何顺安在记录单上确认，一个特大的新闻便从他的签名中爆出："何顺安从预赛到决赛一盘未输，最后却输给了参赛选手中年龄最小的胡荣华。"

名次出来了：只输了一盘的何顺安名列第一，输一盘和一盘的胡荣华名列第二。

此时的胡荣华，不想成为上海家喻户晓的公众人物，已经不可能。

谢侠逊、窦国柱等棋界老前辈，都应邀出席了象棋赛的闭幕式。谈起胡荣华，谢侠逊、窦国柱这两位前辈都是赞叹不已："这样的棋才，从清代到现代，都是独一无二。"

棋手身上的时代烙印

在旧社会，棋手是没有专业的。好一点的是在茶馆店里以棋赌资，大部分棋手都是在地上摆一个象棋摊谋生，包括一代棋王杨官璘。当年，杨官璘在香港也曾经浪迹于酒肆茶馆，也曾现身于马路地摊。

20世纪60年代，国务院副总理陈毅同志发话，棋队里的名棋手不要称教练，应该叫研究员。并且要享受教授待遇。刘棣怀那个时候，工资是163元，等于是三级教授。陈祖德的老师顾水如工资145元。围棋高手王友仁只有104元。王友仁为什么这么低呢？据说，1960年全国围棋个人赛最后一轮，为了确保冠军落户上海，有关领导出面和王友仁打招呼，让他在最后一轮让棋于陈祖德，王友仁也答应了。如果王友仁放给陈祖德，陈祖德就是冠军。王友仁当年的水平，和刘棣怀很接近，只是名气没有刘棣怀那么大。

没料到，赛场上的王友仁突然变卦，赢了陈祖德。那一年，刘棣怀打了第二，陈祖德打了第三，冠军是安徽的王永吉。后来，王友仁的工资就高不上去了。

陈祖德拿冠军只是时间问题，他也不需要他人让棋。后来，获得全国冠军的陈祖德成为中国围棋职业九段棋手。1963年和1965年，陈祖德受先和分先分别战胜日本杉内雅男九段和岩田达明九段，成为第一个在中国击败日本九段棋手的中国人。

1944年出生的陈祖德是上海人，他7岁开始向父亲学棋。一开始的对手是大他一岁的姐姐、后来成为著名作家的陈祖芬。很快，只喜欢洋娃娃不喜欢围棋的姐姐被他让到让子棋的最大数25子。两个月后，父亲的棋力也不敌儿子。陈祖德的父亲是一所中学的校长，学校中有一个叫周己任的教员，水平比陈父高出一截。于是，周老师就成为陈祖德的第二任围棋老师。

只是和陈祖德下了一盘棋，具有慧眼的周老师就知道了陈祖德的不俗。周老师把陈祖德带到上海的襄阳公园，拜顾水如为师，后又师从刘棣怀。

1897年出生的刘棣怀是中国围棋界一代名宿。刘棣怀13岁入南京北营小学读书，常至夫子庙看围棋对局，后从僧人释可慧学棋。1916年，刘棣怀迁居北京，常常与棋坛名将汪云锋、顾水如等高手切磋。建国后，刘棣怀夺得 2 次全国冠军。20 世纪 50 年代，曾雄踞中国棋坛之首，与过惕生并称为"南刘北过"。刘棣怀的《围棋中盘战术》《围棋官子常识》等著作，在普及和推广围棋上，起到了非常重要的作用。

那个时候，上海的有关领导偏爱围棋，政策有倾斜。和围棋选手相比，象棋选手的工资差了不少：何顺安本来定的也是 104 元，后来只定到 92 元。92 元是当时研究员里面最低的，副研究员最高也是 92 元。徐天利那个时候就是副研究员，74 元。胡荣华算研究生，44 元；陈祖德 49 元。这个时候，徐天利有点不服气，说胡荣华是全国冠军只有 44 元，而陈祖德只是第 3 名，反而 49 元。领导解释说陈祖德是高中生，胡荣华是初中生。

研究生和研究员的职称评定法，比现在称为教练更加科学。这和棋艺的特性有关，如果你是研究员的话，你就是负责研究的，在棋文化研究上你负有责任。如果你是棋手，那就负责出成绩，其他可以百事不管。

那个时候的分工很明确。比如，顾水如是《围棋》月刊编辑室主任，负责传播围棋和围棋文化。刘棣怀是研究室主任，负责围棋的技战术，比赛必须出成绩。

长期以来，上海的象棋水平之所以在全国名列前茅，是因为传承，是靠一代代棋手的积累传承。

上海象棋集训队里，从旧社会（1949 年以前）过来的棋手有何顺安、朱剑秋、屠景明三位。由于经历不同，行为方式和新中国以后的棋手相比，有很多的不同之处。由于职业不同，区别也不小。

何顺安的棋艺了得，为人两肋插刀，和他特殊的经历有关。当年，杨官璘与何顺安在国际饭店二楼的孔雀厅下 10 局赛。两人连和 9 盘。这个时候，前来给何顺安捧场的宁波帮发声音了，小阿四（何顺安）你再下和棋，我们不来捧场了。这样，宁波人何顺安没有退路了，只能背水一战！

本来，是以 10 盘和棋结束的。因为考虑到前来捧场的宁波帮，讲义气的何顺安只能放手一搏。最后一盘，后走的何顺安硬拼，犯了兵家大忌——结果当然输掉了。但凡有点棋理常识者都知道，势均力敌的双方，想和棋的话，是输不掉的。但如果一定要硬拼，往往是事与愿违。

何顺安下和棋比较多。说何顺安棋风稳健有余，锋锐不足，这是指他后半盘的表现。这可能是由于身体虚弱，不耐久战之故。据屠景明先生介绍，何顺安早年的棋风，是骁勇善战相当剽悍的。屠景明是一位医生。医生这个职业，在解放前也算是高档的。弃医从棋后，屠景明的成就很大，著书颇丰，写了《残局三百局》《中国象棋辞典》，还培养出了像葛维甫、任观松等上海棋手。

朱剑秋年轻时当过教师，除了满腹经纶，文笔也很好。朱剑秋属于攻击型棋手，善于在对局中弃子争先，风格独特。朱剑秋的棋风和他为人处世的风格反差极大。生活中的朱剑秋为人谦和，极有涵养，他为人处世的信条是"君子不争一日之长短"。

朱剑秋早年就享誉棋坛，和七省棋王周德裕、丝绵老虎窦国柱并称"扬州三剑客"。20世纪50年代，曾参与组建了一支上海象棋表演队，邀请各地高手前来上海进行象棋表演，为上海和长三角地区象棋运动的发展，做出了很大的贡献。何顺安、朱剑秋、徐大庆都在表演队里，徐大庆是表演队的队长。大世界里的一个小剧场，是徐大庆包下来的。徐大庆是上海名手，曾获上海市第7名。说到上海象棋表演队，又提到了徐大庆，那么，就必须说说大兴公司和董文渊。早期的大兴公司是董文渊包下来的。在中国近代象棋史上，有"双枪将"之誉的董文渊，是继周德裕之后的棋坛风云人物。然而，董文渊的人品和棋品遭到人们的非议。董文渊长期称雄于上海和香港，20世纪50年代，还作为中国围棋队的成员迎战过日本棋手。董文渊1919年生于杭州，自幼好弈无师自通。1936年，17岁的董文渊夺得杭州市冠军。1937年，董文渊获得"四省棋王"的美誉。解放初期，上海棋坛有许多象棋擂台，董文渊作为"华东三虎"之首，曾红极一时。董文渊的收入可观，但他不事经营，任意挥霍。董文渊1962年代表浙江参加全国围棋比赛夺得第4名。然而就在这次比赛上，董文渊故技重演，因棋品问题被浙江省体委点名批评，且从此弃用。如是，董文渊开始衣食无着，靠弈棋赌资度日。

参见魔叔，平生第一回

对胡荣华来说，1959年是非同寻常的一年。这一年，进入集训队不久的胡荣华，迎来了广东队的到访。杨官璘也随队同来。杨官璘的名声，在棋界是如雷贯耳，是胡荣华从小就十分崇拜的高手。广东队和上海队对抗，胡荣华只能是尾随于后，没有资格正式上场。胡荣华心有不甘，又自责棋力不逮。对抗赛下完后，何顺安老师请杨官璘和胡荣华下一盘。何顺安笑着对杨官璘说："老杨，请你指导这小鬼一盘。"杨官璘怔了一怔，看了看何顺安，又低头看了看胡荣华，最后，笑着点了点头。胡荣华有点受宠若惊，跃跃欲试。

胡荣华小心翼翼地在棋桌旁坐了下去，拘谨地走了一步一生难忘的炮二平五。面对一代棋王，胡荣华很紧张。很快，就稀里胡涂地输了。杨官璘笑着对胡荣华说："不要急，慢慢下。"

第二盘仍然是胡荣华先走。胡荣华调整了一下情绪，以当头炮过河车急冲中兵布阵，毅然决然地强攻。也许是第一盘胜得太轻松，杨官璘有些放松。这第二盘，胡荣华居然赢了。当时，围观者有七八人之多，且都是象棋高人。杨官璘没有因为输棋而感到难堪，他反而表扬了胡荣华。胡荣华当然十分高兴，同时感谢棋坛前辈给了他一次难得的学习机会。

胜了杨官璘之后，胡荣华的自信心得到了增强。回去复盘后，胡荣华也悟出了一个道理：和高手过招，不能手软，要想办法把局势搞乱。如果按部就班地较量，凭自己还没到火候的中残局功力，难有建树。

1959年5月至10月，在不到半年的时间里，14岁的胡荣华参加了三次上海市的成年比赛。在5月份的上海市第二届运动会上，他获得了第7名；在8月的棋类比赛中获得第4名；10月份举行的秋季运动会表演项目象棋比赛中，胡荣华又获得了第3名。

这几次比赛，胡荣华获益匪浅。在一场比较关键的比赛中，胡荣华和一位青年棋手对阵。棋枰上的胡荣华，已经控盘。对方看到自己败局已定，在走了一步棋后，重重地"嗒"了一声。那架势好像是在告诉胡荣华："我要悔棋！"胡荣华见状，不加思索地挥炮将军准备抽车。谁知当胡荣华炮轰中兵时，对方不慌不忙把他的中炮反轰过来来了一次反将。这一来一去，胡荣华的一个车反而被对方抽掉。举手之间，该赢的棋反而输了。车被抽后，胡荣华知道了对方刚才那架势的欺骗性。胡荣华后悔莫及。他的眼眶里，蓄满了泪水。对方起先是得意之极，后来，看到胡荣华的红领巾，感到了自己的不良，不敢正视胡荣华。

尽管对方感到了自己的不良，尽管对方不敢正视，但结果不会改变的。

徐天利知情后，狠狠地批评了胡荣华："你为什么冒冒失失走棋？"

胡荣华撅着小嘴，低下头去："我怕对方悔棋。"

听到胡荣华的解释，一旁的何顺安和陈奇都笑了起来。笑完之后，作为老师又是队长的何顺安对胡荣华说："落子无悔，你应该知道的。"

"知道。"

"那为什么还怕对方悔棋呢？"

是啊！只要对方把棋落在了棋盘上，就不能拿起。胡荣华想这是一个最基本的常识，我怎么就会忘了呢。

多少年之后，只要想到这一幕，胡荣华自己都感到可笑。

有道是吃一堑长一智！戴着红领巾反思之后的胡荣华，是吃一堑长几智！至此，他对古谱《橘中秘》里"棋虽小艺，义颇精微，必专心然后有得，必合法然后能胜"的警句，有了更深刻的认识。

亦师亦友，上海三剑客

在上海棋坛，何顺安、朱剑秋、徐天利是必须要提的人物。他们三人和胡荣华之间，有承上启下的关系。他们和胡荣华一起，让上海成为中国棋坛上的一道浓墨重彩的长卷。

何顺安的陈年往事

何顺安祖籍浙江鄞县，1923年生于上海，原名李仁安，因家中排行第四，俗呼小阿四。他身材颀长，肤色白皙，待人谦和，举手投足之间，呈现出上海人的做派。因为家境贫寒，上个世纪30年代的后期，何顺安来到上海叶种德堂药店做学徒。当时，上海的象棋活动十分活跃，除了众多茶楼开展弈棋外，大新公司、青年会等企业或社团也常常举行象棋比赛。除此以外，更有许多分散于街头的棋摊，或摆残局诱人下注，或供人下棋。只要花上几个铜板，就可杀上一盘。何顺安在叶种德堂药店干的是给病家送药的活，学徒期间的何顺安成天是穿街走巷，看人下棋。久而久之，他也爱上了象棋。何顺安天资聪明，又勤于钻研，在学徒期间，便打下了坚实的象棋基础。

20世纪20年代初，上海棋坛盛行团体比赛。何顺安作为下风象棋队的一员新手，以白袍小将的形象出现于南京路上的华联同乐会。不过，没有多少人注意这个小将。因为，他的棋艺实在是不行。

在何顺安送药的病家中，不乏象棋爱好者。他们的对弈，常常让何顺安流连忘返。上个世纪40年代初的一天，何顺安去一位冯姓病家送药。其时，冯先生正与人激战。何顺安观之，竟忘了送药之事。等到一局终了，才把药送上。一边还随口一句"冯先生的棋真厉害"。

何顺安的这一句话，引出一段棋缘来。冯先生知道遇见了聪明人，马上邀请何顺安入座对局。一来二去，两人成了棋友。在以后的多次过招中，何顺安行棋的灵动、时出的妙手、开阔的思路等优点，被冯先生尽收眼底。冯先生认为何顺安的棋艺不可限量，他从让何顺安双马或者十先始，弈到接近分先，费时不过数月。于是，冯先生就介绍何顺安去凌云阁茶楼拜见了当时的上海名棋手、被棋人称为"白莲教主"的李武尚。李武尚在测定了何顺安的棋力后，决定收何顺安为徒。在李武尚的指导下，何顺安的棋艺飞快发展，形成了以细腻绵密、轻灵飘逸见长的风格。何顺安在下棋时，喜欢在中局的激战中设陷伏杀。这种杀法，俗称"鬼头刀"。

一年以后，何顺安的棋艺，已经达到了上海的一流水平。到 1945 年时，何顺安已经和李武尚难分高低。何顺安对开局有很深的研究，对五七炮进三兵的先手开局尤精。

1945 年秋，"七省棋王"周德裕在凌云阁茶楼设擂台，时年 22 岁锐气十足爆发力又很强的何顺安前往攻擂。这天，何顺安以五七炮进三兵进攻。经过近百步的纠缠，周德裕败北。第二局，以和局告终。

因为在擂台赛上拿下了周德裕，何顺安一举成名。

1947 年，成名后的何顺安遇到了朱明华。

朱明华是浙江平湖人，嗜棋如迷似痴，为钻研棋局，家里到处贴满了棋势图谱，连帐子顶上也挂了棋盘。他对百局谱等江湖残局了如指掌，功力深邃。

一天早晨。朱明华来到了凌云阁茶楼，要找七省棋王周德裕讨教。茶楼工友对他说，周德裕还没来，我可介绍另外一个人和你下。工友就把何顺安介绍给了朱明华。双方谈好彩金后，开始对阵。朱明华是个老实人，刚刚下了几步棋，便向何顺安自报姓名，还介绍自己在平湖附近六个县无敌手。旁观的棋友听到后和他逗趣：你六县无敌手，六个县还不够一个省，怎么能找七省棋王周德裕呢？大家哄堂大笑，朱明华是不置可否，继续他的车马纵横。

因为朱明华熟悉江湖残局，他的后手屏风马与众不同，时有出人意外的好着。这天上午，何顺安和他对垒三局，竟然全军覆没。这个时候，何顺安知道了六县棋王的厉害。

朱明华下棋很有特点，遇到复杂局面时，他不是面对棋盘沉思，而是左手捻动去掉的棋子，细眯着眼睛仰首而天。脸上，还不时露出笑容。

何顺安觉得朱明华是一位怪杰。

下午，继续交锋。

为了翻本，午饭间隙时，何顺安用心拆解了上午的三盘棋，分析了朱明华的棋路，找出了失败原委，找到了对策。

再说，凌云阁茶楼来了这么一个怪客，一上手又连胜何顺安三局，自然是分外引人瞩目。下午的棋局，围观者是里三层外三层。何顺安因为研究了朱明华的棋路，弈来是得心应手。何顺安一扫上午颓势，不但把输了的三盘棋赢了回来，而且还多赢了一盘。

下完7盘棋后，何顺安和朱明华也成了莫逆之交。朱明华本来准备第二天就返回平湖，因为何顺安的邀请朱明华在上海玩了一天。何顺安提请朱明华和周德裕下两盘。这一回，朱明华高挂免战牌，说自己火候没到。

1948年，上海南市民众教育馆举办上海市象棋比赛，报名者达60人之多。除个别名棋手外，上海众多的好手悉数尽往。经过层层淘汰后，由6名棋手参加决赛。最终，何顺安夺得冠军。

1949年5月，周德裕在上海仙逝。董文渊、何顺安和朱剑秋"华东三虎"开始称雄上海棋坛。何顺安和朱剑秋还经常联合主持上海大世界的擂台赛，迎战来沪弈访的华南棋手杨官璘、陈松顺，天津棋手庞蔼庭，北京棋手张德魁、谢小然、侯玉山，武汉棋手罗天扬、李义庭等诸多名家。除了以微弱之势不敌杨官璘外，在和其他名家对局时，何顺安都取得了较为理想的战绩。再以后，随着董文渊沉迷围棋淡出象坛，何顺安从"华东三虎"中逸出，成为名副其实的"华东第一虎"。

1956年岁末，新中国首届全国象棋锦标赛在北京拉开帷幕，代表上海市参赛的唯一选手何顺安一路轻车，闯过了预赛、复赛，杀进了前六名的决赛圈。在精英论剑一决高低的关键时刻，何顺安却被自己的肺病顽疾一剑封喉：因精力不济名列第六。何顺安少年时，曾由亲友带领随船去过日本，在日本嗜上了蛤蚌贝壳一类鱼腥海味。肺部因此潜入了血吸虫，终因此症影响战绩。

1957年，何顺安遵从医嘱，一年之中没有参加任何棋战，住院诊疗的4个月中，昂贵的医药费全由政府解决。心生感激的何顺安在休养之中，完成了《当头炮进三卒对屏风马》一书和《中国象棋谱》有关章节的写作。在这之前，何顺安曾参与《中国象棋专集》《弈经》《象棋大观》等棋谱的编写。而《当头炮进三卒对屏风马》和《中国象棋谱》，无论从篇幅上还是质量上，都比何顺安先前的作品高出一筹。20世纪60年代初，权威人士评说中国有4本高质量棋谱——李义庭的《巡河炮对屏风马（上）》、王嘉良的《象棋中锋》、何顺安的《当头炮进三卒对屏风马》及朱剑秋的《过河车专集》。

有道是"养兵千日，用兵一时"。1958年，何顺安的身体有所康复，他开始积极参赛。当年11月，在全国锦标赛的扬州分区预赛上，何顺安脱颖而出，以冠军资格（共取6名晋级）获得决赛权。12月初，何顺安开赴广州，参加全国锦标赛的决赛。决赛中，何顺安根据自己的身体状况，制定了细腻稳健的策略。在倒数第2轮前，何顺安领先李义庭1分。遗憾的是最后2轮何顺安是1胜1和，总成绩为9胜8平积26分。李义庭最后是连下两城，以10胜6平1负亦积26分迎头赶上。根据竞赛规则，同分者二人对局和局时，看二人之间对局的用时。何顺安因为用时多于李义庭屈居亚军。

何顺安是当年参赛选手中唯一不败纪录的保持者。

1959年1月，14岁的少年胡荣华戴着红领巾进入上海象棋队。在何顺安、屠景明、徐天利等人的培育和熏陶下，胡荣华是日有所长。

1959年，何顺安代表上海参加全运会中国象棋比赛，徐天利改下国际象棋。全运会上，何顺安的成绩不太理想。全运会结束时，又正逢自然灾害，要精减队伍，何顺安被下放到静安区，担任静安区象棋队教练，办公地点就在江宁路45号美琪电影院对面。到了静安区之后，何顺安成为静安区政协委员，静安区还分给何顺安一套太阳花园的房子。几个月后，上海棋院成立，何顺安又回到了上海象棋队。

1960年，上海象棋队获得首届全国团体赛冠军。此时的胡荣华，已经是上海队的中流砥柱。在个人赛上，15岁的胡荣华雏凤初鸣，一举夺冠，与之同分的何顺安、杨官璘分列亚、季军，殿军则是上海象棋队的朱剑秋。

上海队取得如此辉煌的战绩,与上海象棋队队长何顺安的苦心经营有关。

何顺安在参加了1964年全国赛后,淡出"江湖"。

1971年,何顺安仙逝,终年48岁。

朱剑秋的"鬼手百局"

朱剑秋1909年生于江苏省扬州市,1994年卒于上海。朱剑秋是"扬州三剑客"中出道最晚、年龄最小的一位。身高1.65米的朱剑秋为人谦和,但棋风却是刚健泼辣,敢于搏杀和善于搏杀是朱剑秋的特点。朱剑秋成年后移居上海,1949年前曾夺过"上海·南京埠际象棋比赛"第一名、"江南象棋比赛"冠军等头衔。1949年后,朱剑秋多次代表上海队出战,为上海队夺取1960年全国团体赛冠军,立下了汗马功劳。朱剑秋本人也在1960年获全国个人赛第4名,是建国后的第一批象棋大师。

青少年时期的朱剑秋,在扬州读过初级师范,当过小学教师。因怀有争雄棋国之心,在棋艺研究上用力较勤。民国初期,扬州棋风较盛,朱剑秋一边读书,一边习弈;参加工作后,也是工作弈棋两不忘。

朱剑秋的棋艺,在20岁左右时已渐趋成熟。他在和扬州"哼哈二将"杨万源、朱锦堂交手时,已胜多负少。1930年,朱剑秋离开扬州,来到名手如林的上海一试牛刀。来上海后的第一仗,是对湖北名手吴湘亭。吴湘亭的棋风谨慎而细腻,但思路缓慢,有"慢国手"的誉称。精力充沛的朱剑秋凭精熟的棋艺,连胜吴湘亭两局。

为求生活的基本自保,朱剑秋在上海还大弈让子棋。朱剑秋棋风勇猛泼辣,行棋大刀阔斧,杀下手更是高人一等。但是,他知道要在大上海成名立业,最好的办法是找本地名手对弈。朱剑秋看准目标,找来上海棋手的对局资料,研究他们的棋路。在其后的两年,朱剑秋和上海的很多名手都较过艺，成绩是胜多负少。1932年，宁波举办"沪、宁埠际象棋比赛"，上海棋界推举朱剑秋、罗天扬、窦国柱代表上海出征。朱剑秋的对手是东南第一高手张观云，朱剑秋取得两战皆和的好成绩。1934年，常熟、昆山、苏州、镇江等几家报社联合举办"江南象棋比赛"，朱剑秋荣获第一。

作为一个有文化的名棋手，朱剑秋深知以棋为生的艰难。20世纪30年代前期，日本帝国主义一步步深入侵略中国。一些爱国人士、爱国学生激于义愤，纷纷起来宣传抗日，棋手们也没有做旁观者。早在20年代，谢侠逊先生以"字形排局"刊诸书报，宣传抗击外侮，又以象棋义赛（表演）所得，捐作抗日。随着抗日形势的全面发展，募捐工作，更有所加强。朱剑秋多次和谢侠逊谈起参与宣传之事。30年代中期，朱剑秋终于进了劝募公债部门工作，过着亦工亦棋的生活。抗日战争爆发后，朱剑秋随公司迁往重庆。

1939年，重庆举办全市象棋比赛，朱剑秋以"劝募公债委员会"职员的身份参赛，经过三天的角逐，夺得冠军。在渝期间，朱剑秋还常去重庆民教馆和茶馆弈棋，和当地名手交流。

朱剑秋在重庆时，和谢侠逊作了多次棋艺交流，胜负相当。

50年代前期，华东棋坛的人物结构和实力有了较大的变化："七省棋王"周德裕于1949年去世；"扬州三剑客"中的另一剑客窦国柱，因上了年纪而剑锋稍钝；早年活跃于棋坛的万启有、张锦荣、吴淞亭、邓春林或老或故；而朱剑秋正届棋力旺盛的壮年。在上海的众多象棋擂台中，朱剑秋和何顺安轮流主持大世界的棋坛，迎战各地棋手的挑战，为丰富文化生活和繁荣象棋事业作贡献。朱剑秋一生著有《象棋开局概要》《象棋全盘战术》《六冠军对局集》等著作。不仅如此，朱剑秋还为少年棋手的成才尽力。著名棋手、象棋大师林宏敏，就曾多次得到他的教益。

说到朱剑秋，就自然要提到1960年。许多年之后，回想起1960年全国赛的最后一轮，胡荣华是感慨万千，如果当时的情况只要发生一点点变量，冠军可能就会易人：

如果何顺安计算下来他胜了朱剑秋也拿不到冠军；

如果朱剑秋不是生活在那个年代，不是一个文人棋手，如果朱剑秋要求何顺安让棋？

再如果一下，如果，当时最后一轮比赛的情况发生在时下？胡荣华还是胡荣华吗？

当时的棋手真的是很纯。

不过，话再说回来，先行的何顺安输给朱剑秋的概率很小。再说，何顺安也不会让棋。

1950年，何顺安赴香港表演时，行李包囊等不慎遭窃，狼狈不堪，因东道主杨官璘的资助，摆脱窘境返回沪上，何顺安心存感激——"那年棋国诸侯会，犹念香江一段情"。

但友谊是友谊，比赛归比赛。这以后，在每一次全国象棋大赛上，只要何顺安遇到杨官璘，棋枰上总是铁马冰河。这也体现了何顺安的体育道德风尚——情是情棋是棋。

有的时候想想也很残酷，竞技类比赛几乎都有一个共同的法则："文无第一，武无第二。"不是身临其境者难解其中三昧。

其实，在全国棋类比赛中，不要说二、三名，即便要拿到第四五六名，也是难于上青天。但往往是除了第一名，其他的人都成了过眼云烟。

没有拿过全国冠军的朱剑秋先生，临终前历时几年之久的《象棋鬼手百局》迟迟无缘问世。出版社要考虑经济效益，《象棋鬼手百局》不是畅销书。出版社可以给你一个书号，让你自费出版，但钱是以万计算的。朱先生多年每月工资仅数十。他去世后女儿清点其遗产，除一套棉衣裤尚新之外，箱子里尽是旧衣烂袄。黄牛帮着从书架的一堆棋谱中挖出了一张存折，当然是他的养老钱，全部积蓄，共人民币两千余元。

为此，朱剑秋曾经的永乐里的邻居、棋迷、华东师范大学传播学院院长、知名作家王晓玉写了一篇万字文章《鬼手百局，你在哪里》，为朱剑秋的这本尚未出版的书进行呼吁。文章首发于上海新闻出版局的《读者导报》上，后被北京的《象棋研究》杂志转载。

历时数年，在拐了几个弯后，朱大师的这本书最终由上海人民出版社正式出版，责任编辑就是前面提到过的杨柏伟。

王晓玉的文章首发于《读者导报》，当时的版面特约编辑，则是另一位对象棋文化情有独钟的作家丁旭光。作为一个作家，丁旭光对传播象棋文化是不遗余力。对于弘扬棋文化，他有一种与生俱来的使命感。他曾授业于窦国柱先生的门下，自小，就耳濡目染了车马纵横的妙趣。丁旭光对橘中雅戏常有神悟，由此生发开来，便构成了他对棋文化、对传统文化的独特理解；也因此有了他意在抒发对刚毅坚韧棋客渴慕的棋文化中短篇小说《黑黑白白》《独坐黄昏》《血色棋坛》《雨打芭蕉》，和很可能是中国第一部长篇棋侠小说的《寒江独钓》。他也曾经在2001年，为胡荣华写过一个报告文学《中国棋王胡荣华》。2017年10月，又在上海棋院主编的《上海棋牌》创刊号上发表了报告文学《神游在八荒六合中——中国棋王胡荣华侧记》。作为一个棋手，丁旭光曾两获上海市机关运动会象棋个人冠军，时有佳作问世，其对局被收进由胡荣华主编的棋谱中。由丁旭光编著、胡荣华作序的趣味性和文化性有机结合的棋文化普及读物《橘中雅戏》，2002年由百家出版社出版。2017年12月，丁旭光在中国象棋协会主办的全国象棋邀请赛中，以3胜6和的成绩打进前8名，获得了中国象棋协会棋协大师的称号。也算是对胡荣华传记的一次不辱使命。

　　而象棋爱好者王晓玉，亦是丁旭光加入上海市作家协会的介绍人之一。

　　胡荣华有时候也在想，这其中，如果有一个环节脱节，朱大师的这本书，能否面世还是一个谜。但胡荣华还是从无情的市场经济的冬天里，感受到了人情冷暖，感到了象棋的不朽，艺术的不朽。

　　胡荣华还在另外一篇文章中读到，王晓玉的丈夫黄源深，是华东师大外语学院院长，长篇小说《简爱》的译者。他们的儿子，也就是电视台"老娘舅"节目的特邀嘉宾黄飞珏博士，也是一个棋迷，在20来岁时，就曾写过有关象棋题材的中篇小说。

　　如果朱剑秋先生获得过全国冠军，如果朱剑秋先生为人处世的信念不是"君子不争一日长短"，如果朱剑秋先生不是生于其时，那么，《象棋鬼手百局》的出版，会费那么多的周折吗？朱剑秋先生的命运，会如此不堪吗？每一次，只要想到这个问题，胡荣华的心里，总是五味杂陈。

但是，一想到有这么多的有识之士热爱并支持着象棋事业，胡荣华又感到非常欣慰！

徐天利的双枪宝典

徐天利是一个富有传奇色彩的人物。他是久负盛誉的沪上三杰之一，是上海20世纪50年代即披甲上阵棋手中的第三号高手。在大学念书时，徐天利下棋的时间有限，只是在暑假期间作大象棋表演。大象棋表演每场有12元的收入。1956年，象棋正式列入体育运动项目。1956年8月，在团中央和《中国青年报》联合举办的全国八大城市大学生象棋比赛中，代表上海参赛的徐天利荣获冠军。1957年春，徐天利获得上海市象棋个人赛冠军。同年，第一届全国象棋赛的第二至第五名王嘉良、刘亿慈、李义庭、侯玉山四大国手应邀访问上海。徐天利和朱剑秋、龚一苇、韩文荣四人组成的上海队（何顺安因病未参加）出场应战。

当时，正是大鸣大放大辩论、向党提意见的高潮时期。徐天利是应届毕业生，市委决定应届毕业生暂缓统一分配，留校参加整风。徐天利因为外调上海队应战四大国手，让他躲过了大鸣大放大辩论的高潮。赛后返校，形势开始转入了反击右派向党猖狂进攻的反右斗争。徐天利想如果没有外调上海队参加比赛，年轻气盛实话实说的他很难想象自己会是一个什么样的结果！是象棋让他躲过了这一场劫难！

1957年9月，反右斗争的运动进入尾声，毕业生开始统一分配，百分之九十以上的学生都分配至外省市。因为市政府有"优秀运动员不外流"的政策，徐天利被分配到华东化工学校任外语助教。1957年和1958年，徐天利以上海市冠军的身份参加了第二、第三届全国个人象棋赛，均获第6名，跻身国手行列。

1958年，徐天利直接参加了上海"迎第一届全国运动会三棋集训队"并任队长。1959年5月，徐天利又获上海市象棋冠军。因为全运会每项棋的参赛名额只有一名,何顺安与徐天利两人是二选一。代表上海参加全运会象棋比赛的人选,成了一个难题。考虑到徐天利有象棋功底又熟悉俄语,具备深造国际象棋的优越条件,上海市体委领导希望徐天利改下国际象棋。在距离全运会只有3个月的时间里,改下国际象棋的徐天利在全运会赛事上获得了第9名。

全运会结束返沪后,市体委决定成立三棋专业队,属上海体院运动系,编制仅有6名:象棋、国际象棋、围棋各2名。徐天利认为下棋已不是个人爱好,而是与祖国人民联系在一起的事业。因此,徐天利决定终生以棋为业。如是,徐天利由教育界转到了体育界,成了一名真正的国际象棋专业棋手。

因为在第一届全运会上仅获第9,徐天利心有不甘。经过刻苦努力,徐天利终获1960年全国国际象棋个人赛冠军,成为名副其实的双枪大将。以后,徐天利又获得了1962年的国际象棋全国冠军、1964年和1966年的全国亚军,取得了比象棋更为辉煌的战绩。

与此同时,徐天利并没有远离象棋。每逢节假日,应上海各区的文化馆和基层单位之邀,也客串作大象棋表演和车轮战。1974年以后,徐天利重返象棋赛场。因受十年动乱之苦,棋艺荒疏战绩平平。经过几年的沙场秋点兵后,功力日益精进。徐天利胸怀韬略,棋路诡奇多变,比赛经验丰富,最善用兵。徐天利还有一个以不变应万变的弈林绝招——只凭两种布局打天下:先手飞相局、后手反宫马。他对飞相局与反宫马进行了千锤百炼,使之成为临阵克敌的一大法宝。而被他这两大兵器所伤的弈林高手,则是不计其数。

再说,"文革"前的专业运动员是十分幸运的。党和政府十分关怀运动员的身体,每人每天享受伙食补贴1.6元,自交费0.3元。副食品享受特种供应待遇。如是,在"三年困难时期",专业运动员的健康得到了保证。

1966年6月,一场风波蔓延,75岁的围棋元老顾水如先生,因为曾是段祺瑞的门客,成为上海棋界受冲击的首当其冲者。其后,是《围棋》月刊的编辑曹钧石先生。

第三个不幸之人会是谁呢?

徐天利怎么也没有想到，第三个受批之人竟然是他。

1966年8月的一个星期一的上午，走进棋社大厅的徐天利，看到墙上贴满了批判他的大字报：徐某人是"棋社宣扬封资修的罪魁祸首""资产阶级反动学术权威""修正主义体育路线的社会基础"。

因为当时经常充当棋手间交谈的临时翻译，徐天利还被责问和苏联棋手交谈了些什么？徐天利知道，他已经成为第三个受批之人，步了顾水如和曹钧石的后尘了。

造反派责令徐天利靠边检查，封他为"牛鬼蛇神队长"。每天上午，徐天利要带领顾水如和曹钧石两人扫大花园，下午写检查。

3个月后，闹剧结束，徐天利的名誉得到恢复。

雏鸟初鸣，一鸣惊五省

1960年6月，全国象棋比赛的前夕，胡荣华参加了在杭州举行的皖、浙、黑、辽、沪五省市象棋邀请赛。参赛的棋手有三届全国亚军王嘉良、两届季军刘忆慈、东北名将孟立国等国手。赛前，大家一致认为，这次比赛，王嘉良和刘忆慈夺魁的可能最大。比赛的结果，出人意料地爆出了"冷门"。第一次走出家门参加全国类大赛的胡荣华，最后以7胜3和的不败战绩夺得冠军。

上海棋社的老师们都为胡荣华高兴，胡荣华在高兴之余进行了反思。反思之后，小小的胡荣华很有自知之明：从实力讲，不少一流高手水平还是比自己高出一筹，自己没有理由可以自满。

这次比赛，增加了胡荣华的自信心。他也由此得出了一个结论：只要把握住机会，一切皆有可能！

神机莫测，英雄出少年

1960年10月底，全国象棋个人赛决赛在北京劳动人民文化宫揭开战幕。谁也没有料到，中国象棋历史上一个新的纪录，即将诞生。

胡荣华因为自己在杭州的五省市象棋邀请赛上爆冷夺冠，对自己有了更高的要求。赛前，胡荣华给自己定下了争取进前6名的第一指标。

按规定，比赛分团体赛和个人赛两个阶段。根据团体赛的成绩，选拔出个人赛的20名参赛选手。规定是团体赛第一台取前10名，第二台的取前6名，第三台取前4名。胡荣华很清楚，首先要打好团体赛，如果团体赛打不好，落选了，也就谈不上个人赛了。

上海队团体赛台次的顺序是何顺安、胡荣华和朱剑秋。当年，三个人的状态都非常好。状态一好，成绩自然就会好。最后的结果是，上海队拿了团体赛的冠军，三个人全部入选个人赛。

三个人中，风险最大的是朱剑秋。要不是上海棋社社长杨明拍胸脯，朱剑秋无法参加1960年的全国象棋团体赛。

为什么呢？因为有人说朱剑秋是国民党员。

朱剑秋是国民党员，还当过当时在重庆的国民党海员工会的科长。当年外调时胡荣华曾经看到过朱剑秋材料，他没有做过什么坏事。而且，身在重庆的朱剑秋，是以他的方式在进行抗日。

胡荣华也没想到，第一次参加全国团体比赛，就拿下了团体冠军。

拿下冠军的当晚，胡荣华一时没有入睡，他想的很多很多。胡荣华想如没有朱翰章的引见，没有窦老师的慧眼，没有伯乐徐大庆，没有集训队老师们的帮助和杨官璘的屈尊，我不会有今天的殊荣。想来想去后，胡荣华找到了一个很快入睡的理由：为了报答老师们的提携之恩，我一定要尽最大的努力，下好个人赛。想到这里，胡荣华是一个翻身，然后入梦。

个人赛开始了。

前三轮，胡荣华是气势如虹。第一轮，战胜了有"东北虎"之称的孟立国。孟立国的攻击力强，素有"杀象能手"之称。胡荣华以后走屏风马布阵。中局时孟立国果然杀了胡荣华一个象。但象是杀了，却让胡荣华因此抓住机会，拼兑了主力之后反先。如是，后走的胡荣华以优势进入残局，完成了开门红。

第二轮，胡荣华遇上了1958年的全国冠军李义庭。李义庭功力深厚，棋风扎实。经过4个多小时的激战，胡荣华以双马炮双仕战和了对方的双马炮士象全。

10月29日的第三轮，胡荣华与象坛最负盛名也是最难对付的对手、被称为"第一国手"的三届全国冠军杨官璘过招。赛前，胡荣华几乎没有做什么准备，他知道自己和杨官璘相比，无论在开局、中局还是残局上，仍有不小的差距，他知道，杨官璘也不是靠赛前做个准备就能对付过去的。不要说胡荣华这位初出茅庐者，那些个身经百战、久经沙场的国手，也奈何不了杨官璘。胡荣华唯一能做的，就是避开杨的巡河炮。想到这里，胡荣华上床看起了小说。

在1960年全国比赛前的1959年，广东队访问上海打对抗赛。临走那天，何顺安带着对抗赛还不能上场的胡荣华，请杨官璘放一先下了两盘指导棋。何顺安开口，杨官璘也不好意思拒绝，结果是一来一去。在1960年的全国比赛前，杨官璘和胡荣华又下过4盘棋，杨官璘是2胜1和1负。

胡荣华已经引起了杨官璘的注意。但只是注意，并不是重视。《羊城晚报》的象棋记者黎民良说，当时的杨官璘之所以注意到了胡荣华，是因为在两人的对局中，有一盘棋胡荣华以双马双兵单仕相胜了杨官璘马炮双兵单缺象；以及另外一盘胡荣华在中局受制时以车兑炮后还能守和杨官璘。杨官璘之所以不那么重视胡荣华，是因为有一盘棋杨官璘巧施弃炮擒车小计胜了胡荣华；以及另一盘杨官璘掠去了胡荣华一象以不明显的优势获胜。正因为此，在1960年赴京参加全国个人赛决赛前，杨官璘对黎民良说："胡荣华很厉害，但是还没有成熟。"

因为只是"注意"而没有"重视",只是这一念之差,多少年过去后,杨官璘还是后悔莫及!甚至,他还后悔那两盘放一先的指导棋。

比赛即将开始。赛前的胡荣华做了几次伸展运动。入座后,胡荣华闭目静思象棋古谱《橘中秘》里的棋谚:胆大如虎,心细如发,波平如镜。

胡荣华果然抽到了后手行棋,但他丝毫没有怯阵。胡荣华抬头看了看纹枰对坐的杨官璘,很快就进入状态。此刻的胡荣华,已经是人棋合一。当一名棋手达到人棋合一时,对手是谁已经不是重点。胡荣华的心里只有一个念头:我要想办法赢——我要赢!

杨官璘以当头炮进七路兵开局,胡荣华用"左炮封车"阵式应战。弈至第八回合,炉火纯青的杨官璘连走怪辣之着:马跃河口暗伏马踩中卒、强渡七兵又能捉炮。这是一石二鸟的凶着。一时间,枰上局势突变,狼烟四起。面对杨官璘的凶着,胡荣华抱头沉思。二十多分钟后,年少灵慧的胡荣华决定化实为虚"弃炮争先",毅然决然地采取了"一炮换三兵"的大胆战术。以一炮为代价换取对方三个兵后,胡荣华控制了全局。胡荣华的这一着弃炮进车抢攻,显示出少年棋手胡荣华的锋芒,也体现了他敢于向老一辈棋手挑战的过人胆识。

弃炮后的胡荣华,转换到化虚为实:全盘子力活跃。贪吃一炮的杨官璘,处处挨打被动,半壁河山被牵。而胡荣华的黑棋却是鸟栖高枝,弹射难加,安然无事。

经过78个回合的鏖战,胡荣华妙运车卒,直捣黄龙,拿下了关键的2分,为夺取冠军奠定了基础。

这一战的结果,让杨、胡两人分先对局的成绩改写为平分秋色的2比2。在这一盘棋里,胡荣华的布局相当成功;中局弃子,判断准确,算度深远;在弃子取势后,攻守有度,战术灵活;进入残局时,在只占有微弱优势的情况下,始终掌握主动。从艺术角度去看,这应该是一篇杰作。

这一战,后来被棋界人士称为"杨官璘时代的谢幕,胡荣华时代的来到"。

媒体因为胡荣华胜了杨官璘,一时炸开,溢美之词不绝于耳。

谁也没有料到，在胡荣华胜了杨官璘的第二天，胡荣华就轻而易举地输掉了第4盘。第4盘棋后，胡荣华淡出了人们的视线。胡荣华淡出，还和他的年龄与个子有关。当时的胡荣华个子矮小，如果要把棋子下到对方的底线，手还有点够不着。所以在比赛中，胡荣华会时不时地在椅子上撅撅屁股出手。

媒体在预测桂冠谁摘的时候，把胡荣华排除在外。

谢幕之战来临。在最后一轮激战前，朱剑秋积13分，杨官璘、何顺安、李义庭和胡荣华同积12分。《北京晚报》在预测中认为：上海朱剑秋的夺冠希望最大，广东杨官璘和上海何顺安、湖北李义庭同积12分希望居次。预测中没有提到同样是积12分的胡荣华。

媒体断言，"小人物"的雄心壮志难实现，如果要排列这次全国棋赛的名次，冠军怎么也排不到胡荣华头上。一般来说，争夺全国冠军是有丰富经验的名宿之事，而不是初出茅庐的小孩子可为。胡荣华只是在老棋手的指导下下棋，棋龄又太短，缺乏实战经验。从胡荣华高质量地拿下杨官璘到轻而易举地输了第4盘，可以看到他的不稳定性。在第五轮胡荣华败于名将王嘉良之后，表现也开始平平，下棋的内容也很一般。而三获全国冠军的杨官璘毕竟是第一国手，他虽然输给胡荣华一局，但并没有动摇他冠军的宝座。更何况，还有1958年全国冠军李义庭和得过多次全国亚军的王嘉良等棋手，横在冠军的路上。

上海队的政治辅导员认为胡荣华有夺冠的可能。辅导员对迷信名手的观点反感。他鼓励胡荣华不畏人言，勇攀高峰。他说你既然可以打败第一国手杨官璘，为什么就不可以夺取全国冠军呢？辅导员还对胡荣华强调："你从团体赛到个人赛前三轮，表现都很出色。"辅导员很仔细，他又对胡荣华说："棋界一些权威人士预测，这次比赛的冠军可能是杨官璘、王嘉良或李义庭等人。我想知道你的想法？"

胡荣华说我会认认真真地下好每一盘棋。

这是胡荣华当时真实的想法。

辅导员点点头表示认可。事后，辅导员对人说胡荣华是少年老成。

最后一轮抽签揭晓：何顺安对朱剑秋、胡荣华对刘忆慈、杨官璘迎战另一名高手。

赛制规定，同分者看对手之间的成绩决定名次。在前面的比赛中，胡荣华胜杨官璘，平何顺安；杨官璘负胡荣华，和何顺安；朱剑秋领先何、杨、胡一分。无疑，冠军将在这四名棋手中产生，但最后花落谁家，充满变数。

最后一轮激战前，领队郑重其事地找何顺安、朱剑秋两位棋手谈话：为了确保冠军落沪，何顺安与朱剑秋必须有个输赢。

领队的讲话是一石多鸟。他既要确保冠军落沪，又担心何顺安让棋于朱。辅导员怕因此坏了上海队的名声。

领队的担心有点多余！何顺安不可能让棋，因为，何顺安只要赢了，冠军就是何顺安。更何况，当时的棋手视让棋为耻辱！

决赛前夜，上海队全体人员聚在了一起。他们既不是在研究棋艺，也没有时间闲侃大山。上海队在房间里开了一个冠军形势分析会。分析的结果是：如果朱剑秋胜，冠军肯定是朱剑秋；如果何顺安杨官璘同胜，则何顺安与杨官璘并列冠军；如果胡荣华与杨官璘同分，则胡荣华冠军；如果何顺安与朱剑秋下成和棋，胡荣华又输了，杨官璘胜了，桂冠属杨官璘。为确保冠军不落他人之手，上海队做出了这样的决定：本队何顺安和朱剑秋必须分出胜负。

一旁的胡荣华是充耳不闻。他正在想，明天怎么样才能拿下刘仙人呢？

第二天，在最后一轮比赛中，同室操戈的何顺安与朱剑秋，果然分出了胜负——先行的何顺安胜了朱剑秋。

很快，杨官璘也战胜了对手。

胡荣华与刘忆慈的对弈还在进行中……

刘忆慈是杭州象棋名手，因幼年丧母，故取名"忆慈"。早在少年时代，刘忆慈的棋艺便蜚声西子湖畔。刘忆慈棋风稳健细腻，柔中带刚，曾两次获得全国个人赛第3名。因为刘忆慈对"仙人指路"有独特的研究，又喜酒，酒意微醺时行子挥洒自如，如耍醉拳。轻逸绝伦变幻莫测的扬州派的开局"仙人指路"，到了刘忆慈手里又进了一步，刘忆慈也因此被誉为"刘仙人"。

针对"刘仙人"的"仙人指路"，胡荣华还以"金钩炮"。

胡荣华师古而不泥古，结合实战面壁众多棋谱破壁而出，让子力拥挤、攻势不易迅疾展开的"金钩炮"，成为集中优势兵力攻其一翼的"新式武器"。胡荣华的过宫炮新变，先声夺人，打乱了"刘仙人"的计划。继而，胡荣华又以过人的胆识、精确的计算放任对方的空头炮，把形势引向复杂多变的决战。让我们欣赏一下胡荣华夺冠前的这最后一局的开局：

1. 兵七进一，炮8平4

第一步挺兵的开局，叫"仙人指路"，刘忆慈对这类开局素有钻研，曾在50年代的比赛中，就有良好的收获，由此荣膺"刘仙人"雅号。胡荣华采用当时少见的过宫炮与刘决战。

2. 马二进三，马8进7
3. 车一平二，马2进1
4. 马八进七，卒7进1
5. 马七进六……

有轻进之嫌，可以考虑改走车九进一，抢占有利地势，以图进取。如黑方接走士6进5，车九平六，象7进5（如炮2平3，马七进八），车六进四，仍然掌握先手。

5. ……炮2进3
6. 兵七进一……

只好弃兵强攻，如改走马六退七，则炮2进1，黑方反先又得势。又如改走马六进五，马7进5，炮八平五，炮2退2，兵七进一，炮4平5，兵七平八，炮2退2，可以再还中炮，红方将白失一子，当然更不能采用。

6. ……卒3进1
7. 马六进五，马7进5
8. 炮八平五，车1平2

算准红方空头炮无子力配合助攻，抢先出车，如改走象3进5，则炮五进四，士4进5，炮二进七，红方好走。

9. 炮二进四……

如炮五进四，车2进3，炮二退一，车9平8，炮二平五，车8进9，马三退二，卒3进1，红无子力助攻，黑势占优。

9. ……卒3进1
10. 炮五进四，车2进4（图1）

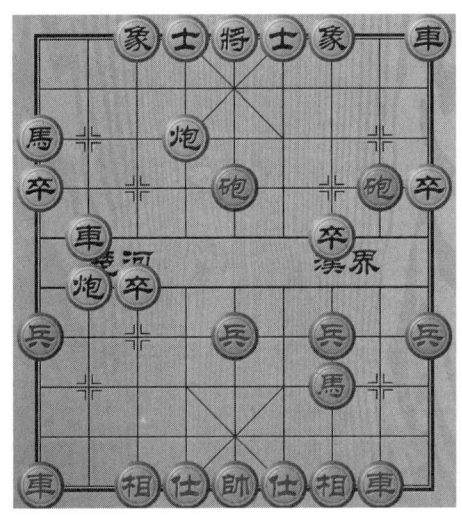

图1

算准对方空头炮只是徒有其表，真可谓艺高人胆大。由此开始，黑渐入佳境。

11. 炮五退二……

由于空头炮难以发挥作用，只好忍痛邀兑，虽然局势差一些，但红方还想等待时机，再求一搏。

11. ……炮2平5
12. 兵五进一，炮4平5
13. 相七进五，车9进1
14. 仕六进五，车9平4
15. 炮二进三，车2退3

退车联车，是机警之着，黑方虽然局面上占有一定优势，如让红方平边炮，二路红车沉底打象，于黑不利。因此，退车既是预防，兼含有车4平8邀兑的威胁性，同时，也含有投石问路之意。

16. 炮二退三……

现在的形势，黑方有卒过河，边马出路通畅，下二路联车有左移邀兑车，把攻势矛头转向红方右翼趋势，红方左车未出，右马出路不畅，对红方来说，如何改变颓势，已是当务之急。现在红方退炮，被黑方顺势而为，扩大优势。应改走平边炮弃子抢攻，局势将会改观。

16. ……车4进5

进车一是塞相眼，二是攻击红右马，有力！

17. 兵五进一，车2进2
18. 炮二进三，车2平6
19. 兵五平四……

目前红方最怕的是黑方将有马1进3攻势，因而弃兵求解，如黑方接走车6进1，则车二进六，控制黑马进路，且有车二平三攻象手段，构思精巧。

19. ……车6平4

黑方不贪吃小兵，放弃要道，联车之后，牢牢控制局势，弈来老练之极。

20. 炮二平一，炮5进3

至此，黑方完全控盘。

"刘仙人"在同胡荣华的激战中败下阵来。胡荣华是大分小分一起拿。

当何顺安满脸疲惫地从赛场出来时，徐天利笑着上前问道："老何，怎么样？"

"赢了！"

"啥人拿冠军？"

何顺安轻轻地回答："可能是我吧？"

一旁的胡荣华听到徐天利与何顺安的对话，感到何老师肯定没仔细计算过小分。胡荣华认为有必要把这个问题说清楚，于是就上前说："我赢了刘忆慈后，大分小分一起拿，冠军好像是我吧？"

何顺安与徐天利听了胡荣华的这一句话之后，非常意外。何顺安因为非常疲惫，一时还没有反应过来。徐天利追问了一句："你小分算清楚了？"

胡荣华不好意思地点了点头。

沉默片刻后，何顺安老师大度地笑着说："哦，冠军原来是小胡的……"

徐天利看着何顺安，宽慰道："你真的是没有冠军命啊！"

胡荣华、何顺安和杨官璘三人同分，三人之间，胡荣华胜杨官璘、平何顺安，而杨官璘负于胡荣华，战平何顺安。因此，冠军在胡荣华与何顺安之间产生。胡与何战平，计算小分，胡荣华高出何顺安。因此，胡荣华为冠军，何顺安第2，杨官璘第3，朱剑秋第4。

15岁夺冠！胡荣华创造了中国象棋史上的一个奇迹，也由此拉开了"十连霸"的帷幕。

何顺安在1958年的全国个人赛上表现出色，但那一届的竞赛规则是同分者不以小分排名次。同分者二人和局时，看两个人对局的用时。何顺安因为用时多于李义庭，这样，大分和李义庭一样小分比李义庭高，但因为用时多于李义庭，何顺安只能屈居亚军。

这一次，何顺安又一次与冠军擦肩而过。

胡荣华也为何顺安老师感到惋惜。

冠军已经属于15岁的胡荣华，想让也不可能。在这之前，有着深厚象棋传统的上海，还从来没有人夺过中国象棋个人锦标赛的冠军。冠军一直落在广东杨官璘和湖北李义庭的身上。更有甚者，上海棋界又曾被杨官璘荡平，这一切，一直都是上海棋界的心病。由上海象棋前辈悉心指点和栽培的胡荣华，终于为上海扬眉吐气。不管是何顺安，不管是朱剑秋，不管是徐天利，作为上海棋手，看到胡荣华的夺冠，兴奋感是等同身受！

次日颁奖前，胡荣华专门到王府井附近一家理发店理发并吹了风。棋手们看到胡荣华，都笑着说胡荣华吹了个"春风得意头"。胡荣华之所以去理发，很重要的一个原因是，他知道闭幕式的意义非凡，时任国务院副总理的陈毅元帅要亲自为优胜者颁奖。陈毅元帅曾任上海市市长，对中国体育事业支持的力度很大，对棋类关心尤甚。

颁奖仪式上，身材高大的陈毅元帅特地弯下腰来，把金光闪闪的奖章挂到胡荣华的脖子上，还用标志性的大嗓门惊喜地喊道："你叫胡荣华，15岁！"

胡荣华非常兴奋，一个劲地点头称是。随即，陈毅元帅说出了他那句标志性的名言："好哇，娃娃赶上来了！英雄出少年嘛！"

当天的晚宴上，主管体育的贺龙副总理也来了。陈毅同志特地拉着胡荣华到贺龙面前介绍："这是上海的娃娃，棋艺厉害得很啊，大人们都搞不赢他。"

1960年全国冠军的获得，使胡荣华真正登上了中国棋坛。

胡荣华说："这个冠军成了象棋史上的一个重要纪录，对我有着里程碑式的意义。我这个'祖国的花朵'能够在15岁夺冠，是因为象棋界诸多前辈、老师对我无私和辛勤的栽培，得益于新中国良好的社会环境。"

许多年之后，在2017年上海书店出版社出版的《荣华棋路》上，徐天利还原了胡荣华在第三轮后走战胜杨官璘的"象棋史上最传奇一战"！

一位研究胡荣华的作家曾经征询过胡荣华："在中国象棋协会主编的《象棋天地》第7期上曾经看到，1960年你拿了全国冠军之后，和徐天利两个人在北海公园白塔上游玩，当徐天利再一次祝贺你获得全国冠军时，你突然说了一句话：'拿下冠军是万里长征的第一步。'"

胡荣华回答说这是虚构，我没有那个豪情壮志。因为当时自己得到冠军还是感到有点意外，知道自己的水平比杨官璘还差一点。实力还没有到蝉联冠军这个程度。

会当凌绝顶之后，胡荣华赢来了一束束鲜花和一阵阵掌声，胡荣华没有陶醉在赞扬声中。这个时候的胡荣华，捧起了荀子的《劝学》，开始了三省吾身。

胡荣华问自己：我是不是真的具有冠军水平？怎样对待荣誉？下一届全国比赛我会如何？

上海象棋队的领队俞玉昌闻之，非常高兴，他说：胡荣华一下子长大了，长高了……

拿下冠军是万里长征的第一步，应该不是出自胡荣华之口。

1982年秋，上海象棋大师邀请赛期间，胡荣华在陕西南路271弄的家中设蟹宴招待黑龙江的特级大师王嘉良和辽宁的孟立国大师。俞玉昌和上海队的徐天利、朱永康作陪。

比起上海市体育宫里的练功房，胡荣华对这个居处，非常满意。

陕西南路271弄的南面，是典型的石库门建筑步高里。271弄的北面，是上海市有名的文化出版街绍兴路。胡荣华妻子的阿姨，就住在绍兴路。上海文化出版社《上海象棋》杂志社，也在绍兴路上。胡荣华自己也没有想到，几年后的1985年，他担任了《上海象棋》的主编。他答应出任主编，一个重要的原因，就是方便。孟立国也是一位写手，对步高里很感兴趣，于是，胡荣华就向孟立国介绍了步高里。

看到人高马大的王嘉良，胡荣华是五味杂陈。王嘉良看着胡荣华，忽然就想起了既生瑜何生亮的古训。在王嘉良刚刚进入鼎盛时期，并于1956年、1957年、1959年三次获得全国亚军后，1960年横空出世的胡荣华第一次参加全国比赛就勇夺全国冠军，然后是一骑绝尘连续20年的垄断春秋。

胡荣华的鼎盛，就是一代棋坛高手的悲哀。

席间，谈起当年往事，胡荣华感慨良多："我1960年获得全国冠军，其实是'盛名之下，其实难副'。幸好，第二年没有比赛，得以让我缓冲。1962年在合肥比赛，我能够同杨官璘并列冠军，也有幸运的成分。再以后，情况不同了，我必须争冠军了。"

孟立国说胡荣华的这一番话，细细品尝感觉味道不一般：第一，胡荣华没有炫耀没有虚夸自己，而是很客观地承认自己的"不够"。二十几年后的1982年，他还是那样的实事求是，让我们看到了"十连霸"的境界；第二，据我所知，1960年赛后至1962年赛前，胡荣华下棋较多，输的棋比得冠军前反而多了，这说明胡荣华正确地解决了对待荣誉、名次和胜负问题，他没有因为是冠军而故步自封，而是充分地利用时间去实战；第三，1962年以后，因为有实力，他自信超越了杨官璘等老一辈棋手，所以"必须争冠军了"。

说起胡荣华下棋的境界，孟立国有切身的体会。1974年，孟立国在全国比赛中遭遇到胡荣华。在前24个回合中，胡荣华居然无一子过河。胡荣华的防守却是滴水不漏。但是，他暗中已经把深入己地的对方子力隔断，并开始分化攻击。至第25个回合，胡荣华的马过河伊始，孟立国便推枰认输。棋手们对胡荣华这种不战而屈人之兵的战术，赞誉有加。

由此看来,"拿下冠军是万里长征的第一步"这一句豪言壮语,不是1960年的胡荣华所言。

1960年出征之前,时任上海市常务副市长的宋建文作战前动员,还是让胡荣华记忆犹新。当时,宋建文在棋院二楼的会议室会见大家时说,我们应该去学学霍去病,霍去病18岁当了骠骑将军。宋建文副市长的讲话,是很有针对性的。当时参加比赛选手的年龄,都和胡荣华差不多大:徐天利比胡荣华大几岁,陈祖德只比胡荣华大一岁。

动荡岁月，难忘是故人

贾友福的家成了小据点

胡荣华说：我们一线的棋手，就好比是舞台上的演员。其实，在我们的背后，还有很多棋手和棋迷在支持着我们。上海象棋的发展，离不开支持我们的棋手和广大的棋迷。

在这里，我们必须要提一提浦东的贾友福。

贾友福1936年生于浦东洋泾，也是胡荣华的同门师兄。自小学始，贾友福受邻居陆承铸启蒙，开始下象棋。陆承铸是一个文人，供职于南京的一家报社，比贾友福大二十几岁。两家之间，仅隔着一家。陆承铸是洋泾好手。

贾友福在陆行中学念初中时，陆承铸便带着十来岁的贾友福去了凌云阁。周日，贾友福骑自行车到东昌路码头，或者乘85路公交车到东昌路码头摆渡。贾友福从浦东洋泾，到浦西的凌云阁，路上要一个多小时。

凌云阁说是茶馆，其实就是象棋高手以棋会友一比高低之处。棋手来自全国各地，以上海棋手为主。

进去之后，要花1毛钱的茶资。在凌云阁里，有高手表演大象棋；也有上手教下手，下手付上手的不叫学费，叫付多少壶茶的茶资，最多的，要付好几元；还有就是打彩，打彩人的相对少一些。

胡荣华和贾友福怎么会成为同门师兄弟的呢？

"老板"是旧上海十分普遍的称呼，而与此相伴而生的另一个称呼叫"小开"。一般把老板的儿子称作"小开"，如米店老板的儿子称"米店小开"，其他如"照相馆小开""颜料行小开"等等。有两种情况例外，属于泛指：一是"洋行小开"，并非指洋老板的儿子，而是指在外国洋行打工的年轻华裔职员。因为，年轻的华裔职员们的行为方式、装束打扮乃至追逐时尚的消费模式等诸方面，与小开们如出一辙。二是当时有一些名伶，如梅兰芳、周信芳等，均被尊称为"梅老板""周老板"。

旧上海的不少小老板出身都很贫苦，即使当了老板，不少人在打扮和行为方式上，和普通店员没有多大差别。他们居常穿竹布长衫，圆口布鞋；只有在外出应酬时，才会换上花呢长衫和皮鞋。而小开们自小养尊处优，老板和老板娘对其宠爱有加，使其根本不知稼穑的艰辛。有不少小开在打扮上刻意模仿中外影星：西装革履小分头，一派"奶油小生"的派头。

当时，有一位中药房小开陈冠海，很喜欢看棋。陈冠海的父亲开了好几家中药房。陈冠海西装革履，梳着小分头，一派"奶油小生"的做派。贾友福说陈冠海很慷慨大方，只要棋友有困难，他就会出手相助，是一个有着古道心肠的棋迷。陈冠海看到十几岁的贾友福如此热爱象棋，棋艺水平也达到了相当的水准，便介绍贾友福认识了何顺安。何顺安不大去凌云阁。从1950年开始，他在每周六的下午，都要去贾友福家教棋，一次10元钱。当时一个学徒工一个月的工资，是二十几元。1960年，胡荣华进入上海市象棋集训队后，何顺安也成了胡荣华的老师。按照年龄和时间的顺序，贾友福是胡荣华的师兄。

跟随何顺安学棋三年多后，高中毕业后的贾友福被分配到上海机床厂子弟学校教中小学的数学课。

为了丰富群众的文化生活，上海市政府在1953年，建造了宝山地区的五角场、浦东的洋泾和杨思、川沙的高桥文化馆。那个年代，群众的文化生活可以说是很简单。没有电视机，也没有收音机，收音机是奢侈品。象棋因为历史悠久，传播面广，成本又不高，所以在民间流传很广。

洋泾文化馆建成后，每个星期都有上海的象棋名手应邀前往挂大象棋表演。或者，是棋队之间的比赛。表演和比赛时，观众是趋之若鹜。这个时候，已经是洋泾地区象棋高手的贾友福，常常会组织大象棋表演。1954年，贾友福请窦国柱对局朱剑秋。还和陆承铸一起双打窦国柱和朱剑秋。结果当然是窦国柱和朱剑秋胜。胡荣华后来对贾友福说你们应该错开来打。

1966年，贾友福被查出患了急性肝炎，住进了地处陆家嘴的浦东中心医院（现在的东方医院）肝炎病房。住进病房不到两个星期，"文革"风暴袭来。

贾友福说他是因祸得福。为什么呢？因为，作为班主任的他可以专心下棋了。

再说，1966年时的胡荣华，已连续夺得五届全国象棋冠军。1966年的胡荣华，棋艺已处在他的巅峰时期。遗憾的是，就在胡荣华领取1966年全国象棋冠军奖牌的10天后，造反派和红卫兵冲进了上海棋社……

上海棋社因为环境文雅古秀，树木葱茂，被视为"封资修"重点，棋社成为"裴多菲俱乐部"，棋室被封，棋盘被砸，棋书被毁。1970年，上海市象棋队被解散，棋手被扫地出门——胡荣华当然也不能例外。上海棋社里，贴满了革命大字报，象棋、围棋和国际象棋都被列入"四旧"，受到了批判。社长杨明成了"走资本主义道路的当权派"，挨了批斗；何顺安、朱剑秋等新中国的第一辈棋手被看做是信奉四旧的"遗老"；围棋国手顾水如、刘棣怀因为在旧社会为军阀和国民党干过事，被认为有"历史问题"，需要清算。胡荣华历史清白，没有任何历史问题。但是，因为是五届全国冠军，胡荣华成了棋坛的"黑权威"，是"走资派"杨明亲自培植的"黑苗子"。棋手全部下放劳动锻炼。1969年的下半年，棋手们先是下放到金山劳动，1970年初又转移到宝山滨海游泳池和航空俱乐部。有的棋手被派到工厂当翻砂工和热处理工。当年的大学生，实在是稀有品种。徐天利因为是大学生，还是"臭老九"，下放在良工阀门厂。朱永康下放到中华造船厂去战高温。胡荣华被分配到上海造币厂，向一名老木模工学艺，成了一名小木匠。与翻砂工和热处理工相比，木工的活稍微干净了一点，整天就是锯锯木头，敲敲榔头……

后来，棋手们的工作又重新分配。胡荣华和何顺安、徐天利被分配到上海跳水池。徐天利是当救生员，胡荣华当杂务工。作为保管员，胡荣华和何顺安管更衣室的钥匙，胡荣华还要清洗游泳池。胡荣华除了发钥匙还兼一个工作，点眼药水。每天，他要为六七百个小朋友点眼药水。

凡是泳客的衣服和贵重物品，都由胡荣华负责保管。像下象棋一样，胡荣华对保管员的工作很负责。

　　因为苦闷，无棋可下，有肺气肿的何顺安还是抽香烟。而且，抽得蛮厉害。

　　在衣物寄存处值班时，胡荣华要对每一位前来寄存衣物者，发一块领取衣物的牌子。有位姓王的游泳者，寄存衣物时还存有手表一块、皮夹子一个。胡荣华为了负责，特地问明了他的姓名、工作单位，写明皮夹子里的钱数后，又写下一张以资证明的字条。王姓泳者游完出来时，胡荣华把他寄存的物品，一件件地交给了他。没想到，过了个把钟头，他又返还。他找到了胡荣华后，一本正经地对胡荣华说："我寄存过一只手表，忘记向你要了，你也没有还给我。"

　　胡荣华感到十分意外，不知道他真的是忘了还是来"敲竹杠"。当时，旁边站着好多泳客，见状，觉得好奇。胡荣华感到自己受到了极大的侮辱，非常生气。胡荣华竭力克制着怒气，用严厉的目光打量着对方，和他复盘："这是绝对不可能的。我们这里寄存的东西很多，包括贵重物品，从来没有遗失过。你那块手表连同那个皮夹子，我一起给你了。你当时赤着脚出来，怕脚上有水弄湿袜子，把袜子塞进裤袋里，光着脚穿了皮鞋。然后，我把三样东西——一块手表、一只皮夹子和一个黑色手提包交给你；皮夹子里有20块钱，黑色手提包里面放的是毛巾、肥皂。当时你接了手表，没有往手上戴，交给了站在你旁边的你的一个朋友。你只管穿鞋子，可是你的朋友却走了。我记得清清楚楚，绝对不会错。你回去问问你那位朋友吧，手表是不是在他那里。"

　　旁观者开始鸣不平："你是不是有健忘症！"

　　王姓泳者拍了拍脑袋，恍然大悟："嗨呀，我好糊涂啊，我想起来了，我把表交给那位朋友了。对不起！对不起！"

　　除了上海跳水池的这一次误会，那一个时期，在胡荣华的身上，还发生了一件事。

路见不平，出手破局

　　1968年，上海棋社说是要清理阶级队伍，搞政治调查。外调政治调查者必须是造反派。胡荣华不是造反派，照理轮不到胡荣华去搞外调。但是，又规定外调者必须具有党员的身份。上海棋社里的造反派都是十六七岁的学生，除了胡荣华，没有一个是党员。这样，胡荣华就成了外调者。

一次，20岁出头的胡荣华外调去了安徽，外调的对象是棋社的第一任社长杨明。

火车到了蚌埠，还要转车。转车要等3个小时，闲来无事，胡荣华便上街胡逛。

一路走去，胡荣华看到一侧的街沿上，有一个象棋摊。象棋摊在地上一字儿散开，周围有不少观众。穿过观众的一条条腿，胡荣华看到了地上摆着五六个江湖残局。看到象棋，胡荣华自然是来了兴趣。于是，便挤进去看热闹。不一会，胡荣华感到有人在他肩膀上拍了一下。胡荣华回头一看，是一位操着东北口音的汉子。东北汉子提醒胡荣华："把书包放在前面。"胡荣华把书包移到前面一看，书包带子已经被解开。幸好没有丢失东西。胡荣华对这位东北汉子心存感激，用目光传递了谢意！

东北汉子也爱好象棋，他看了一会儿江湖残局后，自以为胜券在握，便信心十足地蹲下去破局。棋摊告示所示，破局者需交2毛钱报名费，若破局成功，则可得1元奖励。很可惜，东北汉子棋艺不高，一会儿工夫，就连输了七八局。东北汉子骂骂咧咧着，十分沮丧。

就胡荣华的棋力，这些江湖残局都是些雕虫小技。见东北汉子连输了七八局，感恩于方才肩膀上的一拍，胡荣华当然是"拔刀相助"："我来替你下，输了钱我出，赢了钱归你。"东北汉子一见是刚刚照过面的人，又听到胡荣华的口气是如此坚定，相信胡荣华一定是高手，自然应允："好、好，谢谢！谢谢！"

胡荣华自掏2毛钱交给摊主，然后蹲下去出手破局。

凭胡荣华的棋艺，这摊主怎么能抵挡得住？一会儿工夫，胡荣华就连破2局。胡荣华算了一算，2元钱已足够抵偿东北汉子的损失，起身想走。不料那摊主说："按这里规定，你可以再破第3局。如果第3局成功，你可获得10元奖金，若破局失败，2块钱没收。"

但那东北汉子一看胡荣华棋艺了得，还想看胡荣华破第3局："我宁可赔了这2元钱,也要看你再破第3局。"

摊主是心有不甘,但还存有侥幸心理:"前面两局都是最简单的,第3局才会有难度。"胡荣华被一求一激,复又蹲下。

摊主摆出了"七星聚会"的残局,这是江湖中最凶险的车兵残局,几乎是所有象棋摊的"看家法宝"。这"七星聚会"的残局,机关重重,陷阱密布。即便在前半局中你能识破全部陷阱,后面还是要凭真功夫恶斗。胡荣华看了看摊主一脸的神闲气定,想可能这摊主在"七星聚会"上还从来没有失过手。

这一次,摊主失算了。只见胡荣华轻车快马信手拈来,瞬间转换成翻手为云覆手为雨!一时间,摊主那里是风声鹤唳。摊主被胡荣华杀得手忙脚乱,汗流不止。

这时,突然有人大叫:"警察来了!"

就在胡荣华和东北汉子回头观望之时,对方几个人已经把棋摊收起,然后落荒而逃。东北汉子想追,胡荣华拉住他说:"他们人多势众,就是追到你也拿不到钱。"

胡荣华怕东北汉子今后再失手于江湖棋摊,临行前,胡荣华告诉对方:"江湖棋摊的棋局,都有一个共同点。从棋形上看,都有一个诱人入谷的假象:好像先行的红方只要走几步,即可取胜;而这个假象,却是个劣着。正确的着法变化多端很隐蔽很诡谲,即使高手没有经过深入的研究,也难以取胜。"

东北汉子双手抱拳,深表谢意!

胡荣华的这一次见义勇为的"壮举",以他损失2毛钱而告终。

嗜棋如命的"马王阿品"

1970年,新加坡象棋队访华来上海,因为仰慕胡荣华和上海象棋队的名手,要会一会上海象棋队。这个时候,造反派想起了上海还有一个象棋队,还有一位胡荣华。于是,便火烧眉毛地把胡荣华和何顺安、朱剑秋、徐天利等棋手上调,匆匆忙忙地重组了上海象棋队。

集训，备战，棋手们做好一切准备……结果，新加坡象棋队却因故没有访华。

新加坡象棋尽管没来上海，却做了一件功德无量的好事——让一盘死棋复活，复活了上海象棋队。

棋手们在外面转了一圈，又回到市区的上海市体育宫里。

再说在1966年，象棋被列入"四旧"后，棋坛一度万马齐喑。

棋类运动员虽然离开了棋室，但对朝夕相处的棋盘、棋子和棋书，却爱之更深。棋手们私下里还是经常和厂里的棋艺爱好者摆开棋阵，杀上几盘。

胡荣华因为目标太大，不敢在外随便下棋。这个时候，贾友福浦东的家就成为胡荣华的首选。因为，贾友福的家已经成为浦东乃至上海象棋活动的"小据点"。市区和周边的棋友每天都去贾家下棋，市队的胡荣华、何顺安、徐天利等高手也是贾家的座上客。

贾友福三十几岁才结婚，养了一个儿子。这在当时，属于很晚的晚婚。身为父亲的贾友福，对象棋的热情依然不减。贾友福在浦东洋泾的房子有6间，是那一种的的刮刮小黑瓦白墙的本地人的房子。每一次，胡荣华一看到小黑瓦，就想到了窦国柱先生。

1968年秋天的一个下午，胡荣华在贾友福的家里，与七位象棋爱好者下了1对7"盲棋"。这是胡荣华"盲棋"神功的"首秀"。七个人的水平都不低：绰号小黑的19岁的傅月庆是杨浦区队队员，是上海象棋名手韩文勇的学生，住在当时浦东的属杨浦区的其昌栈的十八间；缪鸿官是上海港务局局队队员，住在杨浦区的长阳路。缪鸿官到浦东洋泾，是骑着他的老爷自行车。那个年代，什么东西都是凭票供应，新的自行车，也是奢侈品。其中一位棋友叫邹阿品，是在八仙桥菜场卖鱼的个体户。他有两个绰号：一个叫卖鱼阿品，一个叫马王。为什么叫马王呢？这里面，还是有出典的。阿品号称，在中国象棋界，谁能让他一匹马过关，才能称为国手。当时，杨官璘、董文渊、徐天利、孟立国等棋手都在凌云阁里让他一匹马且过关。更多的，是过不了关的很多名手。马王一直想找机会请胡荣华让他一匹马。1973年，胡荣华让他一匹马和他下了两盘：胡荣华是和一盘胜一盘。马王说他从此满足了！

邹阿品和上海的另一位名棋手龚一苇一样，嗜棋如命。

1970年，邹阿品的父亲西归，家里让他去为父亲买一口寿材。买寿材的路上，他看到路边有象棋摊，竟然把父亲的寿材之事抛之脑后，上去赌棋。稀里糊涂的，把父亲的寿材钱给赌输了。

龚一苇的老家在浦东黄楼，家里是地主，他父亲是福州路悦来食品公司的老板。龚家在洋泾有亲戚，所以他和贾友福相当熟悉，比贾友福年长十几岁。龚一韦嗜棋到什么程度呢？为了下棋，有大学不上。

有时候，想到卖鱼阿品，想到龚一苇，胡荣华就纳闷："怎么会有如此的出格之举呢？"

胡荣华知道这些棋手都很可爱，也可以交往。古人不是也有言"人无癖，不可交"吗？

何老师不敢枉东道

再说，在胡荣华1对7盲棋的一周后，何顺安去洋泾贾友福处，听说胡荣华下了1对7的盲棋，他难以置信。回浦西后，上班的第一天遇见胡荣华时向胡荣华求证。胡荣华看到何老师的神态是疑惑重重，笑着对他说："我和你赌一次，赌一顿饭好吗？"

何顺安看到胡荣华的认真样，知道此事不假。当然，也因此让胡荣华少吃了他一顿饭。

星星之火，燎原成重镇

如果说，"文革"风暴中贾友福浦东的家，是上海象棋活动的"小据点"，是星星之火，那么，当年的星星之火已经开始燎原。

20世纪90年代，在贾友福努力下，浦东逐渐成为上海象棋的重镇。

1995年，浦东象棋协会宣告成立。成立后，同年申请参加了全国团体赛。那一年，上海其实有好几个队参赛。虽然没有打上海的旗号，主要队员却是上海人，分别是纺织部队、邮电部队、机电部队等。1995年的全国赛，在四川的峨眉山脚下进行。浦东队的成绩并不好，在中下游。贾友福还因此遭到了胡荣华的揶揄。

比赛期间的一天早上，胡荣华用餐后在山脚下散步，看到了正在吃早饭的浦东队领队贾友福。胡荣华的身后，是宁夏队的王贵福，宁夏队的成绩也不好。王贵福其实也是上海人。

胡荣华和贾友福打了个招呼，对他说："你兄弟来了。"

"兄弟？"贾友福一时不解。

看到胡荣华身后的王贵福后，他知道了"兄弟"两字所指——难兄难弟！被胡荣华揶揄的贾友福是一笑了之。

象棋大师王贵福是宁夏棋王。王贵福1959年离开上海。离开上海前，和刘彬如、瞿云汉一起，是上海邑庙区象棋队队员。在上海的时候，绰号叫绿豆汤。作为一名上海人，王贵福有浓浓的上海情结。1960年，王贵福为上海队的夺冠立过功。1960年团体赛最后一轮，上海队已经赢了对手，广东队和宁夏队还在交锋。广东队只有赢宁夏队才能拿到冠军。王贵福出来上厕所，碰到老乡胡荣华，很兴奋地用手做剎剎剎的动作，意思是他要赢了。胡荣华见状，有点吃惊。因为，王贵福的对手是广东名将蔡福如。由于王贵福胜出，广东队最终和宁夏队战平。

2017年冬，笔者在浙江省参加中国象棋协会主办的全国邀请赛时，遇见王贵福大师。因为是老乡，又住在同一层楼，当天晚上，王贵福大师到我的房间来聊天。提起胡荣华，王贵福是赞不绝口："胡司令这个人下棋聪明，平时做人也很有品位。他不拿冠军，谁拿呢？"

说到这里，他还没有忘记调侃："不过，我也拿过一次冠军。1978年在福建厦门举行的全国象棋团体赛，在第一台中，我个人积分是第1名。"

当他看到我羡慕的眼神时，又补充了一句："团体赛中，宁夏队一直在输，只有我一个人在赢。这样的话，队手就越来越差。"

说完之后，王大师便哈哈大笑。一旁的我，也是忍俊不禁。

1995年这一年，浦东队取得全国象棋团体赛第15名，比纺织部队、邮电部队、机电部队要好。1996年的全国象棋赛，分甲乙组比赛，1995年的前16名为甲组。也就是说1995年第15名的浦东队参加了1996年的甲组联赛，最后，在甲组里折腾的浦东队名落孙山，1997年降到乙组。1997年，浦东队拿到乙组冠军，1998年又被打下去。尽管如此，贾友福是不置可否。

他说凡事急不得，我们就是三菱电梯。

三菱电梯的广告词是："上上下下的享受。"

1995年，浦东象棋协会在张扬路两旁组织了千对棋手群英会。申请并取得大世界吉尼斯纪录，上海市副市长周禹鹏亲临现场。

同样是在1995年，浦东象棋协会还创办了当时国内奖金最高的第一届广洋杯全国大棋圣战，冠军的奖金为5万。当时，5万元已经是一个很大的数字。胡荣华问贾友福为什么是5万？他说对国内象棋比赛的奖金作过了解，最后听了《新民晚报》体育记者张建东的建议，定为5万。

1999年，第六届世界象棋锦标赛在浦东举行。此举创造了小镇办大赛的佳话。因为，当时的上海，世界级别的体育单项锦标赛，还从来没有办过——不管是篮球足球排球还是乒乓球。

前无古人，功成十连霸

1979年，第四届全运会象棋个人决赛在北京举行，比赛实行八人大循环。最使人关心的"迷题"，莫过于中国象棋冠军花落谁家。对胡荣华来说，因为老对手杨官璘已经在预赛中早早出局，使他少了一个强劲的竞争对手。但是，从另外一个角度看，杨官璘都没能进入决赛，足可见竞争程度是多么的激烈，也说明了进入决赛的八位棋手的身手不凡。已经蝉联9届全国冠军的34岁的胡荣华，这次能否卫冕，成为棋坛"十连霸"，还是要经受严峻的考验。

因为缺少杨官璘这样的劲敌，胡荣华有点飘然。开赛以后，胡荣华竟然先后负于柳大华和王秉国，积分落后于北京名将傅光明。紧赶慢赶地下到最后两轮，胡荣华还落后年轻的傅光明1分。

倒数第二轮，胡荣华和傅光明狭路相逢。对双方来说，这都是关键的一仗。按照赛前的排位，傅光明最后一轮的对手是一位台北棋手。对比双方的实力，傅光明胜利的把握很大。也就是说，傅光明只要与胡荣华下和，冠军就是囊中之物。在这之前，傅光明的最佳战绩是全国比赛第7名。

全国冠军的称号，对任何一名棋手来说，都是心心念念，其价值自不待言。这盘棋，偏偏又是傅光明先走。只要傅光明铁心和棋，胡荣华的"十连霸"将成为泡影。

赛前的晚上，胡荣华辗转难眠。

胡荣华当然知道，这一次，是傅光明冲击全国冠军的最佳时机。就胡荣华而言，要成就棋坛"十连霸"，只能赢，不能输。难题是傅光明先走，因此，胡荣华要拿下这一盘棋，难度实在是太大！

但凡事都可能有一个万一，胡荣华想傅光明也会思考最后一轮会不会还有变数？假如傅光明能直接赢下他胡荣华，那冠军才是铁板钉钉。

思来想去，胡荣华认为傅光明出于保险的需要，还是有争胜夺冠的想法，关键就在于要让傅光明看到有较大的获胜机会。

《韩非子·难一》说："战阵之间，不厌诈伪。"就是说，打仗时不应该嫌弃使用诈术来造成对手的错觉。

弈棋运子，与打仗调兵一样，同样要运用各种战略战术。"河界三分阔，计谋万丈深"这句话，也包含有"兵不厌诈"的意思。

下弦月时，胡荣华尚未就寝。经过整整一夜的推敲，胡荣华决定明天要"投傅所好"——和傅光明斗顺炮。因为，顺炮是傅光明最擅长的开局。只有进入对方最擅长的开局，才有可能让对方放松警惕，继而从中找出破绽，以便"智取华山"。

果然，先走的傅光明摆了个当头炮。按常规，第一步胡荣华可以不假思索地立即走子。但是，为了迷惑对手，诱使傅光明求战争胜，然后请君入瓮，胡荣华开始充分麻痹对手。

面对傅光明的当头炮，面对只动了一步棋的棋盘，胡荣华呆若木鸡地思考了20分钟。

胡荣华知道，此时重中之重的关键要点，是千万不能让傅光明看出他已经有所准备。因为，只要有丝毫的风吹草动，先走的傅光明退而求和，是举手之劳。

现场悄然无声。可以听到彼此的呼吸声。

一旁的北京队教练刘国斌对徐天利说："小傅今天有戏了。"

刘国斌为什么这么说呢？刘国斌认为胡荣华这盘棋只能赢，不能输。胡荣华第一步就举棋不定，说明胡荣华乱了分寸。在这种情况下，下一盘和棋就可以的傅光明，肯定是有戏了。

赛制是每方1小时为保留时间，也就是说胡荣华走第一步棋竟用去了三分之一的"自留地"时间。

在这20分钟里，胡荣华也是做足"文章"，面对傅光明的当头炮，他似乎非常意外，他在反复权衡……20分钟到了，胡荣华摇了头摇，随意应着，走了一步炮8平5的"顺手炮"。

徐天利看到胡荣华的炮8平5，大惑不解！胡荣华为什么要走傅光明最擅长的"顺炮"呢？

刘国斌见胡荣华还"顺炮",喜从心来。他想这一次傅光明一定会打破纪录,为北京拿回历史上的第一个象棋冠军。

一开始,傅光明是小心翼翼,只求和棋一盘。

胡荣华在下第二步时,看了看计时钟,无可奈何地摇了摇头。似乎是一觉醒来恍然大悟,以后的十几步棋,胡荣华为抢时间,出子非常迅速。傅光明看了看局面,微微一笑!原来,这"顺炮"的套路,正是傅光明最有研究的开局,是他的"拿手好戏"。

足够的时间消耗了傅光明的警惕:傅光明见胡荣华时间用去那么多,最后还走进他最擅长的布局,遂当仁不让地出子,而且,是飞速。

这边的胡荣华见傅光明进入他的节奏他的套路,又因为胡荣华自己的时间确实有点吃紧,便继续飞快出子——只要傅光明的手指一离开计时钟,胡荣华的手指已经上去。因为看到胡荣华走到自己的套路里,胸有成竹的傅光明不甘落后,胡荣华快他更快。因为,傅光明对这一路棋太有研究了。

噼噼啪啪,你追我赶。

刘国斌的脸上,是春风尽显。原来,在以往的实战中,傅光明用这个直车对缓开车的顺炮布局,战胜过四位高手。今天,完全是曾经的四盘棋的翻版。

胡荣华将会成为第五位落到这个布局圈套里的受害者。

刘国斌想这一次傅光明不但要给北京搬回历史上的第一个象棋冠军,并且,是在拿下了胡荣华之后。

至第10回合,完全在傅光明的套路中。

忍俊不禁的刘国斌悄悄地对上海队教练徐天利说:"你们的小胡,今天恐怕是凶多吉少了!"

徐天利说不一定吧。

徐天利的声音,似鸟儿的梦呓,没有底气。

徐天利不知道,胡荣华是否准备好了布局套路。但是徐天利知道,这个布局套路,这一着棋以后的变化,是傅光明的拿手利器。

在1978年的全国团体赛中,傅光明对浙江省的蔡伟林,走到同样的局面,无奈的蔡伟林只能走士4进5应对。这以后,不管怎么变化,蔡伟林的黑棋都摆脱不了覆灭的结果。蔡伟林大师其实也是上海人。

因为走进了傅光明的套路，措手不及的胡荣华又在抢时间，傅光明已经有所松懈。

胡荣华继续落子如飞。

第 10 回合，胡荣华开始变着。胡荣华没有走以往的士 4 进 5，而是走了一步炮 4 进 5（图 2）。

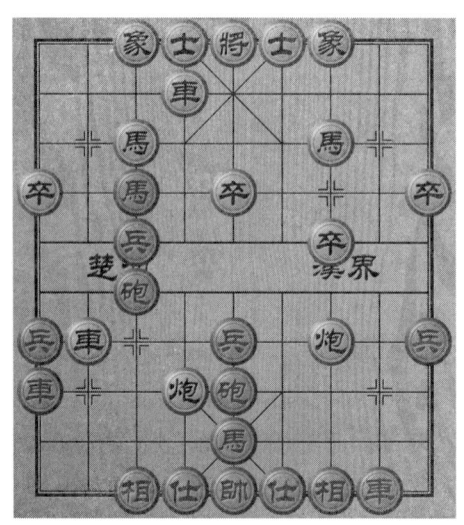

图 2

徐天利看到胡荣华的炮 4 进 5，舒了一口长气。他知道胡荣华一定是有备而来。

面对胡荣华的炮 4 进 5，傅光明抿嘴一笑：因为，他认为这个变化对他更加有利，他可以白得一子。

第 14 回合，胡荣华先弃一马。

得子后的傅光明燃起了胜利的渴望。这时的傅光明，已经在考虑怎么拿下胡荣华，然后登顶。

这个时候的傅光明不知道，战局正按照胡荣华预定的线路在发展。虽然傅光明曾以此战胜了不少好手，但是，胡荣华却研究出了红棋的漏洞以及制胜的方案。

胡荣华弃马后，得到的回报是消灭了傅光明的过河兵。傅光明得子后，得到的结果是遗憾终生！

胡荣华的脸上，流溢着浅浅的、生动的笑容，这是他得手的兆示。胡荣华的笑容非常特别，那是一种细腻的微笑，肌肉绽放到最善真，目光温和到最轻柔，而且长时间保持着，不放松也不放纵。

看到胡式微笑，徐天利知道了结果。

看到胡式微笑，刘国斌知道大事不妙！

看到胡式微笑，傅光明寒从底来！

中套了！中套了……

一时间，傅光明红棋的九宫外是黑云压城风声鹤唳。

事忌落空，棋怕落套！傅光明已经发现了中套，可为时已晚。

胡荣华继续步步紧逼，直捣黄龙。纵然是天下高手，纵然耗去两小时的时间，也是劫数难逃。

傅光明无可奈何地摇了摇头，长叹了一声，签好名字，推枰认输后起身，留给众人一个凄惨戚戚的背影。

沧海横流，方显英雄本色。在积分落后而且又执后手的情况下，胡荣华充分显示了胜负师的功力。他以新式的缓开车布局一举击败对手。这真是：河界三分阔，智谋万丈深。终于，胡荣华蝉联10届全国象棋冠军，写下了中国象棋史上一个浓墨重彩的辉煌。

兵败乐山，风光难再现

1979年12月上旬，胡荣华携"十连霸"的余威，代表中国参加了首届"亚洲杯"象棋赛。除中国外参赛队还有8个，他们是菲律宾队、新加坡队、泰国队、马来西亚的东队和西队，还有香港队、澳门队、印度尼西亚队。

"十连霸"在比赛中所向披靡，仅和了1盘，其他全胜。为中国队取得冠军立下了头功。比赛归来之后，胡荣华是誉满神州。

1980年的全国象棋比赛开始了。

1980年的比赛，实行了一些改革，采取的是联赛制。具体规定是：每组前4名共12人为甲组棋手，每组5至8名共12人为乙组棋手，每组9至12名共12人为丙组棋手，其余的即遭淘汰，没有资格角逐下半年的联赛。联赛为升降级制，每组的前3名和后3名进行升降。

在去乐山的轮渡上，胡荣华遇见了聂卫平。一个是中国象棋的"十连霸"，一个是围棋的"四连冠"。两位棋王早已是一见如故。

有棋手打趣地问："你们俩一个是'十连霸'，一个是'四连冠'，这一次还能蝉联冠军吗？"

聂卫平表示乐观。这一年，聂卫平获得了首届"新体育"杯赛冠军和首届世界业余围棋锦标赛冠军。除此之外，在和日本九段高手的全部25局比赛中，聂卫平胜16局和2局，负7局。荣获了国家体委颁发的体育荣誉奖章，被评为首届全国"十佳"运动员。在来乐山之前，聂卫平在昆明又以全胜的战绩取得"云子赛"冠军。聂卫平觉得自己的棋艺似乎到了顶峰状态，有冠军非我莫属的感觉。

胡荣华当然是信心满怀。垄断春秋已经20年，在全国的比赛中，虽然是风险常有，但每每都能化险为夷。胡荣华不相信有人把他从冠军宝座上拉下来！毕竟，他只有35岁，漫漫长路，还远远没到尽头。

胡荣华不知道，他已经成为全国象棋高手的众矢之的：出版社大量出版了他的棋谱，湖南湘潭出版社把他十连冠期间的所有对局汇集成册，发行全国。

船行水上，胡荣华和聂卫平都感到闲来无事。于是，两位泰斗就玩起了让子围棋和象棋。

乐山的全国棋类比赛赛场，设在凌云寺的东坡楼。凌云寺是四川著名的旅游胜地，"乐山大佛"更是闻名中外。

乐山的佛味，胡荣华并不陌生。从小，他就置身于佛味中。乐山的佛味，让胡荣华想到了吉安路271号。

来到乐山的当天晚上，胡荣华的两只脚上，因为乐山蚊子的厚爱，出现了一个个的红块。

第二天，胡荣华和徐天利等棋友一起去游览峨眉山。

清凉的佛教圣地，有青青的修竹遮蔽着太阳，还有淙淙的清泉陪伴。行走山道上的胡荣华，尽享佛教圣地八月的清凉。

至半山时，已是中午。游完报国寺后，一行人在山腰里一家小饭店进餐。棋友们知道四川人爱吃辣，所以在点菜时声明菜里不要放辣。胡荣华却要求伙计在他的牛肉面里多放点辣和牛筋。棋友们见状调侃："你怎么也成了四川人……"

灶头上飘来一股热气腾腾的香味。胡荣华闻香感言："吃了牛筋面，比赛起来就能下出牛筋棋。"

服务员送上了一杯酒和一小盘牛肉片。

胡荣华喜欢喝酒，算是有点酒量，虽然一喝酒就上头。

酒之于胡荣华，不是为了一醉方休，也不是借酒消愁。作为一名棋手，酒可以使他的理性束缚减弱，酒是让他神经得以松弛的一种神奇的东西。

一杯酒下去了，酒又上头。

此时的胡荣华，看到山顶上飘过的紫气祥云，感到是吉祥之兆。这个时候，胡荣华突然想起了醉翁之意不在酒，而在乎山水之间的欧阳修。

可能和职业有关，棋手的物质欲都不太强。尽管只是一杯酒和一小盘牛肉片，但胡荣华已经感到是天上人间。

就在胡荣华飘飘欲仙时,服务员端上了牛肉面。服务员注视着胡荣华的红脸,用典型的四川话对胡荣华说:"你不会喝酒。怎么还喝那么多?"

喝酒后的胡荣华难免气盛:"我怎么喝多了?不多啊?"服务员说:"怎么不多?你脸都红了!"

说到脸红,胡荣华来了兴致:"脸红好啊,脸红是关老爷嘛。关老爷过五关斩六将!"

旋即,胡荣华还用手在台角上砍了一下。

胡荣华脱口而出的"过五关斩六将",是有意讨个口彩。那时候的全国个人赛,一共打11轮,5加6不是正好11吗?

年轻的川妹子不懂象棋,当然也不认识胡荣华。爽直泼辣的川妹子反应极快,她用她浓浓的川音接了一句:"关公也有走麦城的时候!"

"哈哈哈!"一旁棋友们大笑。

胡荣华脸上,罩上了一层阴云。吃完面后,他逸出小店。

走出小店后,胡荣华对同行的四川棋手陈新全说:"这位四川妹子好厉害,辣得我这顿饭吃得味同嚼蜡。"

陈新全知道胡荣华对这位服务员的话犯疑,对胡荣华说:"她只是随便说说,不理她。"

风景秀丽的凌云山,处在大渡河、岷江、青衣江的汇合口。山上的凌云古寺,以71米高的巨大石雕佛像著称于世。中国象棋甲组联赛的赛场,设在凌云古寺里的东坡楼上。东坡楼已有数百年的历史,建筑是别具匠心。置身于东坡楼中,但见层台飞阁,檐牙高琢,雕梁画栋与绿树相映成趣。这一切,令胡荣华目不暇接,心旷神怡。

比赛的第一天,胡荣华在东坡楼的大厅门口又遇到聂卫平。握手之间,心照不宣地互祝卫冕成功。

第一轮,胡荣华同杨官璘冤家路窄。

"杨老师好!"对于杨官璘,胡荣华一直满怀敬意。

"不敢做你老师了,你已经十连霸了,棋比我高嘛!"

两位德艺双馨的特级大师都非常谦虚。

从古代到民国到1960年,杨官璘是旧时代成就的集大成者,而

1960年以后，胡荣华则是新时代的开山鼻祖和奠基人。延续多年的胡杨争霸，是中国象棋历史上一段精彩故事，也是人们永远关注的焦点。两位当代弈林高手之间每次交锋时绝妙的构思、独到的布局，都如珠聚玉盘，让人叹为观止。杨官璘已经失去冠军20年了。对于杨官璘而言，胡荣华又是终结他的冠军者。这一战，意义非同一般。

执红棋先走的胡荣华起手飞相，然后，很有信心地靠在了椅子上。飞相局是胡荣华妙局中变化多端的一个，遥想当年，胡荣华飞相局的胜率曾达到过百分之一百。对此，了然于心的杨官璘是谨小慎微。杨官璘应以过宫炮固守阵地。双方着法绵密，外弛内紧。

16年前，杨官璘就曾经中过胡荣华"飞相局"的飞刀。这一次，杨官璘是步步为营层层设防。双方明争暗斗一个多小时，谁也不能派遣一兵一卒入侵对方阵地建立桥头堡。

一时间，胡荣华也奈何不了杨官璘。

局面冷着横飞，其间假象纷呈。密布机关的胡荣华卖了个破绽，巧弃七路兵，诱使杨官璘平车捉马然后驱边兵暗渡陈仓。不知是计的杨官璘兑车中套，眼看边炮劫数难逃，大惊失色。

杨官璘用了20多分钟的时间，几乎分析了所有的变化。经过精密计算，杨官璘知道在劫难逃。杨官璘无可奈何地拿起一匹马。杨官璘甫一落子，胡荣华马上就是一步挺兵。兵一离手，胡荣华大惊失色！本来，是要走兵旁边的那只炮。炮挪步后，下一步就可以瓮中捉鳖白吃杨官璘的死炮。

岂料胡荣华在瓮中捉鳖时，竟然鬼使神差地拿错了棋，让杨官璘的炮死里逃生。

就在那一瞬间，胡荣华是恍兮惚兮！

拿错了棋？这在胡荣华的棋艺生涯中，是从来没有过的。但今天却是实实在在地发生了。

因为胡荣华拿错了一个子，错失良机，一盘本来应该拿下的棋却变成了和棋的局面。如果棋和了胡荣华也还能接受。但是，因为拿错子后让辛辛苦苦得来的大好形势付之东流，胡荣华摇头叹息心有不甘。

杨官璘见状，知道有机可乘，于是鸟尽弓藏。

因为大意失去了胜机，胡荣华一时是神不守舍。因为急躁，竟然跃马中伏。胡荣华苦思了 54 分钟，还是回天乏力。

一生谨慎的杨官璘，智擒一马后，见自己主帅山顶扎营，怕对杀下去主帅危险，于是主动迫使胡荣华兑子，形成马炮士象全对胡荣华的马兵单缺仕。

观众看到杨官璘化繁为简，一时感到有点莫名，担忧杨官璘因此错失良机。观众自然是难以看透其中的玄虚，因为他们不知道，这一类残局，杨官璘早已拆透——马炮士象全必胜马兵单缺仕。

黄昏来临，双方封棋用餐。

饭后，有记者询问胡荣华这是一盘和棋吗？

此时的胡荣华目空一切，似乎还没有从棋局中走出来："我输定了。"

记者寻根究底问输在何处？

胡荣华说："只有马炮一方缺双象，马兵单缺仕才可以和。要知道，杨官璘对棋艺最大的贡献是让不能赢的残局变成能赢的残局。更何况，这是一个必胜残局。"

那边的广东队也在解拆，结论同胡荣华一致，可谓是英雄所见略同。

晚上挑灯续弈，极尽曲折之妙后，胡荣华的主帅绕城难逃。胡荣华只能是含笑认输。

离开现场后，胡荣华是茫茫然复又茫茫然：一盘唾手可得的棋下到和棋的局面。一分神，一盘可以下和的棋却又下输了。

象棋大师黄少龙在《象棋心战秘诀》一书中，对此局作了专门的评注：

1. 相三进五，炮 8 平 4
2. 马八进七，马 8 进 7
3. 车九进一，马 2 进 1
4. 兵七进一，车 9 平 8
5. 马二进四，象 3 进 5
6. 车一平二，车 8 进 4

7. 炮二平三，车 8 进 5
8. 马四退二，卒 7 进 1
9. 兵九进一，炮 2 平 3
10. 车九平六，士 4 进 5
11. 马七进八，炮 3 退 1

至此红方布局成功。黑方却不得不在逆境中苦斗。回顾 1982 年全国名手集训赛中，杨执后手过宫炮负于胡的飞相局后，自战评注认为"胡荣华的飞相局布局熟练，下子迅速，单在用时方面已经对我有很大的威胁"，确属互知底蕴之谈。

12. 车六进三，车 1 平 4
13. 马二进四，炮 3 平 4
14. 车六平四，后炮平 1
15. 兵三进一，卒 7 进 1
16. 车四平三，马 7 退 9
17. 炮八平九……

胡的调虎离山之计。

17. ……车 4 平 2
18. 兵七进一，卒 3 进 1
19. 兵九进一，马 1 退 3
20. 炮九平八，车 2 平 4
21. 兵九进一，炮 4 进 6

至此，红方取得边兵渡河的局面优势。现在比较一下两位弈林宗师的棋风。

胡荣华棋风属"直感型"。他的局面直觉极为敏锐，大局判断力超群，喜欢干脆落地，向对手主动挑起复杂战斗，爽快中伴随着特有的狠劲。他下棋时总是不断地追求着效率最高的好棋。

杨官璘的棋风则属于"计算型"。他的特长是算度深长，常能走好"现在似乎不太好的困局——忍耐——待对手急躁——从容反击夺取主动"之类的棋局。一个棋手要具备杨官璘的棋风，首先必须具有坚韧不拔的意志力，其次还要有周密、深远和严谨的计算能力。而这种棋风，非经多年艰苦的弈海沉浮的磨砺，难以形成。

22. 马四进二，卒5进1
23. 车三进二，车4进5
24. 马八退七，车4退2
25. 车三平六，马3进4
26. 炮八进六，马9进8
27. 兵九进一，炮1退1（图3）

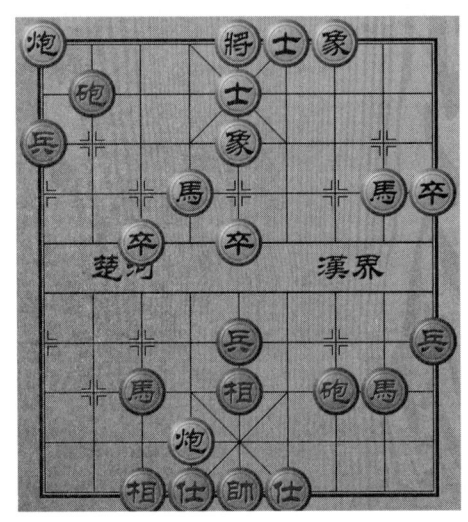

图3

现在红方只要炮八进一关炮，但他却摸了兵。

28. 兵九进一，炮1平3

和杨官璘的一盘棋，本来应该拿下的棋却变成了和棋的局面。如果棋和了胡荣华也还能接受。但是，因为拿错子后让辛辛苦苦得来的大好形势付之东流。

以往，胡荣华不太注意所谓赛前的预兆。这一次，他有点将信将疑。不管怎么说，饭店服务员"走麦城"一说已一语成谶。这么多年来，从来也没有过第一轮就输的先例，而且，是这样的输法。

半声夏鸟，偏唤愁人；旧红未退，新红又添。当天晚上，又有乐山的蚊子亲吻胡荣华的双脚。

从第二轮对阵柳大华开始，胡荣华连和三场。

胡荣华二战柳大华时，开局即短兵相接。因为柳大华是攻击型的棋手，所以胡荣华就以攻对攻抢先发难。胡荣华走出屏风马右横车的新颖布局，置中防于不顾，又故意露出虚虚空空的右翼，诱柳攻杀。谁料骁勇善战的柳大华一反常态，守中有攻，落子却有一种无形的威慑力量。棋局虽然曾惊涛拍岸，卷起千堆雪，但因为胡荣华是欲进有忧，欲取无道，只能是大子兑尽后偃旗息鼓。

胡荣华三战有同堂之谊的陈孝堃，因为着法细腻的陈孝堃无隙可击，苦战了4小时后，最后又成和局。

两无建树，握手言和。

四战有金钢不坏之身的全国亚军臧如意。虽然胡荣华施出浑身解数决斗，对局中杀机四伏。但还是被和为上计的臧如意一一化解，胡荣华又一次无功而返。

与胡荣华同命运的柳大华开杀戒了，可胡荣华仍然是暮色低沉。

四轮下来的结果，胡荣华仅得3分，排序第8。这样的成绩，争取前四已经不易，夺取冠军更是成了天方夜谭。

如同楚项羽被困垓下，四面楚歌。次日，也就是第五轮，胡荣华碰到拦路虎胡远茂。胡远茂是老树着花，第一次参加全国赛，便进入甲组行列。老胡对小胡，老胡谋1分足矣，小胡则是要全取2分。二胡争斗，一个六师不出，一个倾巢而动。酣斗3个多小时后，胡远茂的小兵也没损一个。胡荣华见状，一时失神，虚火上头后炮送对方虎口，无可奈何花落去！

第五至八轮比赛，胡荣华2负1胜1和，和第一阶段一样只得3分。其中，第五轮、第七轮再次受挫。收获了出师20年来从未有过的惨败。

第六轮，胡荣华胜了言穆江，虽然增加了2分，但因为水涨船高，排序还是踏步不前。

第七轮，胡荣华后手迎战吕钦。吕钦走了一步拙中藏巧的"窝心马"，以后又妙用先弃后取之术，控制了全局。本来，胡荣华仍然有机会金钢之身不败。但因为前面耗时过多，导致后来用时紧张，纵然是天下第一高手，也只能是徒叹奈何。

第八轮，胡荣华和李来群在第24回合后斗无车棋，又是和棋。

这四盘棋，胡荣华只拿了3分，排序倒数二三。

眼见夺魁已不可能，连进入前六名也有危险。

胡荣华已经感到了山雨欲来风满楼！但为时已晚！

最后三轮，胡荣华分别对徐天利、王嘉良和李曰纯，战绩是1负1和1胜又只得3分，结果名列第10。

这天，胡荣华在东坡楼的门口又和聂卫平不期而遇。谈起赛况，两人都摇头叹气。胡荣华谈起饭店里服务员"走麦城"一说。聂卫平说我原先对这次比赛信心十足，赛前也没有什么不良预兆，没想到第二轮对小将刘小光时马失前蹄。由于求胜心切，第四轮对浙江的小将马晓春，结果又输了一局。接下来，又输给了陈祖德。

胡荣华和聂卫平两人同病相怜，惺惺相惜。一片秋山中的两位棋王，成了难疗的两位病客。

胡荣华和聂卫平在乐山的惨败，被列入1980年我国体育界十大新闻之一。各家报纸都用显著的版面作了报道。权威的《体育报》发表了一篇评论，题目是"胡荣华为何在乐山失利"。评论里写道：1980年8月24日至9月5日在四川乐山举行的全国棋类比赛中，连续爆出惊人的"冷门"，围棋、中国象棋和国际象棋的男女六项冠军，有五项换了新人。曾经四联冠的聂卫平，连续受挫，被挤出前6名的行列。最引人注目的是曾称雄于棋坛20年、十连冠的胡荣华一下子落到甲组第10名。按照这次联赛各组后3名降级的规定，明年胡荣华将降入乙组比赛。

1980年9月6日，北京、上海、广州等各地报纸都刊发了醒目标题的新闻：棋坛盟主易人，十届冠军胡荣华乐山失利，降入乙组。

对于胡荣华的失利，国内外棋坛人士多数感到惋惜。但是非议和责难，也随之而来。有的认为棋界去掉一"霸"，大快人心；有的断言，杨官璘38岁失去冠军，接近这个年龄的胡荣华，将成为第二个杨官璘。

在凌云寺71米高的大石佛旁，胡荣华俯瞰着岷江大渡河和青衣江汇合处的汹涌波涛，心中一片茫然。

一群雁阵飞过，其声断于乐山之浦。

胡荣华沉重的心情，如惊寒的雁阵。

这个时候的胡荣华，又一次想起了吉安路271号：271啊271，难道，我只能止步于十连冠吗？

次日，胡荣华、王嘉良、徐天利和孟立国四位大师同游大佛寺。途中，与杨官璘不期而遇。然后，五位国手一起去"凌云阁"小酌。席间，王嘉良兴之所至，提议来一个"大佛寺五老谈棋"。

胡荣华闻之连连摆手，口称不敢不敢！

徐天利知道胡荣华"不敢"二字的所指，便说："你是60年代象棋界领军人物之一，又是十而连霸。这一次兵败乐山也算不了什么。今天的随意道来，明天就是孟立国笔下的一段象棋佳话。"

胡荣华想徐天利言之有理，于是，便侃侃而谈。胡荣华认为："这一次失败，虽是意外，也是情理之中。都说我雄踞棋坛20年，此话是对也是不对。因为，那10年当中棋界是一个空白！如果没有这一段空白，棋界不知会涌现出多少人才。当今棋坛，若论功力和素养，柳大华可称一流。而李来群、陈孝坤、蒋志樑还有赵国荣和于幼华等棋手潜力也很大。再过几年，吕钦、徐天红和卜凤波等年轻棋手都会揭竿而起……就拿老徐来说……"

这个时候，徐天利插话："我们这次发挥得比较好，一是要感谢杨官璘和胡荣华，二是要感谢胡远茂。"

王嘉良诧异地问徐天利："为什么这么说？"

徐天利回道："胡杨相争，众人得利！老杨胜了小胡，才导致小胡失常：小胡对前六名丢了7分，老杨丢了8分。而我们前六名之间，除了陈孝坤多胜两局外，柳大华、李来群等人竟无一人赚分，这也反映了我们之间的水平差异不大。"

王嘉良又问："为什么要感谢胡远茂？"

徐天利说胡远茂对前六名5负1胜得2分，对后六名5胜1和得9分。这后六名不都是他拖下来的吗？

听徐天利这么一解释，大家是恍然大悟：新盟主柳大华的勇攀高峰有目共睹，但绝不可低估他在争打江山时胡远茂的鼎力。

胡远茂原籍湖北孝感，武汉自行车厂职工，那年44岁。胡远茂幼龄习弈，棋历颇长。1978年、1979年曾连获武汉市冠军。1974年以湖北省第3名的资格参加第三届全运会，由于临场经验不足，战绩未臻理想。1980年4月，在福州举行的全国赛中，他连克强敌何连生、陈孝堃、张元启和赵国荣而一鸣惊人，以小组第3名的优异成绩晋入12名甲组棋手的行列。胡远茂深感决赛权来之不易，在赴乐山之前，秣马厉兵认真准备，熟读兵书分析各派棋路，做到知己知彼。胡远茂在联赛中力挫北京名手臧如意；在和从未对过阵的棋坛名将胡荣华和杨官璘的交锋中，又出人意料地取胜。而且，是本届比赛中能够双败胡荣华和杨官璘的唯一棋手。当柳大华驰骋于沙场时，许多有力的竞争者已在胡远茂的半途迎击中纷纷滚鞍落马。这位开路先锋以他的大智大勇，为柳大华夺魁开创了胜利的坦途。

王嘉良又谈到了一个新话题，他对杨官璘说："今后的棋界，大概是杨胡柳三分天下了？"

杨官璘沉思片刻，回答王嘉良："我已垂垂老矣……"

王嘉良又看了看胡荣华。胡荣华说我看未必是三足鼎立，今后恐怕是群雄割据诸侯争霸了。

多少年过去后，只要提到乐山，胡荣华还是心生遗憾："有一些事情在发生之前，会传递很多的信息和征兆。这些信息和征兆，会形成微妙的心理暗示……"

乐山之于胡荣华就是使他英名扫地的"滑铁卢"；辣得让他倒抽一口凉气的川菜和快人快语的川妹子，可能会成为胡荣华的一个心理阴影吧？

闭门思过，扬帆二七一

经过半年的修身养性，胡荣华的竞技状态逐渐恢复。在1981年5月肇庆举行的全国象棋团体赛上，坐镇第一台的胡荣华在12场比赛中，以9胜3和的不败战绩，居第一台之首。正因为如此耀眼，众多棋迷翘首盼望雄风又起的胡荣华于乙组中凤凰涅槃。

胡荣华能否乙组中脱颖而出，人们是各抒己见，见仁见智：凭"十连霸"的基本功，冲出乙组应该不是问题。但也有有识之士担心胡荣华是否能在临战中排除干扰，发挥出最佳水平。一时间，是众说纷纭。

人们的担忧并非是空穴来风：一个在20年中始终处于"盟主"地位的棋手，突然跌到乙组，要做到情绪不受影响，似乎是不大可能。而且，乙组的十员大将，一个个又都是身手不凡。

比赛在温州的雪山宾馆举行。在前四轮中，胡荣华取得3胜1和战绩，如能顺势而下，获得乙组前三名出线应无问题。第五轮，胡荣华与队友于红木相遇。胡荣华因为没有引起足够的重视，竟出人意料地输给了对方。这一输，导致后患无穷。第七轮，胡荣华和西北"棋王"钱洪发相遇。这一场比赛，是关系到谁能出线的悬崖搏斗。

钱洪发架上中炮，胡荣华以顺炮对攻。弈至第14回合，钱洪发左马卧槽，虎视眈眈。急于求成的胡荣华这个时候疏于防守，跃出七路马后露出破绽。钱洪发当然是咬住破绽不放，胡荣华的王城被破。

雪山之战，胡荣华名列乙组第4，未能如愿出线。

这个时候，各种议论纷至沓来：胡荣华看来是"一遇山就名落"，乐山下台、雪山不起。

胡荣华也不止一次地扪心自问：我难道真的不行了？

当时的胡荣华虽然是压力山大，但又非常坦承。因为他已经认识到，冠军总是在自己意想不到的情况下丢失的——1960年的杨官璘是这样，1980年的他也是这样。但是，胡荣华并没有心灰意冷。相反，他觉得1980年的惨败，对他的艺术生命而言，是得到超过了失去。胡荣华认识到：1978年和1979年的全国赛，他的冠军是在剑走偏锋摇摇晃晃力挽狂澜后谋取。因为未能及时思危，才有了乐山的惨败。

经过分析研究，胡荣华发现，比赛中的对手，也常常会出现破绽。而他自己，包括已经被棋界公认的20世纪70年代巅峰时期的名局，也并非是无懈可击。如今，随着各地棋手棋艺的提高，如果依然是我行我素，势必还会重蹈覆辙。

前事不忘后事之师！胡荣华把悬挂于家中墙上的奖状、镜框、金牌、奖杯、照片等荣誉，全部打入冷宫。

胡荣华当然不会退缩，在胡荣华的人生词典上，找不到退缩的字眼。

胡荣华并非是孤军作战。这个时候，有一位德高望重的著名棋艺评论家也以一家之言力挺胡荣华。这个人，就是贾题韬。贾题韬说："胡荣华近年来成绩较为逊色的原因是他在比赛中的要求不仅是名列前茅，而是要保持王座，思想包袱背重了；每一个棋手都把他当作'大敌'应付，制胜的机会就少了；新秀辈出，彼此水平日趋接近，比赛中偶然性较多，胜负的比例不易稳定了。总的说来，即棋艺发展的客观形势对主观的要求造成了不可避免的困难，才是真正的原因所在。这一点胡荣华本人可能较之其他人更为敏感，更不得不谨慎从事，绝不是通套论调如说什么'出于大意''一时于疏忽'乃至'自满情绪'等等所能解释的。在乐山全国赛中，王座为柳大华所接替，自然是不幸，而坏事里有好事，胡荣华同时也就此甩掉了一心要蝉联冠军的思想包袱……"

贾题韬何许人也？

中国象棋发展到20世纪40年代初，从实战经验总结出来的理论性著述，当推贾题韬的《象棋指归》。贾题韬在1940年12月间与象棋界名宿谢侠逊对局后，写就了《象棋随笔》一文。半年后，贾题韬又集中精力，发凡起例，写就体系完整文采飞动又意味含蓄的《象棋指归》。在《象棋指归》以前的象棋著作，皆为记录名手对局着法，偶加评语。《适情雅趣》《橘中秘》《梅花谱》如是，《竹香斋象戏谱》《韬略元机》亦如是。而把象棋提高到理论高度来进行探索，始于《象棋指归》。贾题韬1909年出生于山西省，自小善弈。他1927年9月考入山西大学法学院法律系，开学不久便患了重病。病中，他思索人生，因不得要领而十分苦闷。一天，他接触到一本介绍佛教的书，说世界上的事物皆因缘而生，因缘而灭。贾题韬读后，豁然开朗。病愈不久，始信佛教。

1931年9月，贾题韬毕业留校任教，讲授逻辑学，由于教学关系，他开始研究法相唯识学方面的理论，专修净土。

胡荣华从乐山回到上海后，面对一片说他失利是因为骄傲自满、疏于备战的舆论，选择了沉默。

胡荣华从来也没有骄傲过。自从他会当凌绝顶取代了第一国手杨官璘之后，面对那和着一束束鲜花而来的赞誉之词，站在象艺高峰上的胡荣华并没有陶醉其中，而是在极目远眺：怎样对待荣誉？下一届全国赛会如何？

乐山折戟沉沙后，因为作家罗达成的一篇报告文学《十连霸的悔恨》，人们知道了象棋一代宗师的婚房，竟然是借住在上海体育宫的健身房里。

1974年的一个星期天上午，母亲对回家的胡荣华说："荣华，你已经功成名就，你明年就30岁了，你的婚姻大事，也应该考虑考虑了。"一旁的父亲也发话了："荣华是该结婚了，不能再拖了。蝉联六届冠军后结婚，就是双喜临门了。"

胡荣华想是应该结婚了。但结婚要有住房，自己家里的住房又紧张。怎么办呢？想来想去，只能依靠组织。回到棋社后，胡荣华把家里催婚的事情告诉了社长杨明。

胡荣华蝉联六届全国冠军，在棋艺上做出了重大贡献，结婚时连新房都没有，是无论如何也说不过去的。杨明和全棋社的人都认为组织上有责任为胡荣华解决住房。但上海的房子实在是太紧张了。当时，上海的住房建设和全国各地一样，也是基本上停止。棋社没有房子，只能在体育宫底层的健身房里，让工人用纤维板隔出一间房，给胡荣华作婚房用。

婚房的窗又高又小，通风较差。更糟糕的是，隔壁就是举重房。举重运动员整天在里面锻炼，刺耳的杠铃落地声穿越纤维板组成的"墙壁"，不时冲击着胡荣华的耳鼓。

无奈的杨明对胡荣华说："棋社没有房子，只能将就着住住。等以后有了房子，再重新调整。"善解人意的胡荣华，在纤维板隔起来的房间里，完成了婚姻大事。

新房的条件确实艰苦：在非常闷热的夏天，为躲避嗡嗡叫着的蚊虫，胡荣华和妻子躲在蚊帐里吃饭。晚饭后，胡荣华也是在蚊帐里研究棋艺。蚊帐，成了他们的家中之家。

1981年，胡荣华幸运地乔迁新居。新居在陕西南路271弄4号。胡荣华住在271弄4号四楼。胡荣华对271这个数字是情有独钟。那年，8岁的胡荣华发蒙于吉安路271号法藏寺内的吉安路小学。胡荣华一飞冲天后，冥冥之中似有神助！竟拿了10次全国冠军。

胡荣华想：又是一个271！这一次的271，会是一个新的起点吗？

2018年5月18日下午，我和胡荣华老师、单霞丽院长、欧阳琦琳副院长在上海棋院谈事。谈了一个多小时后，胡老师对我耳语："我的阴历生日，是十月初十……"

我有点惊讶！

271弄的西面，是上海有名的文化街绍兴路。上海文化出版社，就在绍兴路上。1985年，上海文化出版社请胡荣华出任《上海象棋》的主编，因为离出版社仅有几步之遥，当然也是想为象棋的发展做一点贡献，胡荣华欣然应诺。

书香难掩的绍兴路上，有多家出版社，那时还有几家书店和咖啡馆。和陕西南路一样，绍兴路同样被梧桐树掩映。胡荣华太太的阿姨，就住在绍兴路上。平素，胡荣华没有漫步在秋日的绍兴路上。即使有闲情雅致，散步也是晚上出去。因为，很多人都认识他。一个一个地招呼，他有点忙不过来。

271弄的南面，是和志成坊一样的石库门建筑步高里。步高里位于陕西南路的东面，建国西路的北面。步高里为典型的旧式里弄住宅群，曾属于法租界。步高里比志成坊要大一点，共有砖木结构二层石库门建筑78幢。

早晨6点多，步高里和271弄还在苏醒中。早点铺里的炸油条、生煎包和豆浆，以及油豆腐细粉汤的味道，已经从胡荣华的楼下传来。

闲来无事，胡荣华也会到步高里一走。步高里的屋脊上，红瓦如鳞，很多老虎窗被藤蔓缠绕。和志成坊一样，厚实乌漆的大门背后，是小小的天井。看到步高里，胡荣华就想到了志成坊。

271弄这一栋房子，说是临街，其实凹进去4米左右，形成了一个大约有200平方米的空地。胡荣华就住在这凹进去的临街四楼。一楼是一家点心店，店里的油豆腐细粉汤和生煎，常常会勾起胡荣华的童年记忆。让胡荣华感受最深的，是临街的这一块凹退之处，有蓄势待发的意味。如兵家之谋，先为不可战，而后战胜之。又如为人之道，退一步海阔天空。胡荣华常常会在临街的窗前，透过梧桐树叶，看车来人往，观云卷云舒，想棋上风景。

想棋上的风景，第一个就想到了王嘉良。因为，这是胡荣华兵败乐山的最后一盘也是最难忘记的一盘棋。

王嘉良的鼎盛期是在20世纪50年代末，分别在1956、1957、1959年三次获得全国亚军。当时的王嘉良，在与杨官璘、李义庭和何顺安等超一流象棋手过招时，不落下风。1956年，在第一届全国象棋锦标赛上，王嘉良以先手中炮过河车，拿下杨官璘的屏风马左马盘河。正当王嘉良准备走向冠军的殿堂时，王嘉良止步于何顺安，分值表上少了2分。这一少，冠军就落入杨官璘之手。

随后几年，王嘉良继续冲刺。并于1957年和1959年两次与冠军擦肩而过。

1960年，胡荣华横空出世。其后一统天下20年，独坐棋坛霸主。可以说胡荣华垄断春秋的20年，就是王嘉良那一代棋坛高手"既生瑜何生亮"悲情的20年。

而王嘉良更是一个特例：王嘉良与何顺安和胡荣华师徒之间，有"说不清理还乱"的关系。

王嘉良有"东北虎"雄称，他的大名，在棋界是如雷贯耳。胡荣华认为"王嘉良的棋有很大的力量，但他确实缺少一点运气"。

胡荣华的冠军之路，起步于1960年的杭州5省市大赛。那一次比赛中关键的一战,就是胡荣华战胜了参赛选手中水平最高的三届全国亚军王嘉良。凡事,有所得就有所失。从此以后,王嘉良对胡荣华就特别上心。胡荣华在1960至1964年,连拿3次全国冠军,但啼笑皆非也不可理喻的是,这3次比赛,胡荣华输给了王嘉良3盘,以至于有了"王嘉良是胡荣华的主考官"一说。王嘉良似乎已成为胡荣华的"苦手",成为一道难以逾越的关卡。胡荣华也给自己的三连冠打了点折扣。1965年,全国个人赛在宁夏银川举行,胡荣华再度遇到了拦路虎王嘉良。和前三届的全国个人赛如出一辙:对其他选手手到擒来的胡荣华,面对王嘉良时,一不留神,又鬼使神差地沉落下风。这一次,历史没有重新上演:优势下的王嘉良没有把握好机会,因为贪吃胡荣华的一门大炮,被胡荣华使用了一套组合拳后吃回一子,反败为胜。突破这道心魔之后,胡荣华的夺冠之路便是一马平川。从此,胡荣华就成了沉舟侧畔的千帆。而王嘉良,则成了千帆之后的沉舟。岂料,王嘉良赛后竟向裁判诉讼,说胡荣华在对局的记录纸上做记号下套,引诱他上当。其实,胡荣华在自己的记录纸上标记,已经成为他的习惯。遇到有疑问的行棋,他总是要做标记,赛后再回去研究。大概是人高马大的缘故,身高在1米9以上的王嘉良,和胡荣华比赛时,总是喜欢瞄一瞄胡荣华的记谱符号。本来,这也不是什么事,胡荣华也已经习惯了王嘉良的俯瞰。但这一次,王嘉良把一盘他认为该赢的棋下输了,他把输棋的原因算到了胡荣华的记谱符号上。

裁判当然不会去接受王嘉良的诉讼:如果胡荣华真的是用记谱符号误导了王嘉良,成为制胜的法宝,那也只能说是姜太公钓鱼……

1980年,胡荣华乐山折戟沉沙的最后一盘棋的对手,正是宿敌王嘉良。如果这盘棋王嘉良战胜胡荣华,王嘉良可以稳获第3。王嘉良已多年没有拿过这么好的名次。对王嘉良来说,可能是一次良机。但是,王嘉良在行棋中是一反常态,没有丝毫"东北虎"的豪气。自始至终,王嘉良成了温文尔雅的江南小绵羊。因为,王嘉良的想法只有一个——逼和胡荣华!

对局中,胡荣华为了刺激王嘉良的求胜欲,故意把象送到王嘉良的马口,面对美食的诱惑,王嘉良是置之不理。

这盘棋，磨了整整8个小时，王嘉良如愿守和；胡荣华因为名列第10，降入乙组！十冠王就此成了昨天的故事。

比赛场的地势较高，出门后要走下坡路。下坡时，胡荣华是五味杂陈，真切地感到了滑坡的悲凉。迎面而来的李来群想和胡荣华交流。胡荣华只是对李来群笑了一笑！李来群什么都没说，但是，胡荣华已经知道李来群要说什么。此时的胡荣华知道，所有的话，都是多余。

胡荣华乐山兵败后，李来群在接受记者采访时强调："胡荣华失去的是冠军的头衔，并未失去冠军的水平。"李来群的观点，得到了象棋界的一致认同。

1982年秋，在"上海杯"象棋大师邀请赛期间，胡荣华在陕西南路271弄的家中，设蟹宴招待象棋特极大师王嘉良和孟立国。作陪的客人有上海象棋队的领队俞玉昌、象棋大师徐天利和朱永康。一般来说，上海人不大喜欢请客，酒海肉山。尤其是不喜欢请客吃饭到家里，除非是知己。

席间，微醉的俞玉昌看到大家的吃相，告诉王嘉良和孟立国：女作家张爱玲在小说里描写上个世纪30年代的十里洋场时，都把吃大闸蟹描述成性情中人在风花雪月中的轶事。俞玉昌说，今天的各位，虽然没有置身于风花雪月，但也做了一回性情中人。

客人们都夸奖胡太太会挑蟹。胡太太告诉王嘉良和孟立国：买蟹先要看蟹有没有脚力，爬起来快不快；还要捏捏蟹脚，蟹脚硬的说明有脚力、蟹肉厚，软脚蟹不买。软脚蟹肉质松。

和风细雨中，主客举杯：相逢一醉夜窗棋。

几天后，胡荣华和王嘉良在"上海杯"象棋大师邀请赛上对局，胡荣华后走过宫炮迎战王嘉良的飞相局。是役，神闲气定的胡荣华和心平气和的王嘉良大战41回合，为座无虚席的卢湾体育馆的一千多名棋迷，贡献了一盘世纪名局。

笑傲广州，横刀立马还

"五羊"是广州的象征，广州又名羊城，以五只羊为标志。作为象棋城，广州是名不虚传。最红火的时候，在广州文化公园中心广场会树起4个大棋盘，一共是6面棋盘（其中2个是双面）；全园会树起12个大棋盘，其中有4个双面，一共是16面大棋盘。

每当比赛之夜，华灯初上时，人流便涌向文化公园。整个文化公园的看棋观众席上，最高的时候曾经多达近2万人。

1981年年底，第二届"五羊杯"象棋赛在广州举行。

"五羊杯"是当时象棋等级最高最具有权威性的比赛。"五羊杯"由广州《羊城晚报》和北京《新体育》杂志社联合创办。主办单位规定了两条基本原则：比赛地点都在棋城广州；参赛棋手必须具有全国冠军的头衔。

自从新中国成立以来，到1980年为止，在全国象棋赛中取得冠军头衔的共有四位棋手：第一位是杨官璘，第二位是李义庭，第三位是胡荣华，第四位是柳大华。这四位冠军中，杨官璘曾蝉联3次，另一次与胡荣华并列，李义庭得过1次，胡荣华蝉联10次，柳大华拿过1次。早在20世纪的60年代，李义庭就不参加比赛了。因此，"五羊杯"的参赛者，实际上只有杨官璘、胡荣华和柳大华三人。

棋手和裁判员及有关工作人员都住在广州第一招待所。伙食费每人每天4元，由比赛主办单位包餐。赛场设在广州市西南角的市文化公园的康乐场上。

康乐场是一个椭圆形的水泥地灯光球场。场内篮球架前，竖着两块木制的大棋盘，是为观众们讲棋所用。竞赛组委会规定，比赛由原来的分先两局循环制，改为分先四局循环制，以减少胜负的偶然性。这同全国棋赛中分先一局循环制，有很大的差别。一局棋胜负的偶然性相对较大。

自1980年的乐山失利后，胡荣华一直在卧薪尝胆，他相信自己的实力！知道第二届"五羊杯"赛采用了分先四局循环制，表示赞赏。认为分先四局循环制更可以体现棋手真正的水平。

来到广州第一招待所后，胡荣华和柳大华同住一室。杨官璘就住在广州的家中。

柳大华在1980年乐山的比赛中，从胡荣华手里夺取了冠军，接着又在第一届"五羊杯"赛中捧得金杯，一时名声大震，大有取代胡荣华独霸棋坛之势——真如当年胡荣华取代杨官璘独霸棋坛20年。风华正茂的柳大华是意气风发、雄心勃勃，一派舍我其谁之态。也有很多人认为，胡荣华乐山蒙难，跌落乙组，1981年乙组比赛中原地踏步，已经是灯火阑珊英雄泪。因此，有不少人预言：长达20年的胡荣华时代已经一去不返。而杨官璘已经年老气衰，力不从心。因此，第二届"五羊杯"是非柳大华莫属！

柳大华对夺取"五羊杯"充满信心，杨官璘依然是老骥伏枥志在千里。此时的胡荣华是举重若轻，看棋盘上花开花落。胡荣华已经把能否夺"五羊杯"置之度外，只是想在比赛中一试山水，对自己近来的棋艺作一个检验。

谁能横刀立马一展雄风？

1981年，在第一届"五羊杯"赛结束后，贾题韬曾在《成都棋苑》总第4期上，对第二届"五羊杯"赛的桂冠属谁，用"冠军谁与，鼎足而三，秦时明月，诗句可参"的俚句作了大胆预测。

1981年12月27日晚7时整，第二届"五羊杯"赛的开幕式在康乐场上举行。

裁判长由广州德高望重的棋界老前辈陈松顺担任。经过抽签，杨官璘和柳大华率先登场，杨官璘执红棋先行。两人弈成了中炮过河车对屏风马平炮兑车的布局。在这种布局中，黑方一般都是左马跳出。柳大华不跳左马却右炮过河。胡荣华一看，就知道柳大华是搬用自己在1974年全国比赛中对付杨官璘的着法。胡荣华也知道，柳大华赛前已经研究了他和杨官璘历年的对局。胡荣华看着柳大华车冲马啸，想真是岁岁年年狼烟墨，今又狼烟。

结果，杨官璘败于柳大华。

第二轮经过猜先，由胡荣华执红对杨官璘。杨官璘因为开局不利师出无名，这一局是壮志不改。但见杨官璘弈来步步为营，行棋严谨。胡荣华采取攻守兼备的战术，稳扎稳打。从开局到中局，红方是金风播细雨，弈剑贯长虹。这一盘对局，艺术性极高：盘面看似四平八稳，胡荣华的红棋寓攻于守，柔中有刚，行棋是大雪无痕。但是，在不知不觉中，黑方已渐行渐远，到最后是一筹莫展。

第三轮是柳大华对胡荣华。

开赛之前，柳大华在房间里拆棋研究对付胡荣华的策略。胡荣华却逍遥自在地在床上看《射雕英雄传》。招待所服务员见状，在背后悄悄议论："一个在专心致志地拆棋，一个躺着在看闲书，这是怎么回事？"

每一位象棋手的习惯，不尽相同。胡荣华认为：棋盘上是千变万化的，棋手的战略战术，必须灵活地依据局势的发展而发展，随着情况的变化而变化。如果棋手仅仅靠死记硬背棋谱或名手的布局，浅尝辄止地囫囵吞枣，比赛时很容易生搬硬套，其结局当然是不堪。

晚上交战，观众过千。先行的柳大华起横车配合过河车联合作战。胡荣华沉着应付。中局混战之际，柳大华为奠定胜势弃车。胡荣华回看射雕处，以车占卒林要道，兑车解除了红纵马绝境的恶手。至此，千里暮云一场和。

第一轮循环赛收官，胡荣华和柳大华一胜一和平分秋色，杨官璘连输两局。

为让三位棋手养精蓄锐，每一轮循环之间，偃旗息鼓一天。有道是纵论英雄心何驱，壮志不改是楚人。这一天的柳大华，继续在研究胡荣华。胡荣华是上街散步又借来了梁羽生的武侠小说《侠骨丹心》，被书中惊险的武打场面和曲折动人的情节所吸引，整个下午，胡荣华是手不释卷。

长久以来，无招胜有招的新派武侠小说，那些负剑走天下的剑客，是胡荣华梦里依稀心向之神往之的所寄。胡荣华把阅读小说作为放松的手段，即使在全国象棋个人赛和"五羊杯"战酣斗之时。胡荣华读小说，是有所选择的，他比较偏爱金庸、梁羽生和古龙的武侠小说。

有记者问胡荣华:"你在比赛前总是爱看武侠小说,这算不算是棋外功夫?"胡荣华答曰:"武侠小说于我而言,益处良多。武打时你来我往的过招,与楚汉争霸相差无几。武林高手'手中无剑心有剑'的精妙剑法,是'无招胜有招'。从这个意义来说,看武侠小说,也是棋外功夫。"

就在胡荣华专心致志于梁羽生时,梁羽生也在关注着胡荣华。

胡荣华和梁羽生有交往。

此时的梁羽生,正在写他的《笔花六照》。梁羽生在他的《笔花六照》里,表达了他对胡荣华的钦佩之情。

梁羽生说胡荣华是中国象棋史上难得一见的天才,至1979年止,他总共蝉联了十届全国象棋冠军,被人称为"十连霸"。最近这两年,胡荣华的棋运不济,1980年的全国象棋赛,他在甲组棋手中名列倒数第三,惨遭降级;1981年的全国象棋赛,他在乙组棋手中只得到第4名,依然要"留级"一年(按照规定,乙组前3名才升到甲组)。

写到这里,梁羽生收笔。他在等待着"五羊杯"的结果。

第二轮循环开始,执红棋的柳大华低估了杨官璘。戎马生涯四十余载誉满弈林的杨官璘岂能束手就擒?在击退了柳大华的数次进攻后,杨官璘逼迫柳大华签订和约。

这天晚上,胡荣华和杨官璘交手。

杨官璘仍然是我行我素以中炮开局,胡荣华还以顺手炮。第3回合,胡荣华主动变着,一改后走顺炮出横车的通常应法,把车9进1变为卒7进1。杨官璘一时应对无着,被胡荣华轻而易举地拿下。

隔天晚上,胡荣华和柳大华对阵。胡荣华采用了飞相局。胡荣华的飞相局,是经过反复实践和研究的。胡荣华对这一前人认为难以掌握规律的布局,早已成竹在胸。遥想当年,在1963年的穗沪对抗赛上,胡荣华首次采用飞相局战胜陈柏祥。1964年底,在广州文化公园举行的象棋全国前6名棋手的邀请赛中,胡荣华两次采用飞相局,战胜了杨官璘,战和了王嘉良。这也是胡荣华初次施展飞相局对付杨官璘。是局,杨官璘被困,始终无法脱身。100多个回合后,终被胡胜。胡荣华为此曾给上海《新民晚报》写过一篇《自战解说》:"我和杨官璘过去比赛,从来没有用过这种战术，试用一下，请杨官璘来丰富这种战术内容"；他又对《羊城晚报》记者黎民良说："杨官璘对流行布局很熟悉，若不走新局，胜利机会较少。"自此以后的十多年间，胡荣华屡用飞相局向杨挑战，让杨官璘感到棘手。

1965年的全国赛，胡荣华五次采用飞相局，取得了3胜1和1负的良好成绩。在1966年全国比赛前，胡荣华多次采用飞相局，且屡战屡胜。到了1966年的全国大赛上，胡荣华的飞相局胜率竟达到了百分之百。

然今非昔比！今天的柳大华，不是等闲之辈。柳大华曾经对广东象棋名宿覃剑秋说："我和胡荣华对弈分胜负的六盘棋，各3胜3负。我不怕他！因为，胡荣华每一盘棋都有一步至两步的欺着，只要我能抓住他的欺着，就能胜他。"

柳大华这一席话，覃剑秋很是欣赏。覃剑秋知道，柳大华所说的胡荣华的欺着，实际上也就是诈术。

所谓诈术，春秋时代著名军事家孙子有详细论述。他说："兵者，诡道也。故能而示之不能，用而示之不用，近而示之远，远而示之近。利而诱之，乱而取之……攻其无备，出其不意。"译成白话文就是说："战争是一种奇诡的行为。所以，能打，故意装做不能打；要打，故意装做不要打；要向近处，故意装做要向远处；要向远处，故意装做要向近处。给敌人以小利，去引诱他；迫使敌人混乱，然后攻取他……攻击敌人不防备的地方，行动向着敌人料不到的方向。"

当然，凡事都具有两面性，诈术也是双面刃。

胡荣华没有料到，柳大华已对飞相局作了精心的研究。

胡荣华一着马跳檀溪，直捣黄龙。早有防备的柳大华集中优势兵力，围攻孤马。胡荣华出车援救，但远水难救近火。孤马被黑方拿下，红方子力大亏，颓势难挽。

两轮循环结束，柳大华得5分领先，胡荣华以4分次之，杨官璘仅得1分。

第三轮的循环赛，和风一片：杨官璘奋力作战，终于顶和了柳大华和胡荣华；两"华"之间，也是一盘和棋。柳大华继续以7分领跑，胡荣华以后6分居中,杨官璘也加了2分变成了3分。

第四轮循环赛的首局,是柳大华对杨官璘。柳大华如法炮制胡荣华,用飞相局对付杨官璘,击败了杨官璘,把杨官璘挤出了捧杯圈。

柳大华可以后走拿下飞相局的祖师爷胡荣华,又用胡荣华的飞相局,击败了当年在全国赛中胡荣华使用飞相局的首当其害者杨官璘。

棋界中人和广大棋迷断定:柳大华必然会蝉联"五羊杯"冠军。

棋艺评论家贾题韬也特地来广州观看"五羊杯"。这个时候,有人拿《成都棋苑》杂志上贾题韬的那首诗来说事:"秦时明月"究竟是谁?

贾题韬俚句预测的第一、二、四句是配文。问题的说明在第三句,这是借用了唐人"秦时明月汉时关"诗句的上半截作了谜面。"秦时明月"是指的古月非今月,古月二字正是"胡"字。不少读者都已猜到是胡荣华了。但是一年以来,胡荣华的成绩不够理想。承德之役,仅获季军;温州之战,依旧乙等;泰国之行,位居第三。看来要迎接像杨、柳这样的"大敌"取得桂冠,就更不容乐观。特别是在前面的比赛中,和柳大华分先的第二局又先吃了零分。人们认为,贾题韬的预测,已经成了水上飘飘。

贾题韬预测第二届"五羊杯"胡荣华能夺冠的理由是:国内棋手尚少有出胡荣华之上者。在1980年乐山全国赛中,王座为柳大华所接替,坏事里有好事。胡荣华就此甩掉了一心要蝉联冠军的思想包袱。当时广州发起了前此所未有的"五羊杯"赛,他正好轻装上阵"失之东隅,收之桑榆"。胡荣华虽然在本次"五羊杯"赛的前段见挫于柳,但是,贾题韬仍然预测胡荣华能获桂冠。他认为胡荣华在杨、柳这样的"劲敌"面前,能够"挥戈返日",力挽颓势。前半段,胡荣华虽下于柳而尚高于杨,还是表现了他卓越的战斗力。

胡荣华十分尊重贾题韬先生在《象棋指归》中,把象棋提高到理论的高度进行探索。胡荣华平时读贾题韬的文章,总感到有一种亲近感。这亲近感来自何处呢?这个时候,他的耳边,忽然就传来了法藏寺抑扬顿挫的诵经声。

经过贾题韬的说明,众人都恍然大悟。但是,面对强大的柳大华,人们对贾题韬的预测,还是表示怀疑。

贾题韬说："我不同意'乐山的失败意味着胡荣华时代的结束'。从胡荣华卓越的棋艺和锐意进取的意志来看，我估计在今明两年内，他肯定还要重登冠军宝座，这届"五羊杯"赛，将成为胡荣华重制辉煌的起点。"

贾题韬如此明确的论断，使广州的棋坛名宿和棋迷们大为震惊。但是，棋界前辈陈松顺、卢辉等人也赞同贾题韬的观点。陈松顺作为"五羊杯"赛的裁判长和《象棋报》的创始人，认为胡荣华的棋艺和意志品质，在棋手中都属出类拔萃。

贾题韬、陈松顺、卢辉都是我国棋坛上德高望重的棋艺家和棋艺评论家。他们的见解，在棋迷中引起很大反响。他们都想看看胡荣华在第四轮循环赛中，怎么样去创造奇迹。

上午，柳大华在房间里研究胡荣华的棋路。

胡荣华又去租武侠小说了。

棋能避世，睡能忘棋！吃过午饭后，胡荣华午休了半小时。一觉睡醒的胡荣华，似乎是看破梦里当年。他还是没有拆棋，继续兴趣横生地看他的武侠小说。这一次，在广州举行的为时10天的"五羊杯"比赛中，胡荣华看的武侠小说不少于10本。几乎是一天一本。

这天中午，因为有朋友前来，柳大华没有午睡。朋友一个多小时后离去，柳大华又开始拆棋。柳大华当晚的第一方案是赢胡荣华，第二方案是下和棋。只要下和了，柳大华就蝉联"五羊杯"了。

最关键的一仗，如期而至。能容纳数千观众的看台上，座无虚席。

胡荣华执红棋。双方走成中炮盘头马对屏风马双炮过河的变例。杨官璘在《中国象棋谱》中，对这一急攻型的布局作了专门的研究。认为中炮盘头马对屏风马布局，先手方有"直车""横车""横直车"三种套路，有挺七兵和挺三兵的两类攻法。对急进中兵这路变化等于是判了死刑：定论是红方处于劣势，黑方得优势和主动。

这一回，胡荣华是妙手惊天。他不先起横车也不出直车，居然急冲中兵过河。大棋盘的讲解者看到胡荣华急冲中兵，向观众们指出了杨官璘在《中国象棋谱》对急进中兵判死刑的定论。观众们在大吃一惊后是云里雾里！

柳大华对《中国象棋谱》中的变化是了如指掌。柳大华看到胡荣华冒棋坛之大不韪的行棋，一时是惚兮恍兮：他不知道胡荣华是有备而来，还是昏招又出。柳大华抬起头来，瞄了胡荣华一眼：柳大华没有看到胡荣华在心算口念的同时，手指轻点桌面——那是胡荣华紧张时的符号。胡荣华的表情，像他的棋一样难以捉摸。此时的胡荣华是镇定自若！

中局时，胡荣华临危不惧，祭出新招大胆弃马。然后，追回一子且又得势。最后，胡荣华妙用双炮击败柳大华。

观众们原先的惊奇化为热烈的掌声……

裁判员宣布：胡荣华和柳大华各为10分，因积分相等，必须加赛一局快棋一决胜负。快棋的时间是每人限30分钟走30步，然后1分钟限走1步，超时判负。

柳大华的运气真好，抽到先行签。

先行的柳大华布以仕角炮局，仕角炮在当时的棋坛少见。殊不知，胡荣华对仕角炮局很有研究。胡荣华以中炮回敬。柳大华见状，冒险从边陲飞炮袭击。快棋中的柳大华，露出破绽，被胡荣华驱车插入后只能步步退守。最后，胡荣华双炮齐鸣，车挟双仕，在悬崖抨击中，击败柳大华。胡荣华以高度的战术运用和战略转换，梅开春到。

是局，前后共37回合。

加赛的这一盘棋，既比技术，又比速度。胡荣华在快棋赛中行棋似高山流水，落子之速，令人惊讶。

快棋赛的最后用时柳大华为27分钟，胡荣华为17分钟。

本次"五羊杯"，胡荣华在和柳大华五盘的红黑纷争中，开局不尽相同。在先走的两盘中，一柔一刚：第一盘飞相局负，第二盘，胡荣华马上改变策略，以中炮开局拿下。在后走的三盘中，第一和第二盘胡荣华采用柔性的反宫马和金钩炮。快棋加赛，胡荣华一反常态，后走还以刚性的中炮，反差很大！从中，可以看到胡荣华开局的波谲云诡。

胡荣华以呼风唤雨的法力、出神入化的韬略，捧五羊而归。

胡荣华对这一次的"五羊杯"，极其看重。事后，他在评价这次比赛时说："这是我东山再起的重要一仗。"

胡荣华的言下之意是：这一次的二华相争，远比"五羊杯"重要。

因为，柳大华既是他"十连霸"的终结者，也是他艺术生命的试金石。

就在胡荣华捧五羊而归的时候，梁羽生又在继续他的《笔花六照》："本届五羊杯，胡柳争持甚烈。原定的赛程结束之后，他们还是同分。结果加赛，胡方胜柳。胡在这次比赛中可以说是出尽浑身解数，例如古谱的'金钩炮'局，近代棋手已经很少采用，他拿古谱翻新，获得良好战果就是一例。柳的特点是熟读兵书，而胡荣华的创新，正是针对柳的特点……"

世人盛赞，霸主今又来

1982年，是胡荣华南征北战的一年。

1982年4月，第二届亚洲中国象棋锦标赛，在春暖花开的西子湖畔进行。胡荣华和柳大华、李来群、陈孝堃一起，在浙江宾馆迎来了泰国、新加坡、菲律宾、香港、澳门等国家和地区的棋坛高手。胡荣华出场三次，首战轻取香港郑守贤，第二轮又仅以29分钟拿下泰国主将谢盖洲，最后智取菲律宾的蔡文钩。三战三捷，为中国队夺得冠军，立下大功。

春意盎然、桃红柳绿的1982年4月，国家体委公布了中国象棋和国际象棋第一批特级大师和大师名单。胡荣华名列特级大师首位，他和杨官璘一起，被国家体委授予棋手最高荣誉——特级大师。柳大华、李来群等被授予象棋大师。

国家体委宣布特级大师名单之时，正是胡荣华和上海队一起，乘长江轮赴武汉参加全国团体赛之际。船到武汉码头，胡荣华对前来采访的广州《羊城晚报》记者黎民良说："感谢党和国家给我的荣誉，我决不会辜负大家对我的期望。"

胡荣华确实没有辜负人们的期望，在这次全国团体赛中，坐镇第一台的他在十二轮的比赛中取得8胜4和的战绩，为上海队立足前三立下大功。

在接下来的首届"三楚杯"比赛中，胡荣华也不负众望。在与杨官璘、柳大华、李来群、陈孝堃和王嘉良等五人的鏖战中，他又捧奖杯而归。

1982年10月，上海市棋类协会和《文化与生活》《新民晚报》等联合主办的"上海杯"大师邀请赛，是建国以来第一次全部是由象棋大师参加的邀请赛。在这一次邀请赛上，胡荣华又先后战胜各地名将，获得"上海杯"冠军。

在上海市第七届运动会上，胡荣华为卢湾区夺得象棋团体和个人两枚金牌。

据统计，1982年全国个人赛决赛前，胡荣华下棋近百局，仅负四局，如此之高的胜率，实属罕见。

然而，随着岁月的流逝，已进入中年的胡荣华，因为马不停蹄地参赛，已经非常疲劳。因为疲劳，影响了对棋的敏捷度和算度。又因为打了一年的"顺风仗"，他似乎又开始有些轻敌。

在1982年的全国个人决赛上，胡荣华获得亚军。

1983年的脚步，渐行渐近。对胡荣华而言，1983年是非同一般。

春节后的一天，胡荣华在棋室凝视棋枰，进入到一种虚静的状态。队友们都知道，此时的胡荣华，已经在神游八荒六合。这个时候，没有人会去打扰他的神游。

领队俞玉昌虽然知道胡荣华的习惯，但这一次，他却是推门而入。胡荣华见到俞玉昌，一时还没有还过神来。从俞玉昌不同寻常的举动中，胡荣华感到似乎有什么大事。俞玉昌非常激动，他告诉胡荣华：一分钟前，接到上海市体委电话：国家体委为了表彰他对我国棋类事业的卓越贡献，授予他国家体育运动荣誉奖章。

这是国家给予运动员的最高奖赏和最高荣誉，只有做出突出贡献的功勋运动员，才能获此殊荣。上海和胡荣华同获荣誉奖章的，还有亚洲跳高纪录创造者朱建华。

面对突如其来的喜讯，胡荣华似信非信！他习惯地推了推眼镜，自言自语："怎么会呢？"

队友们闻讯，轰动起来。大家围上来和胡荣华握手。

此刻的胡荣华，百感交集。他想朱建华打破亚洲纪录，夺得亚运会冠军，应当获奖。可自己已"落第"三年，但国家还没有忘记他这一位昔日的冠军，竟给了自己如此之高的荣誉，他感到自己受之有愧！

在北京领取荣誉奖章时，国家体委副主任徐寅生强调：第五届全运会虽然没有棋类比赛项目，但国家还是非常重视棋类活动。有数千年历史的中国象棋，具有丰富的内涵，是中国传统文化的象征，要大力发展。

胡荣华感到责任重大：既要夺回全国冠军，也要推广中国象棋。

夺取冠军，既要靠实力，又要有机遇。多少年来，胡荣华一直存有此念。胡荣华坚信自己仍具有夺取冠军的实力，他在等待机遇的到来。

1983年下半年的胡荣华，成了"神秘人物"。6月份的全国团体赛，他以不败的成绩列第一台之首。团体赛归来后，胡荣华是深居简出，闭门谢客，他婉言谢绝了所有的比赛和应酬。胡荣华的行踪，让熟悉他的朋友不解：胡荣华为什么无意投入纷争？难道，他的英雄豪气已经烟消云散？

胡荣华到底在干什么？

上海棋社，空荡荡的棋室。胡荣华沉浸在千变万化的棋局里，研究各路高手的实战对局。胡荣华在脑海中列出了一张备战名单：有50年代的杨官璘，也有60年代、70年代的中年棋手，胡荣华还把更多的注意力，放在了年轻人的身上。在胡荣华的备战名单上，名列前茅的是广东吕钦、河北李来群、湖北柳大华。除此之外，胡荣华还分别对全国知名棋手的性格、棋风、长处和不足进行了研究。

胡荣华认识到：经历了十连冠的巅峰，他已不可避免地成为众矢之的，他在明处对手在暗处。因为他的"法宝"更新渐慢，又因为对手是为和棋而来，而他却端着冠军的架子，没有顺棋势而行，崩盘概率的增加也是理所当然。

通过研究，胡荣华开始有的放矢地制定了因人而施的谋略。

神游棋中的胡荣华，似乎忘记了人间烟火。

常常是这样，看罢棋谱或实战对局后的胡荣华，在棋盘前闭目打坐，如法藏寺的高僧一般，处在虚静的状态中。

这一年，胡荣华还静下心来著书立说，回顾了自己20多年象棋生涯的成败得失，写出了10多万字的《反宫马专集》。胡荣华的专著，弥补了中国象棋开局的空白，丰富了中国象棋的宝库。同时，因为深山练剑，棋艺走向炉火纯青。

这一年，是胡荣华闭门思过卧薪尝胆的一年。

胡荣华说："作为一名棋手，难免会经历起起伏伏。相比他人，可能我是少年得志，长时间处在波峰浪尖。即便如此，在棋艺生涯中也必须接受挫折甚至打击。时过境迁后回想，经历低潮也是人生的一笔财富。正如《周易》上的'亢龙有悔'，它提示我们，身处高位而不戒骄戒躁，失败在所难免。我昨天面临的挫折，有的是时代背景使然；有的是盛极而衰，青出于蓝而胜于蓝的自然规律；而有一些，还是需要去自我反省。"

因为深山练剑，胡荣华的体力得以恢复，得以储备。

1983年的全国棋类大赛，于当年11月如期在昆明举行。那一年，胡荣华38岁。

此番血战的赛场，设在恬静的五华山西麓的翠湖畔。胡荣华忙里偷闲，去了一次西山。西山位于四季飘香的春城昆明市西郊，是昆明最美丽的风景区之一，海拔2100米，从北到南绵亘50余里，它由碧绕、华亭、太华、罗汉四座山组成。

在晨雾缭绕之时，胡荣华从建立于明代的华亭寺起程，沿着西山名胜公路前行，绕过坐落在碧绕山腰的、周围尽目是湖光山色的音乐家聂耳之墓，经过深藏在松柏环抱的太华山腰的太华寺，至罗汉山时，早已是云开日出了。

一路上，胡荣华举目环视，在寻找着什么。原先进入胡荣华眼帘的是葱郁的山岭，而现在，呈现在胡荣华眼前的，是一番怪石嶙峋的景象。

胡荣华不是来寻找虚无缥缈，也不是来寻找精神寄托。胡荣华已经在风景中，觅得兵机；他想起了陕西南路271弄临街的那一块凹势的蓄势待发；他想起了先为不可战，后战胜之的兵家之谋；他也想到了棋盘上的最高境界——人棋合一。

11月15日，1983年的全国象棋比赛拉开了序幕。

春城暗灵之剑，谁的锋芒最为闪耀，王者之战又会刻印谁名？

弈秋往矣！伯牙往矣！胡杨往矣！

当今棋坛，已是群雄称霸！

胡荣华往矣？

来者不善，善者不来。

有多少人虎视眈眈地在盯住王座：胡荣华当然想夺回失去三年的宝

座,柳大华雄心勃勃也想东山再起,李来群更想力图卫冕,杨官璘自然也不例外。而那一拨"小字辈"们也想后来者居上。

棋赛开始,胡荣华旗开得胜。

携第二届"五羊杯"和"上海杯"象棋大师邀请赛的冠军余威,"深山练剑"的胡荣华,在第二轮就碰到了骁勇善战的柳大华。

第一轮比赛,因为是开幕式,胡荣华穿上了中山装。从第二轮到最后一轮,胡荣华都穿着国际比赛的深咖啡花呢礼服上阵。

这套礼服,是胡荣华三年前出国参加比赛前定制。三年来,他在亚洲团体赛和城市名手赛中,都是穿着这套礼服上阵。结果,都是大获全胜。这一次来昆明,胡荣华是特地穿着这套礼服参战。

这一次,柳大华是第一个为这套礼服做贡献者。

柳大华是1980、1981年的两届全国冠军。胡荣华声断乐山之际,正是柳大华崛起之时。当时的柳大华,大有取代胡荣华之相。第二届"五羊杯"最后的关键一仗,胡荣华比柳大华落后2分之多。只要弈和,柳大华就稳获冠军。胡荣华临危不惧,镇定自若,力挽狂澜。加时赛,胡荣华中盘祭出新招大胆弃马,然后追回一子得势,最后妙用双炮击败"楚霸王",首次捧冠而回,唱了一出翻身道情。

这一次的二华斗阵,玄机莫测难猜度。

柳大华显然也是有备而来,后走的柳大华从容不迫,以左马护中路,人们以为他要走屏风马。谁知到了第三个回合,为了先声夺人,柳大华突然变阵,一步进炮封车,转成后补列炮。柳大华企图在殊死拼搏中击败这位当年的老冠军。在胡荣华和柳大华过去的对局中,两人也从未斗过这样的布局。柳大华的这一手,旨在出其不意,攻其不备。观者愕然,局中的胡荣华也是始料不及。因为,面对胡荣华时,几乎无人敢用后补列炮。当然,柳大华这一战术,在胡荣华面前未必有效。因为,对胡荣华而言,不管是炮战、马战抑或象战、车战,他都是无一不精。

不过,柳大华的这一手,还是给胡荣华带来了一些麻烦。开局时,在柳大华只用了3分钟时,胡荣华已经用了12分钟。思考之后,先行的胡荣华十分镇静,他决定藏巧于拙,以屈为伸,以静制动,后发制人。4个多小时周旋过去,柳大华还是乱了步法。一旦胡荣华柔指解分,柳大华便是兵销戈倒。

第三轮，胡荣华遇上新科状元李来群。去年，胡荣华也是在第三轮遇上李来群，因为大意落象失误。这一次，胡荣华吸取教训，不轻易发动进攻。胡荣华深知李来群临阵多疑，碰到素昧平生的"怪招"，他就疑神疑鬼，唯恐中了埋伏。这样，会在不知不觉中耗费时限，到了紧要关头，便再也无暇推敲。李来群以"仙人指路"开局，胡荣华以他苦心经营后的过宫炮应对。虽然是老树着花，但更觉生机郁勃。李来群看到胡荣华是老谱翻新，不敢随意造次。因为，在1982年"上海杯"象棋大师邀请赛上，胡荣华开局时的一炮二移，让李来群吃尽苦头。那天，李来群先手飞相之后，胡荣华第1步炮8平3还以金钩炮。待李来群右横车平六之后，胡荣华刚刚8路平3的炮，又突然炮3平6！走了三步棋，却动了两步炮。在场观战的棋坛大师名宿，尽显诧异。金钩炮诞生100多年来，从来也没人看到过有此一招。面对这一怪招，李来群冥思苦想30多分钟。随后，胡荣华又走了一步似乎违悖棋理的着法，单提马一边的象以及一卒一马和两门炮，在边陲之地，排成了一个难解的一字长蛇阵。李来群见状，又是一阵茫然。进入复杂多变白刃相交的中局，真正需要时间推敲之际，李来群是叫苦不迭——因为，他必须在2分钟时间里，行棋14步。结果当然是可想而知！

士别三日，当刮目相看！这一回的李来群，已今非昔比。

两个小时过去了，双方还是一兵一卒未失。相持中，李来群只是试探性地伸车骑河。胡荣华还是因势行棋，无意轻进。又过了17分钟后，胡荣华才头一次走了一步边兵渡河。32个回合里，胡荣华的棋子，只在对方境内走了4步。

李来群领教过胡荣华的波谲云诡，与之对弈，稍一不慎，便为其所乘。此刻，李来群见胡荣华鱼潜深渊，知道自己网钓不及。李来群当然也不敢用强。双方弈战2个多小时，棋子都是足不出户，皆在自家境内盘桓。斗智斗谋了4小时后，双方发现战术思想相同，于是莞尔一笑，便鸣金收兵。

几轮下来，修炼下山的胡荣华是火性全无：对前科状元是以柔克刚；对去岁状元是按兵不动；第三、第四轮虽然又是和棋，但依然是神闲气定。胡荣华知道，只要自己稍一不慎，便会为对手所乘；胡荣华知道，只要人棋合一顺乎自然，得分率达到百分之七十，不愁王冠不还！

除了深咖啡花呢礼服，胡荣华又收到了一封抵万金的家书。这一封信，出自胡荣华的爱人和他的掌上明珠小艳鹭之手。那是赛程过半后，从上海寄出的"献策信"。母女俩在上海的《新民晚报》上看到，中国棋坛已经产生好几位对胡荣华东山再起颇具威胁的小将。为此，母女俩联合起来提醒孩子他爸。自胡荣华在1980年乐山失利后，每逢大赛，爱人写信给他，从不提及棋事，这一次是打破常规。不过，等胡荣华收到信时，大局已定。胡荣华捧读家信，非常开心："今年夺冠，是真正的众望所归。"

第八轮，胡荣华与吕钦相遇。其时，胡荣华与林宏敏同积11分并驾齐驱。吕钦在第五、六、七三轮中连下三城，积10分紧随于后。

吕钦被誉为羊城少帅，自从1981年团体赛取代杨官璘坐镇第一台以来，棋艺日臻成熟，1982年获全国个人第3名。吕钦把《胡荣华对局选》背得滚瓜烂熟，故棋界中才有"吕不怕胡"之说：1980年乐山之战吕钦胜胡荣华，1981年两人平分秋色，1982年成都之战复又战平。1983年的沪粤友谊赛，胡荣华领先吕钦。

两人布下顺炮横车对直车的战局。胡荣华用兵如神，谋略过人。这一次后走和吕钦斗顺炮，用意颇深。孟立国说在一次闲聊中，胡荣华对他说"杀棋怕杀"。此话怎讲呢？通俗一点说，就是"软的怕横的，横的怕不要命的"！胡荣华接待如王嘉良、柳大华、蔡福如等攻击型的棋手，从来是以攻对攻的。吕钦善攻，胡荣华对他采用顺炮横车战术，也是一种心理暗示：都说吕钦不怕胡荣华，难不成我胡荣华还怕你吕钦？

胡荣华和吕钦经过两个半小时的刀来枪往，双方形成车炮四兵对车马三兵的对峙。胡荣华虽然多一个中兵，但缺少一象。红黑双方在棋盘上你来我往行棋丝丝入扣；其势又如两位武林顶尖高手对决，雷霆万钧之力的一招，却让对手暗指一弹予以化解。过程是波澜起伏，绝对扣人心弦。

棋手们是心知肚明：这就是本届冠亚军的决战。胡荣华和吕钦被里三层外三层的观众包围，大厅里几十位观弈者或站或坐，呈挫低扬高状。在复杂的中局阶段，胡荣华主动挑起了战斗，表现了冠军的非凡气魄。在漫长、互缠的细腻残局中，胡荣华又显示了功力深厚的精湛技巧。

胡荣华在审时度势："这一盘棋和棋的成分很浓。但只要他肯跟我搅，我就有机会赢。"

想到这里，胡荣华用眼角的余光不露声色地扫了吕钦一眼："你看他锋芒毕露，他见我少一个象，中卒又被牵死，还是想赢！不能让他断了这个指望。"胡荣华对战略战术的运用，对对手的心理分析，都有其独到之处。

小心翼翼的胡荣华，跟杀气腾腾的对手巧妙地周旋。局面呈似和非和、欲赢不能的胶着状态。

胡荣华于波平浪静中，荡一叶扁舟。

机遇，垂青于有备之人。第59回合，按捺不住胡荣华纠缠战术的吕钦，不顾仕相分家、老帅无人保驾的局面，竟然拍马策攻。胡荣华凝神静思后巧出妙手：行棋声震屋宇步步带响，8步之后，形势急转直下。掌握了优势的胡荣华是"惊涛拍岸，卷起千堆雪"。顷刻之间，吕钦是损兵折将防线被毁。

那一瞬间，胡荣华是如释重负。

最终，吕钦在复杂的中局角逐中失去战机，在细腻的残局中，吕钦耗不过功力深厚的胡荣华，败走春城。

第十一轮，胡荣华运用了一条新规——"同样局面重复三次，不变作和"。这样，胡荣华与河北小将黄勇握手言和——东山再起！

虽然比赛还有一轮，但胡荣华已经提前夺冠！最后一轮，胡荣华与广东悍将刘星弈和。

至此，蛰伏三载的胡荣华以8胜5和不败战绩，再一次在春城笑傲江湖。

1983年11月30日下午，昆明市翠湖体育场里座无虚席。雄壮的乐曲，虽然与棋类艺术有相背之嫌，但又正是那个年代的烙印。经久不息的掌声，是献给身穿深咖啡色花呢西服的胡荣华的。

这是第十八届全国象棋个人赛发奖大会上最激动人心的一幕。胡荣华在灿烂的阳光下接受冠军奖章后，转身向观众鞠躬致意。面对一阵又一阵热烈的掌声，胡荣华挥手环绕着向观众鞠躬。在阳光的辉映下，笑容可掬的胡荣华的脸庞是那样绯红，目光虽然有神，但因为润湿，又有一种梦幻。

这是胡荣华纵马棋坛23年来，在全国象棋个人赛上的第11枚金牌。

这一块金牌，非同一般！

这是他跌落深渊3年后的重新崛起！

这是他从上海陕西南路271弄的又一次腾飞！

3年，在历史的长河中，只是短短的一瞬。但是，对胡荣华而言，竟是如此漫长。

新闻发布会上，胡荣华对包围他的记者一吐真言："过去，是我的一统天下，如今是春秋战国的诸侯争霸。我拿冠军属于正常，丢掉冠军，也是正常……"

在昆明赴贵阳的途中，依窗而座和列车一起穿越崇岭山峦的胡荣华，感慨万千！他知道，大家的关怀、期望和信任，是他东山再起的最大力量。而永不放弃的坚持，对象棋艺术发自肺腑的热爱，是支撑他继续前行的动力。

有记者问：在这次全国赛中，你感到对你构成最大威胁的是谁？

胡荣华坦言以对："最近几年，中国象棋新人辈出，水平也是水涨船高。因此，任何人都可能是我的劲敌。但具体到对象来说，我感到包括吕钦在内的年轻人的威胁更大些。年轻人的上来，是时代发展和象棋发展的必然趋势。但是，年轻的棋手还缺乏经验，特别是在关键性的比赛中，临场的应变能力还是稍逊一筹。因此，希望年轻的棋手在训练中不仅要熟读古今棋谱和棋局，更需要创新……"

全国冠军失而复得后，除了棋界人士，还有在昆明工作的上海老乡送来了两件贺礼。送贺礼的是顾其昌和徐平生两位微雕艺人，他们俩在一粒米大小的象牙上，雕出一只亭亭玉立在翠绿松柏前的丹顶鹤。象牙上还刻有"全国象棋冠军胡荣华存念"的文字。另一件贺礼是一个用象牙雕成的微雕奖杯：奖杯只有7毫米高，3毫米宽，杯上刻着一幅鹤立鸡群图，杯身两边是两只洁白如玉的象牙耳环。这一尊奖杯，应该是世界上最小的奖杯。顾其昌、徐平生是师徒俩，在昆明专门为外宾和港澳侨胞刻金石和象牙微雕。这一次听说胡荣华夺回了冠军，非常高兴。两人连夜奏刀，祝愿胡荣华的棋艺永远如鹤一般。

因贵阳市体委的邀请，胡荣华去贵阳做客。这一个信息在《贵阳晚报》上发表后，几乎是全城知晓。胡荣华每到一处，都有人围观。胡荣华去贵阳花溪公园游览时，甚至还引出了一场虚惊。那天上午，胡荣华进了花溪公园后，还没有来得及游玩，竟被几位不速之客请到一家远离市区的5708厂做客。

事发突然，让贵阳市体委陪同的同志都感到为难。原来，那几位不速之客都是上海人。18年前，他们告别了故乡上海，来到天无三日晴、地无三尺平的贵阳支援边疆建设。18年后，平地起高楼，当年的小伙子也都是成家立业人到中年。虽然人在贵阳，但是乡音无改，对上海依然是怀念深深。前两天，从《贵阳晚报》上得知道胡荣华唱了一出翻身道情，又要来贵阳访问，于是，一路跟着，然后在花溪公园非常客气地把胡荣华请到5708厂准备老乡见老乡。意犹未尽后，胡荣华盛情难却，以蒙目棋表演让支援边疆建设的上海老乡一解乡愁。

在中国，象棋是传统文化的载体，参与人数之多、流传地域之广、浸透社会层面之全，以及精神内涵之博大深厚，皆令其他式样的文化活动难以望其项背。

第3天，胡荣华还在贵阳市体育馆为1000多位观众表演1对6的蒙目棋。观众从来也没有见过蒙目棋，而且是1对6。见胡荣华6盘棋全部拿下，百思不解。因为胡荣华在表演过程中，时不时地会习惯性地推一推眼镜。不少观众见状，竟以为胡荣华的眼镜里藏有玄机。

那天，胡荣华看着5708厂的职工，忽然就想起了1975年初，上海象棋队访问广西桂林的一场表演赛。

20世纪中叶的中国，不管男女老少，无论城乡僻野，皆为象棋的魅力所染。1956年，象棋被定为国家体育项目后，几乎每年都举行全国性的比赛。1962年，中华全国体育总会的下属组织——中国象棋协会成立。而后，各地相应建立了下属协会机构。

在这一大背景下，上海象棋队在 1975 年初应邀访问广西桂林，重头戏就是胡荣华蒙目对 13 位省级业余棋手的大战。

比赛的地点在桂林的一个体育场里。比赛还未开始，体育场内已是人满为患。棋迷们争先恐后地到来，是为了一睹胡荣华的风采，看看这位上海的巨星蒙目 1 对 13 的风采。

开赛前，一位胡荣华熟识的广西棋手受人之托请胡荣华帮忙：应战的 13 位棋手中，一位是桂林市商业局的干部，希望胡荣华能手下留情，给他一盘和棋。还没等到胡荣华应允，那棋手后面一句已经出来：开赛后他会把棋手的号码送来。胡荣华只是笑了一笑。

开赛后，那棋手果然递上一张纸条。胡荣华看了一下纸条，上面写着一个 9 字。胡荣华还是笑而不答，他想，你既没有这个实力，为什么要逆流而上沽名钓誉。于他而言，棋就是道，道就是棋，作为天人合一人棋合一的大道，岂能在官位面前俯首。和与不和，顺其自然吧。

作为一名棋手，胡荣华对比赛有一种敬畏感，他反对弄虚作假。看着纸条上的 9 字，他微微点头："难道要我来一场巧却人情？"

13 个人分成两排，胡荣华全部执黑后走。十几个回合下来后，胡荣华对 9 号棋手的水准已了然于胸：水平确实不低，是个好手！见此，胡荣华自是不敢松懈，逆来丝丝入扣，最后是直捣黄龙！

6 号棋手的水平也不差，胡荣华也是顺其自然，两人下了一盘和棋。比赛结果是胡荣华 11 胜 2 和。比赛结束后，托情的棋手面色尴尬地来见胡荣华。胡荣华道歉："对不起，匆忙中我把 9 号看成了 6 号……"托情的棋手只能叹气，怪自己没有交代清楚。好在，他回去之后也有了一个托辞。

再说，从昆明载誉归来半年后，上海市体委正式任命胡荣华为上海棋社社长。那一天，是 1984 年的 5 月 30 日。其时，胡荣华刚从武汉捧"三楚杯"而归。

上海市体委的任命，其实已经准备了很长的时间。上海棋社成立前夕，市体委有关领导事先进行民意测试，以决定社长人选。发下去 100 张表格，结果社长人选名单竟是百人同一——胡荣华。在正式决定社长的无记名表决会上，百人投票的结果又一次出现。象棋、国际象棋、围棋界等有关人士，一致选举胡荣华出任社长。

胡荣华这样的一代宗师，担任社长这一行政任务，未必是好事。

胡荣华无法推脱，他走马上任，担当起上海三棋总司令的重担。其时，尽管胡荣华的棋力仍处在鼎盛期，但已不是十连霸时的所向无敌，也遇到了几位强劲的对手。而这一态势，也正是他所期待。

清朝的御花园里驯养了一些野鹿，由于没有遇到原本的食物危机和狼的追逐，野鹿家化后诸多优良功能逐渐退化，导致抵抗力下降，素质日渐低下。

没有对手，几乎每战全胜的独孤求败，对高手来说是一件痛苦至极之事。终于，胡荣华盼到了强劲的对手，他内心为之欢呼。他将胜负置之度外，期待那枰上激烈搏斗后的快感。胡荣华摩拳擦掌，跃跃欲试。但是，他必须去当社长了。

胡荣华是一个具有敬业精神的社长，他很投入。尽管，他不能心无旁骛地去研究他的象棋，但他的成绩还是斐然，在担任了公务繁忙的社长之后，又豪取了三次全国冠军。

如果不是1988年发生在李来群身上的一个偶然性的事件，胡荣华豪取的全国冠军，可能就不止三次了。

1988年，全国象棋个人大赛的最后一轮前，胡荣华和吕钦同积9分领先诸雄。最后一轮，胡荣华的对手是江苏徐健秒，吕钦的对手是李来群。棋迷们预测胡荣华将第13次登顶。因为，胡荣华战胜徐健秒的概率是非常之大；而吕钦要拿下正处于鼎盛时期的李来群，可能性很小。

胡荣华如愿以偿，战胜了徐健秒。胡荣华推枰起身，特地去看了看李来群与吕钦的对弈图。李来群与吕钦已下至第44回合，李来群完全掌握了主动，只要走出马四进三，把对方的炮吃掉，李来群便锁定胜局。而胡荣华也会因为李来群的一步马四进三，再一次头戴桂冠。胡荣华的脸上，露出一丝不易察觉的微笑，然后来了一个华丽的转身，背对着李来群朗朗的侧影。

正当人们翘首期盼李来群马四进三锁定胜局时，李来群却鬼使神差地伸手拿车。

原先愁眉紧缩的吕钦，顿时双眉舒展。

场边有观众发出惊呼。

李来群看了看手上的棋子，脸色在一瞬间晴转乌云。怎么会去拿车的呢？摸子动子，拿起就不能放下。车路何在？李来群满盘寻找，无路可寻。这么大的一个棋盘，竟没有这一个车的容身之处。李来群只能走了一步车三平七。

因为这一步，李来群由胜转败；因为这一步，胡荣华由冠而亚。胡荣华和吕钦同积11分，但因为徐健秒的积分比李来群低，最后算小分，吕钦夺得冠军，胡荣华屈居第二。

李来群与吕钦的这盘棋，引来了人们的猜测：李来群夺冠无望，处于鼎盛期的他眼看胡荣华要13次登顶，故意摸错棋子放水。

这就牵涉到棋品了！

李来群摸着自己的良心向人解释，没有和吕钦作任何交易！

人们还是无动于衷！

李来群无法解释了，只能保持沉默。

人们由吕钦的侥幸想到了幕后交易的可能，吕钦也是有口难辩。

这个时候，作为一代宗师的胡荣华，表现了他的理智和大度：十连霸之后，又两次登顶，已经是前无古人的高度，多一次少一次都无妨！在人们对李吕之赛议论纷纷时，他不说没有根据的话。胡荣华看着李来群成长，也可以说是带着李来群成长。李来群的人品棋品，他都了解。

胡荣华给出的解释是：这是一个偶然性的事情，这种偶然性，在其他棋手包括自己身上也发生过。

这是冷静中的容忍，容忍中的冷静。是见多识广，导向了冷静的容忍。胡荣华的这一番言论，带有盖棺论定的意味，李来群和吕钦也因此得以解脱。

事后，尤其是李来群对胡荣华的冷静的容忍是赞叹不已：不愧为一代宗师！

一代宗师和李来群是棋界的一对好朋友，胡荣华与李来群一直保持着特殊友谊，他看好李来群行棋的风格和关键时的独步奇招，也很喜欢李来群的为人处世风格。

好朋友归好朋友，一代宗师为人行事自有他的原则。

那年，李来群前往上海浦东，参加大棋圣战。已经几年不参加象棋比赛的李来群明知此番不可能争来荣誉，但还是欣然前往。前往的一个重要原因，是去找棋界泰斗胡荣华。李来群想请胡荣华出面，帮他在上海买块土地。

比赛的结果在意料之中——李来群第一盘胜出，其余全部落败。

当李来群提出在上海买地的想法后，胡荣华是拒之千里，说李来群是"不务正业"。李来群没有放弃，他利用比赛的间隙，不停地在浦东转来转去，还特地拜访了所在地的乡长。乡长热情地接待了李来群，并承诺如果有上级领导打招呼，可以考虑便宜一点卖给他。李来群与上海市的一位棋迷领导下过棋，有联系电话。

李来群没有贸然去找领导，他知道他一个河北人到上海买地，不借助胡荣华的支持，是难以办到的。于是，他继续做胡荣华的工作。

一门心思放在象棋事业发展上的胡荣华，对李来群的"离经叛道"之举，坚决不予支持。几经软磨硬泡后，李来群还是败下阵来。胡荣华做事，有他的原则——各负其责！他相信唐宋八大家韩愈《师说》里的名句："术业有专攻。"他认为我们每个人都应该扬长避短，如是这般，才能实现价值的最大化。

神话传说,世纪艳阳天

1983年,东山再起后的胡荣华依然威风不减,几乎在历年的重大比赛中都立于不败之地:他先后在棋王赛、名人赛、三楚杯、亚洲杯、上海杯上折桂。1996年,在第十七届"五羊杯"上,时年已51岁的胡荣华战胜了包括许银川在内的6位著名的年轻棋王,又一次获得"五羊杯"。1997年,在第八届全国运动会上,胡荣华再次震惊全国,成为全国冠军。

有道是三十年河东三十年河西。1998年和1999年的全国象棋个人赛,冠军先后落入广东的许银川和吕钦之手。

时针轻轻一拨,世纪之交的2000年悄然到来。

2000年是"千禧之年"。

全世界都在"千禧之年"搞各种庆典,热闹非凡。

对胡荣华来说,2000年也是非同一般。2000年,即将迎来55岁的胡荣华,也迎来了他首获象棋全国冠军40周年的纪念日。

上海棋界正准备为胡荣华首冠40周年的纪念日搞一个庆典。那一个时段,胡荣华参加比赛成绩很不理想:在上海浦东举行的"大棋圣战",胡荣华当年呼风唤雨的法力、出神入化的韬略烟消云散,接连输给了小将金波和洪智,第一阶段,就成为第一批被淘汰的棋手之一。

在这样的背景下,胡荣华来到了他的55岁,跨入了他的2000年。

2000年11月,在蚌埠举行的全国象棋个人赛,是中国20世纪最后一届全国象棋赛。为了争夺世纪末的最后一个全国冠军,全国象棋界的高手齐集蚌埠。赛前,人们几乎不约而同地都把目光投在新科状元许银川和吕钦的身上。因为近两年来,"岭南双雄"几乎包揽了各项象棋大赛的桂冠。55岁的胡荣华,已是廉颇老矣!胡荣华在1998和1999年两年里,表现是平平复平平。因此,胡荣华的身影,已经不是人们关注的焦点。

胡荣华不想成为廉颇。赛场上的胡荣华，依然斗志昂扬，信心十足。

事与愿违！这一次的开局，又是坑坑洼洼：前四轮，胡荣华仅2平1胜1负。前两轮，胡荣华分别战和林宏敏和柳大华，第三轮胜广东汤卓光，第四轮，胡荣华遭遇新科棋王许银川。开局伊始，胡荣华就陷入了被动。很快，就稀里糊涂地被风头正劲的许银川所败。

赛后，胡荣华曾几次自言自语道："难道，我真的已成廉颇？"

胡荣华责怪自己行棋质量太差，无颜对江东父老。在痛定思痛中，胡荣华的象棋细胞突然苏醒！

从第五轮开始，胡荣华豪取六连胜。真是，一怒冲天为棋迷：

第五轮，胡荣华先走飞相局拿下特级大师于幼华；

第六轮，胡荣华后走卒底炮拿下大师尚威；

第七轮，胡荣华先走飞相局胜了大师张强；

第八轮，胡荣华后走卒底炮降伏特级大师陶汉明；

第九轮，胡荣华先走飞相局让广东宗永生大师起座认负。

一心要为队友保驾护航的宗永生，一上来就严防死守，但他的王城，还是被恢复到奇佳状态的胡荣华攻破。

第十轮前，胡荣华以7分一骑领先。许银川、吕钦、苗永鹏、聂铁文4人以1分之差紧随其后。

第十轮，7分的胡荣华碰到了6分的苗永鹏。因为是倒数第二轮，苗永鹏如果拿下胡荣华，基本上可以登顶。赛前，苗永鹏曾信誓旦旦直抒心胸："胡荣华已是廉颇，只要拖他3个小时，他就会出昏招。"

胡荣华闻之，一笑了之。

东北汉子苗永鹏大师是怎么说，就怎么做。

入座后，苗永鹏飞相局以待，准备拉长战线。

胡荣华后走挺7卒应对，没有想缩短时间。

弈至中盘，苗永鹏一度在中局取得多兵优势。胡荣华车双炮一过河卒对苗永鹏的车马炮三卒。一旁观战的吕钦和许银川等高手一致认为：胡荣华的兵种为劣势且又少卒，上上策应该是马上以自己的过河卒兑掉苗云鹏的红兵，以谋和棋一盘。

吕钦和许银川等高手们万万没有想到，此时的胡荣华非但不兑卒而是进了一步卒。高手们，包括对手苗云鹏都认为，"老胡"的糊涂又犯——错过了谋和的唯一良机。

胡荣华心明如镜。

2017年，笔者去浙江省丽水市，参加一个由中国象棋协会主办的全国象棋邀请赛。也正是在这一次邀请赛中，64岁的我以3胜6和的成绩，取得了中国象棋棋协大师的称号。比赛期间的一次晚饭中，和苗云鹏特级大师闲聊，谈到了当年与胡荣华的这一盘棋。此时的苗特大双眼微眯，快人慢语地后悔莫及："马过不了河，怎么赢啊！"

从丽水市回来的第三天，我在上海棋院采访胡荣华，谈到了苗特大，谈到了当年的那一盘棋。

胡荣华笑了一笑，平静地说："那一盘棋，苗云鹏多兵且有兵种优势，但由于他的马不易过河，实际上是双方均势。我不兑兵的目的，是让苗云鹏感到有机可乘，让他因为急于求成露出破绽……"

最后的结果正如胡荣华所料，苗云鹏因为求胜心切疏于防守最后落败。

在2000年的比赛中，尚威、张强、宗永生，是被大家一致公认的黑马。三匹黑马被胡荣华驯服后，胡荣华十分风趣地调侃："胡荣华是专驯黑马的驯马师。如果我驯不了的，绝不是黑马，而是真正的千里马。"

胡荣华在先后战胜了火车头于幼华、沈阳尚威、北京张强、吉林陶汉明、南方棋院宗永生和沈阳苗永鹏六员大将后，最后一轮与黑龙江小将聂铁文握手言和，终以7胜3和1负积8.5分的成绩夺取冠军。胡荣华以55岁高龄，第14次站到全国象棋个人赛的冠军领奖台上，成为有史以来最年长的冠军。

捧杯的那一刻，胡荣华是感慨万千："假如真有天意，这次个人赛的过程和这一次的冠军，是给我纵横楚汉一生的最大回报！"

此时此刻的胡荣华，想起了吉安路271号，想起了陕西南路271弄。这个时候，他忽然感到，271这个数字，是意味深长妙不可言。

胡荣华发蒙于吉安路271号，从271号起程后，胡荣华十冠中华。

1981年乐山折戟沉沙后，胡荣华新居在陕西南路271弄。胡荣华的风帆，再一次从陕西南路271弄扬起——再获四冠——十全十美。

20世纪的最后一个冠军，由20世纪最杰出的棋手获得！

千禧之年，胡荣华以这个特殊意义的无与伦比的冠军，庆祝他称雄象棋界40周年。

胡荣华成为真正意义上的"世纪棋王"后，上海市体育局表彰胡荣华奖金1万元。不少人认为，以胡荣华的地位与功绩，这样的奖金是太少太少了！胡荣华闻之，意味深长地表白："选择象棋，是我人生棋局中下得最漂亮的一步……有了大家对我们象棋运动员的理解，没有奖金，我也会继续红黑论道。"

探索象棋奥妙，实在不是一件容易之事，虽然一枰之间不过是"伏尸两人，流血五步"的战场，河界之隔也只是"一衣带水"。然而，高手们却向大家展示了多少惊心动魄的战斗场面，奏出了多少高山流水般的乐章，还有多少弦外之音要人们深品细尝才能领悟其中三昧。

正因为斯，胡荣华才如此迷恋象棋。

负重前行，老帅奋执鞭

2003年，在全国第一届象甲联赛开赛前，上海棋院一直找不到赞助商，商家一听胡荣华只是担任队长，而且，基本上是不上场，立马掉头走人——还扔下了一句话："没有金字招牌做保证，这钱等于是打了水漂！"

20世纪50年代初，胡荣华作为上海队一员夺冠以来，50多年运动生涯中，作为征战最高团体赛事的棋队主力，胡荣华第一次放弃了所有上场机会！胡荣华在逐渐淡出——开始做教练。

胡荣华知道，商家因为他只是做教练不肯赞助，决定立即挂帅出战。作为一个棋手，胡荣华最担心的，就是象棋运动萎靡。以58岁的"高龄"出征象甲，在当今棋坛是一则新闻。欣慰的是，2003年的上海队是一帆风顺，几度涉险过关。

最后一战对阵北京队时，上海队已经坐上了头把交椅。由于在小分上没有太大优势，龙椅是坐了，但坐得并不稳当。北京队是役事关保级，命悬一线，势在一搏。上海队如果失利，也会被广东赶超，屈居次席。"血拼"之际，谁也马虎不得。为此，胡荣华也非常担忧。胡荣华也不想让赞助商收获竹篮打水。如果上海队这次拿不到冠军，那以后再去找赞助商是难上加难。上海象棋队如果找不到赞助商，成了嫁不出去的老姑娘，还谈什么发展？

胡荣华决定亲自上场，以打头阵来稳定军心。

最后的结果是如愿以偿！

结果是如愿如偿，但过程是一跌三宕。

这一次，在最后三轮前，上海队领先第二名广东队高达3分。夺冠的几率非常之大。就在这样一个关键时刻，因为背上了思想包袱，上海队年轻的队员们，下棋的质量是大打折扣，竟连续两轮，和两个成绩垫底的队伍战平。

　　上海队最后一役的对手是北京队，因为有保级的关系，北京队必须和上海队拼死一战，北京的一家报纸报道："一个为争夺冠军而战，一个为保级而战，目标不同，但'决不能输'的想法一样。"最后一轮，上海队如果再和北京队打平，就会把冠军拱手送给广东队。

　　胡荣华知道，队员们背上了思想包袱，怕下得不好影响全队。这种情况，他也曾经遇到过。有一年，在团体赛的小组赛中，他6战4和2胜，成绩未见突出。他对青海张录的一盘棋，还险遭不测，是几经艰苦的拉锯战后，才下了一盘和棋。而他和陈孝堃、李日纯、王秉国过招，也是以平局告终。

　　而在同年的个人赛的复赛中，胡荣华所在的第一组中，人才高度集中：组里除了有李来群、1977年全国第3名的梁文斌，还有在团体赛中与胡荣华打成平手的陈孝堃、李日纯，以及北京的傅光明和江苏戴荣光、李国勋等人。在这群雄把关名将挡道的对局中，胡荣华怒马冲阵，远挑近劈，一剑封喉。最后，以7战全胜的战绩取得决赛权。七员大将，当然是无一幸免。

　　在这短短的时间里，两次出场的胡荣华判若两人。差别之所以那么大，因为团体赛他是主将，怕下得不好影响全队，所以弈来缩手缩脚，水平难以发挥。后来的个人复赛中，他的思想已经调整到位。因此，自然是灵性的寒光一闪。

　　再说，1978年，胡荣华到贵州参加比赛，得到贵阳市某部门赠送的已窖藏了十几年的正宗茅台酒一瓶，胡荣华一直把这瓶茅台酒放置在客厅的橱柜里。有好几次，他想开启，最后还是放回原处。就连他在2000年55岁再获全国冠军时，也舍不得启封。好几位学生劝他开酒庆贺，胡荣华说："年头这么久远的茅台酒，已经是稀世珍宝，如果喝了，那实在是太可惜了。"

　　最后一战对阵北京队时，上海队由于在小分上没有太大优势，龙椅是坐了，但坐得并不稳当。北京队是役事关保级，命悬一线，势在一搏。"血拼"之际，谁也马虎不得。

　　关键时刻，胡荣华决定放手一搏！

为了激励队员们的斗志，胡荣华亲自披挂上阵，在率队去北京客场作战时，特地带上了那瓶已经有40多年历史的茅台酒。他对孙勇征和谢靖说："这次你们不要背任何包袱，勇敢去拼。如果上海队拿冠军，我们就开酒庆贺。"

一位小队员怯生生地说："万一上海队拿不了冠军呢？"

胡荣华斩钉截铁地说："开弓不带回头箭！如果最后因为缩手缩脚拿不到冠军，我就在北京的马路上把这瓶茅台酒砸掉。"

见队员心里还是不踏实，胡荣华又面授机宜："和北京队的最后决战，你们三人只要求和就行，如果我不能取胜而冠军旁落，责任由我来负。"

主帅的话语如此掷地有声，队员们当然斗志高昂，他们在胡荣华面前立下军令状："我们一定尽全力，拿下北京队！"

上海队与北京队之战开始了。胡荣华言出必行，以精心准备的布局，在开局时就占据主动，率先拿下一城。小将谢靖的对手是北京队第一号选手张强，赛前的布置是后走的谢靖只要求和就算完成任务。谢靖看到主帅已胜，竟越下越勇。又因为张强也抱着不赢即输的心态，这样，这一盘棋就没有了和棋。最后，后走的谢靖再立一功。

上海队两胜在手，万春林、孙勇征便小心求和为本。对手本来的实力就在万春林和孙勇征之下，当时的态势让对手更难有所作为，结果自然是四人皆握手言和。

上海队远离团体冠军已经9年。这一次，队员们在年近60还身先士卒率队出征的胡荣华激励下，毕其功于一役，当之无愧地夺得了首届象甲联赛冠军。

比赛结束时，北京队的队员们在收拾东西，上海队的队员们强忍着夺冠的惊喜，不敢张扬，努力使自己心平如镜。因为，北京队输给了上海队以后，还有降级的可能。一直坚持到另一场比赛结束，火车头队输棋确认降级，北京队保级成功，上海队的队员们才开始互相庆贺。

当人们祝贺胡荣华带领上海队重铸辉煌时，胡荣华连连感叹："来之不易！来之不易！"

确实，上海队的冠军来之不易。一位江苏棋手说："赛前预测，上海队恐怕连前三名都进不去，现在却成为一支冠军队，实在是难能可贵。"

茅台酒肯定不会五马分尸在北京街头了。

开茅台酒庆贺时，胡荣华痛快地说："比起'碎尸马路'，这瓶茅台酒现在是'死得其所'。"

那晚庆功时，最后一点"发财酒"被倒在一个小碗内。正在考虑让谁去"发财"时，没想到胡荣华因为高兴，一时不慎，竟然碰翻了小碗。就在那一瞬间，酒香开始蔓延，溢满了整个餐厅……

胡荣华以58岁的"高龄"挂帅出战，结果是打造了首届象甲冠军棋队。当然，赞助商也没有跑掉。

2007年的赛季，上海队一场都没输过，且提前一轮夺冠，取得了历史上的最好成绩。这个赛季，上场的四位队员表现很平均，胜率都很高，胡荣华想就让他们多下下吧！胡荣华本来就是要淡出棋坛。外界都知道，因为胡荣华自己力推新赛制，胡荣华不上阵有"避嫌"的含义。

联赛过程中，在用人的事情上，胡荣华也一度动摇过。四个主力中，年纪最大的特级大师万春林有过"三连败"。按照常理这个时候应该名正言顺地走马换将。在充分征询了棋手的意见后，胡荣华作出了"再看一场，给万春林一次机会"的决定。第七轮上海队客场战河北，万春林的力量迸发，力挽狂澜。从此开启了九连胜，这也验证了胡荣华"逼将法"的奏效。

上海队能在2007年拿下象甲冠军奖杯，胡荣华当然很满意！但是满意之外也有遗憾：上海队引进了内援洪智，如果是上海本土棋手夺得冠军，才能说上海象棋新一代棋手的真正起来！

大雪无痕，境界出天籁

胡荣华的大名，在棋界与棋迷中是以顶礼膜拜的方式传播的。胡荣华行棋中的霸气，往往令对手噤若寒蝉。胡荣华的成就，令人叹为观止。

胡荣华的成就，源于他的天才，源于他极高的悟性，也离不开他超人的勤奋；胡荣华行棋中出乎意料的妙手，堪称经典。观胡荣华行棋，虽一局已终，但三代仍有回响。

胡荣华到底高在哪里？围棋国手曹志林说了一句意味深长的话："胡荣华高在中盘的意境！"

在这里，我把曹志林对胡荣华的意味深长再推进一步：胡荣华高在境界！

凡是艺术，吟诗作画，唱歌弹琴，都讲究境界。境界这两个字，在评论诗、画时，每每被人提及。下棋是要讲究境界的。围棋如此，象棋同样如此。在说到围棋时，也时有所闻；可惜特指象棋时境界两字少有提及。

胡荣华对象棋布局理论体系的发掘和研究无人能及。

胡荣华的高在境界，表现为他的创新意识。用胡荣华的肺腑之言来说，创新是历史赋予他们这一代棋手的重任。怀着这种高度责任感和使命感，胡荣华从60年代起师古而不泥古，面壁众多棋谱图破壁，让尘封多年的古老布局经过推陈出新后重见天日，变成刚柔并济，内线和外线同时能战，弹性又很强的开局。是他，首创了"中炮横车七路马"的布局；是他，发现了应付"中炮巡河炮"的最佳应着；又是他，创新了被古谱和今人否定的"飞相局""反宫马""鸳鸯炮""龟背炮"和"过宫炮"等布局。"鸳鸯炮"和"龟背炮"布局，因为子力龟缩一角，极容易受制于人，不易反击，历来被棋界权威认为是偏局，因而舍弃不用，绝迹棋坛多年。胡荣华从孙子的"先为不可战，而后战胜之"也就是后发制人的理念出发,对这几种偏局进行了大胆革新,巧妙地将龟缩的子力演化为集中的兵力,出奇地将受制于人变为制于人,将不易反扑的态势转化为迅雷不及掩耳的奔袭。被打入冷宫多年的"鸳鸯炮"和"龟背炮",经过胡荣华的推陈出新后,攻守兼备:防守时可藏于千仞之下,进攻时可动于九天之上。

　　胡荣华以他的创新,丰富了象棋宝库,使这一门古老的艺术,放射出更加灿烂的光辉。上述布局,在象棋理论的发展史上具有不可替代的地位。胡荣华也因此成为中国象棋现代理论体系的重要奠基人。除此以外,还有胡荣华独特的"棋子位置价值论",单炮仕相全守和车兵进攻的"胡荣华定式"等等。凡此种种,不一而足!胡荣华精湛的弈术,开、中、残局别具一格新意皆出的定式,源于胡荣华对棋理的特殊理解和多种棋类的吸收和借鉴。多少年来,胡荣华每当参加重要比赛,几乎总会出现让人灵性寒光一闪的新招。正因为胡荣华手握灵殊,他才能左右逢源,如他所说"有德者居之"地获得了全国"十四冠"。

　　胡荣华的布局创新,和象棋理论研究同步进行。他创新的布局,都是有其理论根据。胡荣华在布局方面的理论,已达到前所未有的境界,尤其是对一些尖端课题,比如子力的协调、出子的速度、态势的优越、潜力的蕴藏、弱点的消除、各兵种的最佳配置以及效率的发挥、空间的争夺等等。胡荣华从象棋结构学的高度,对象棋进行了全面的探索和创新,并取得了巨大成就。

　　象棋名宿徐天利在评价胡荣华时曾说:"如果说1964年前的胡荣华,棋艺上还只是全面吸收和继承,那么自1964年后,胡荣华已经以他深厚的功力,独具慧眼的创新,对象棋的理论和战术进行了全面的战略性改革。胡荣华在布局中无数前无古人的创新,在实践中卓有成效,一次次成为棋坛众多高手的楷模。胡荣华极大地丰富和深化了当代象棋的宝库,也为象棋艺术更上一个台阶做出了独一无二的贡献。"

　　有人曾评说胡荣华学围棋和国际象棋是"不务正业",但没想到,后来胡荣华正是借鉴了围棋和国际象棋的思路,提高了认知水平,开创了新的思路,丰富了象棋艺术。

　　一般来说,象棋布局中,当头炮摆好后,除了主动出击和为了更好的防守，一般是很少自行卸炮。在胡荣华之前，在所有的古谱和名家对局中，更没有在毫无危险的情况下自行卸炮的先例。但是，在"上海大师邀请赛"上，面对如日中天的李来群，胡荣华打破常规首次变法。面对胡荣华"莫名其妙"的一步卸炮，李来群耗时20分钟仍然问路无门。演变下去，既无良策，又因为先前一步棋耗时太多，最后，只能俯首称臣。

胡荣华说围棋中有种判断得失的方法叫"手割"。简言之就是用改变次序的方法重新演绎棋局，从而达到快速认知得失的目的。胡荣华看到主动卸炮，虽然浪费了一步棋，但卸炮后的棋形，类似另一种布局。而和那类似的布局相比，对手的马又处在一个不好的位置。如果对手的马要置于良好的位置，至少需要调整两三步棋才能如愿。这种以一步棋换两步甚至三步棋的下法，何乐而不为呢？胡荣华这种主动卸炮的下法，被棋界仿效，后来成为流行。

胡荣华认为中国武术的最高境界就是无招胜有招，中国剑术的最高境界就是无剑胜有剑。与此同时，武侠小说中还说到了心理战术。

胡荣华说象棋作为竞技艺术，心理战是一个重要的组成部分。一般来说，胡荣华下棋时事先基本上不考虑什么布局，使用什么飞刀。而是根据对方的行棋，琢磨对方的心理，临场选择作战方案。这样，既可避免俗套，又可出其不意地取得主动。

众所周知，象棋中的车要四通八达。只有四通八达了，车才能威力无穷。开局中的一般下法，总是抢先亮出车头，以便辐射四方。

有一次，胡荣华在与杨官麟的比赛中，走了一步车一平三。把威力巨大的车放在三路马与三路兵的二重阻碍之后。这一着法似乎有背常理，让观战的棋手大吃一惊。可是，发展下去，却看见胡荣华不慌不忙地兑掉三路兵，跃出三路马。这样一来，三路车马上成为无敌之师。这一盘棋，当然是胡荣华赢了。

事后，胡荣华披露，这着棋，是借鉴了国际象棋的战法。每当要打开一条通路，国际象棋的车就是藏身于兵后，然后掩护兵向前冲。而一旦小兵"阵亡"，车马上便占据要道，成为关键的子力。

与杨官麟这一盘棋的布局，胡荣华的三路是双方必争要道，把车藏在马兵后,只是"未雨绸缪"。等到冲兵跃马后,车的威力尽显。如今,这步平车马兵后,已成为象棋布局中一个经典的范例。

几乎在每一届全国赛上,胡荣华都会准备好一两种偏局或古局,如1963年的过宫炮,以及1974年的鸳鸯炮和龟背炮等等。由于胡荣华使用的布局是偏局或古局,即使他自己尚未拆透,但是他总是比没有拆过或拆得更少的对手要好。对流行布局,胡荣华是进行改造。胡荣华的创新是理论联系实际。如屏风马平炮兑车局,十多年来都是飞三路象的,在对方进车塞象眼捉炮时,势必退二路炮成担杆保护,影响另一侧翼的钳制力。胡荣华变飞三路象为七路象后,给马底炮留下一条退路,马底炮被对方车捉时无需用另一侧的炮来解围。这样,马底炮的弹性更足,风险更小。不仅如此,胡荣华还为劣势的布局寻找生机。因为研究出劣势布局的出路,往往会在对手自以为得计之时,形势突然急转。如1979年后走顺炮拿下傅光明的那一局。正因为胡荣华手里的王牌多了,自然就能呼风唤雨出奇制胜。

为了促进棋艺的发展,胡荣华不惜在一般比赛中公开精心研究的秘密武器,1984年2月19日的《新民晚报》,刊登了《胡荣华"重锤"敲吕钦》一文。本文曾在江南棋迷中广泛流传,一时传为佳话。说的是"昆化杯"第二轮,胡荣华后手对吕钦。

那么,哪一手棋被称为"重锤"呢?请看图4。这是战罢10个回合时的形势。早已暗暗留心吕钦的胡荣华,针对对方布局中一丝不易察觉的漏洞,投其所好,抛下金钩香饵,诱"羊城少帅"袭用喜爱的"中炮过河车对左象盘河马"开局,这种开局为广东队所偏爱。吕钦曾用它胜过一些名手。就在此时,胡荣华走了:11. 车四退四……

这是一步看似相当平淡的棋,胡荣华这个车绕了一个圈子,退到左右无路的士角上,要和黑方兑炮。然而,正是这步看似平淡无奇着法,却被称为"重锤"。这个"重锤"一击出,小将吕钦当即明白了它的分量,长考之后,苦无良策。

胡荣华中盘巧施"后中争先"妙手,弃相兑去全部"恶"势力。顿时,吕钦的右翼,全部动弹不得,暴露在强大炮火之下。胡荣华最后一着"小兵车",让吕钦输得口服心服。

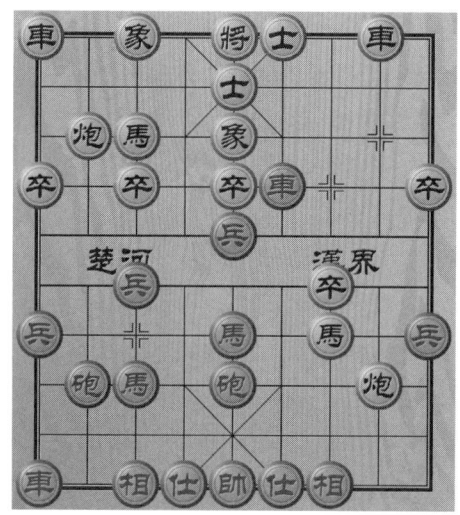

图 4

象棋大师朱永康评论：胡荣华很推崇吕钦的棋风，认为吕钦是一个极有前途的棋手。但是，"好钢需要重锤炼"。所以，胡荣华以实际行动无私地提携他一同前进。胡荣华分明是在告诉气势汹汹的吕钦：棋还可以这样下！

朱大师对这步棋的评价是如此之高。

胡荣华教给吕钦的，不单是一步具体的棋，而是对棋的一种理解，也就是境界。

以下的实战为：11. ……马7进8；12. 车四平三，卒7进1；13. 车三退一，炮8平3；14. 车九进一，卒7平6；15. 马五退七，马8退7；16. 车九平六，车8平7；17. 兵五平六……

至此，红棋已取得明显优势。

这就是胡荣华！一个化腐朽为神奇的胡荣华！

胡荣华的神奇，不仅仅是在于他是一个"披荆斩棘，永不停步"的探索者，而是在于他对象棋的理解。

比赛期间的胡荣华，并不是整天把自己"泡"在棋里。比赛完后，他时常会找人打牌。找不到对手，便会早早上床睡觉。或者，手不释卷读他的小说。如果单凭苦功，他怎么比也比不过杨官璘。但15岁的胡荣华能从杨官璘手里夺冠于怀,情以何堪。

胡荣华还有一个经典的棋局得益于太极拳"后发制人"的理论。1974年在成都的全国象棋赛上,胡荣华遇到孟立国。孟立国的棋风剽悍,善以杀相入局,人称"东北虎"。胡荣华在赛前就制定了要以太极拳的功夫来对付东北虎的计划。

孟立国仗着先行之利,气势汹汹,但胡荣华却采用了象棋中最诡谲隐忍的龟背炮布局。

龟背炮和鸳鸯炮的开局,有相同相似之处。20世纪40年代,上海有棋手曾经在实战中运用过,效果不太理想。

这个开局的理念也是后战胜之。开局的战术是右炮退一左移,缺点是子力拥堵在一起,处理不好是自寻麻烦。特点是对方进攻越凶,反弹越大。也就是作用力与反作用力的关系。胡荣华经过研究之后,发现龟背炮和鸳鸯炮开局可以因人施之。于是便开始在全国比赛中使用,以达到出其不意的效果。因为孟立国是东北棋手,杀力大。又因为孟立国知道胡荣华的一句经典名言:杀棋怕杀。因此,胡荣华对他采用似是柔性的龟背炮,既是兵不厌诈,又是出乎孟意料之外。如是这般,孟立国攻也不是,不进攻也不是。左思右想后,惯性使然的孟立国决定大刀阔斧进攻。

胡荣华把双炮双车全都龟缩在棋盘一二路边上"诱敌深入",和孟立国打起了持久战。孟立国久攻不下露出了一个不易发觉的破绽。胡荣华抓住机会双炮齐发双车夹攻,活擒孟立国的一匹马。而此时,胡荣华无一棋子过河。第28回合后,胡荣华的一匹马始一过河,孟立国马上投子认输。

这局歼对手于境内的棋局,直到现在仍是独一无二的经典。

谈到创新一词,胡荣华谦虚地说:"我不认为别人从我这里学到了多少东西,下棋是一个相互启发的过程,我能启发别人,别人也会启发我,只不过别人受我启发多一些。我不喜欢走老路,总是想有所突破。每一步棋都要想一想能不能换一种走法。如果一个人陷入惯性思维,总是下他人下过的棋,就不可能胜人一筹。"

艺术,贵在创新。由于胡荣华的独创,使象棋这一古老的东方艺术获得新生。

千里之行，天山种友谊

1984年国庆前夕，胡荣华和河北象棋大师刘殿中，以及北京的两位国际象棋棋手王陛钧、白氓一起，在领队王品璋的率领下，去大西北新疆传经送宝，讲授象棋和国际象棋。在上海出发之前，胡荣华对新疆的印象就是边塞诗人岑参的诗："一川碎石大如斗，随风满地石乱走。"

在短短的15天时间中，除了在乌鲁木齐和克拉玛依两地讲课，胡荣华还进行了象棋表演。所到之处，受到各族人民的热情欢迎。新疆人民的热情好客，让胡荣华走出岑参诗句的意境，改变了胡荣华的新疆印象。9月23日，一行人到达乌鲁木齐的当天傍晚，受维吾尔族国际象棋棋手古拉提邀请，去他家做客。起初，胡荣华以为只是一次礼节性的拜访。到了古拉提家里才知道，这是好客的主人精心准备的丰盛晚餐。热情的主人先敬四位棋手三杯酒。古拉提说这是前奏曲——"先走三杯"。维吾尔族的请客习惯是客人吃得愈多，主人愈高兴。胡荣华见状，便入乡随俗，一口气先干了一杯伊犁大曲。胡荣华酒力也不算小。酒之于胡荣华，是为了驰骋于沙场之上，弹剑于棋枰之中。因为，胡荣华是为棋而生。

古拉提一家非常高兴，晚餐时已经载歌载舞。女主人舞到胡荣华面前，邀请他共舞。酒使胡荣华的理性束缚减弱，显得真率、单纯。正因为酒中注入了情，酒便变得十分可爱，酒也让胡荣华十分可爱。胡荣华起身，看着对方的姿势，起舞徘徊。胡荣华的起舞，引来了满堂的大笑。

古拉提很崇拜胡荣华。他知道，除了象棋，胡荣华的国际象棋和围棋的水平也是相当。那一年，久负盛名的国际象棋"林氏家族"中的林鹤拿了上海市冠军后，有很多棋人和棋迷希望胡荣华和林鹤约枰一比高低。这场在上海市体育宫对外正式卖票的表演赛，吸引了象棋和国际象棋的众多棋迷。胡荣华在表演赛的中局阶段突发妙手,弃子后最终入局。当年观战的棋迷们回首往事,还是津津乐道。

胡荣华对象棋、国际象棋和围棋的艺术进行了贯通,最后是三棋归于一——有如登高望远,水天一色。

古拉提一次次地敬酒,请大家品尝地道的维吾尔族的美味。当大家吃得已动弹不得时,主人还端上了一大盆羊肉抓饭,胡荣华一行四人只能望盆兴叹。

新疆的第一夜,是欢乐的第一夜。晚餐中,胡荣华才知道,为了欢迎象棋讲课团,乌鲁木齐市特地成立了一个以艾克木副市长为领导的接待委员会。

为了让象棋在新疆广泛开展,新疆维吾尔自治区体委特地把全区有一定基础的40位棋手,集中在乌鲁木齐市,举办了一个象棋进修班,由胡荣华和刘殿中轮流讲课。这40位学员结业后,还要到各地担任教练,学习是非常认真。

为了这一次讲课,胡荣华是做足了功课。在第一课上,胡荣华告诉学员:象棋是红黑双方在运子过程中体现其艺术特征,并最终以擒获对方帅(将)而决定胜、和、负的一种博弈游戏。象棋作为一种艺术,作为一种民间的博弈游戏,之所以能够流传千百年,是因为象棋充满着社会和自然元素,充满着人生哲理。棋与琴、书、画一起,不但是中国古代文士智性才情的一种文化形态的反映,更是中国传统文化组成部分的重要一链。正如禅语"日月笼中鸟,乾坤水上沤"所言,象棋寄寓着红黑、阴阳、动静、刚柔相克的大道,集聚着宇宙和人生的无上智慧,必专心致志然后才会有所得。

有学员举手问象棋到底起源于哪一个国家?

胡荣华告诉学员:近百年来,象棋的起源比较集中的认为是在中国、印度、埃及等国,而尤以中国和印度的可能性最大。英国人威廉·琼斯认为象棋里有象,印度是产象国,中国古代不产象,所以象棋是由印度传入中国的;苏联一些象棋史学家认为印度象棋是在公元570年左右传入中国的。这些说法,其实都没有充分的根据。相反,中国自古就产象:早在两千多年前,象棋一名就出现在战国时代的《楚辞·招魂》中,那时,印度最早的"恰图兰格"棋还未问世。

象棋由外国传入中国的证据不足,象棋由中国传播到外国确有文字记载。唐代中国的"宝应象棋"首先传入日本,以后中国象棋又传到朝鲜、越南、印尼、菲律宾、新加坡等国。700多年前,《事林广记》中已经收录了象棋谱,《事林广记》是当时的百科全书。而印度的棋谱文字记载要晚得多,欧洲则更晚。从这些情况看,不仅象棋是我国自己创造的,就是国际象棋也很可能起源于中国。

学员们看着西装革履温文尔雅的胡荣华,忘记了胡荣华的棋手身份,以为自己又一次走进了课堂。

进修班的学员中,有一位棋艺水平很高的张姓学员,他的自我感觉良好,有点急于求成。上课没几天,就要胡荣华和他们实战。胡荣华考虑到进修班的目的主要是提高学员对棋理的认识,如果当时就实战,只会是事倍功半,所以婉言谢绝。这样,引起了张姓学员的议论。第二天晚上,胡荣华在乌鲁木齐市举行了一场1对8的蒙目棋表演。因为蒙目棋在乌鲁木齐的历史上是第一次,所以,观棋者众多,场面热烈。比赛中第三台出现这样一副残局(图5),胡荣华估计对方会进炮打马,故意走31. ……卒7平6。

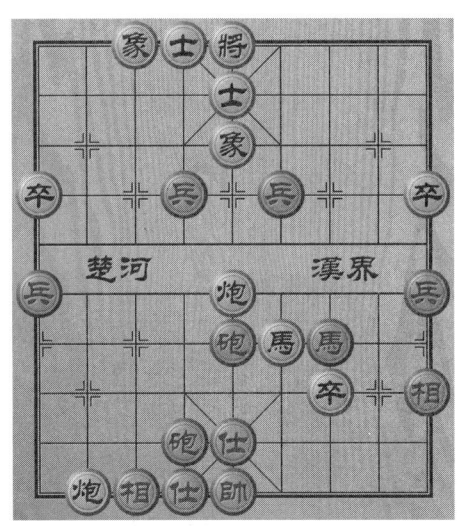

图5

果然，对方以为胡荣华因为不看棋盘走了步"瞎"棋，立即32. 炮六进二……

结果被胡荣华弃子入局。具体着法是：

32. ……卒6平5
33. 炮六平四，卒5进1
34. 帅五平四，炮5平6
35. 马三退四，卒5平6
36. 帅四平五，炮6平5
37. 炮五平八，炮2退2
38. 炮四平七，炮2平4

弈到这个局面，对方如炮七平六，胡荣华则退炮打兵，或炮4退3，叠炮绝杀。对方起座认输。

第二天，胡荣华在进修班讲课，把前一天下的8盘蒙目棋逐一复盘，给学员一一指出每盘棋失利的原因。特别对上面的那一局棋，胡荣华指出，当时红方如果不进炮打马，而是相一退三先补一手可保无虞时，学员们是叹为听止。学员们对胡荣华1对8下蒙目棋，已经非常佩服，而过了24小时后还能一步不差地复现，更是感到不可思议。

胡荣华告诉学员们：所有的一切，都是缘自扎实的基本功。说到基本功，胡荣华又向学员引进一个概念：开局要左右均衡和呼应。胡荣华简明扼要地分析：一盘棋，分为三个组成部分，即开局、中局和残局。

开局是一盘棋的基础部分，犹如造房子的打地基，其重要性不言而喻。

那么，开局要注意什么呢？首先，开局时必须而且一定要注意左右均衡。一般来说，只要在开局时做到均衡了，那么，左和右自然也就呼应了。而一旦做到了左右均衡左右呼应，那么，己方的子力在各路各线上，也就做到了布局适当，为立于不败之地打下良好的基础。

张姓学员问："中国有一种观点认为，只有围棋，才能与琴、书、画一起，并列为四大艺术之一。认为象棋在古代是游戏，到现代是娱乐。"

对象棋和围棋，胡荣华没有厚此薄彼。胡荣华的围棋水平也十分了得。那一年，日本业余围棋队访问中国，从北京至四川一路横扫到上海，与中国队以及四川队几度交锋均高奏凯歌。到上海后,日本队同准备拼个鱼死网破的上海队作中国之行的最后一仗。当时,胡荣华作为一名围棋客串选手,在上海队与对方打成3比3的平手后,胜了日本队的一位五段选手,拿下了关键的一盘棋。如是,遂使日本队中国大陆之行满堂红的美梦化为云烟。

胡荣华告诉张姓学员:围棋可以使中国古代士人不计眼前之得失,胸襟豁达,喜怒不形于色;士人的智慧情趣又为围棋注入一种超凡脱俗的精神。把一种攻防争斗的游戏用来修身养性,把两种矛盾对立的品格如此融洽于围棋,显现出古代士人的高超智慧。唐代诗人杜牧,曾为侍御,性格刚直,多次痛砭时弊,提出治世之良策,然终不被采纳。既于世无补,雄才大略无以施展,他便转而放情诗酒,忘形于弈棋。棋盘,又是杜牧的精神所寄。白居易对自己的棋艺很骄傲,自诩"棋罢嫌无敌",一副常胜将军的洋洋自得相。欧阳修自号"六一居士",这六个一,是一万卷书,一千卷金石遗文,一张琴,一局棋,一壶酒,外加自己一个老头,很有情趣。

胡荣华很耐心地告诉学员,个别学者重围轻象,是他们认为象棋的流传,是倚贩夫走卒、引浆卖车者传播。殊不知,当年的白居易、李清照、文天祥等文人志士,对象棋也是情有独钟。

说到这里,胡荣华又在黑板上写下了白居易的《和春深》组诗中的一首:"何处春深好,春深博弈家。一先争破眼,六聚斗成花。兵冲象戏车,鼓应投壶马。弹棋局上事,最妙是长斜。"

胡荣华说从白诗中可看出,中唐时期出现了"博弈家",其性质颇类似于今天的私人俱乐部,里面设置了围棋、象棋、投壶、弹棋、双陆等各种游戏项目,为各色爱好博弈的人士提供了集中的娱乐场所。博弈之家的兴起,说明深爱象戏活动的人不在少数,否则就没有设置的必要。"博弈家"能在中唐兴起,从根本上说,是由那个时代的政治、经济和文化条件所决定的。宋代象棋亦设棋待诏,人数比围棋多,陪侍宫廷中。

胡荣华强调:即便象棋是倚贩夫走卒、引浆卖车者传播,但因为象棋已经成为生活中的一个重要的组成部分,对一个民族的文化产生广泛而深远的影响,成为一种情趣,体现其精神,反映其心态,构成其生活方式，象棋在民间的地位，自不待言。胡荣华最后强调：象棋和围棋，都为我们提供了一个认识和体验人生的途径。人生是一次性的，岁月不能倒流，良辰无法重现。然而，棋局却可以让你一遍遍重新开始品尝经营的苦心，格斗的惊险，前途未卜的担忧，失败的痛苦和成功的喜悦。

胡荣华还向学员们介绍了上海过去和现在很有名的几家类似"博弈家"的茶馆。

说到这里，胡荣华强调：至于象棋是否和围棋一起，并列为四大艺术之一，已经不是很重要。

胡荣华用形象的语言，对象棋和围棋作了深入浅出的诠释。胡荣华精彩的讲课，迎来了一阵阵的掌声。张姓学员信服地点头；学员们听后，如痴如醉……

在来新疆之前，胡荣华一直有一个错觉：新疆下中国象棋的人一定很少。可这次在乌鲁木齐市的1对8的蒙目棋表演，每张5角的几百张入场券一抢而空。在克拉玛依表演蒙目棋时，那里刚下过一场冬雪，天气非常寒冷。胡荣华穿了两套绒线衫，仍然感到冷意阵阵。因为条件限制，观众全坐在冰凉的水泥地上。最后几排的不少观众，甚至单腿跪地看棋。1对8的蒙目棋，前后长达4个半小时，现场竟然没有一位观众提前离场。这样的场面，让胡荣华十分感动。

在乌鲁木齐1对8的蒙目棋中，胡荣华遇到了一位四肢都被截去的特等残疾军人方新其。方新其是在一次自卫反击战中负了重伤。比赛后，方新其用肘给胡荣华写了一封感人肺腑的长信，并热情邀请胡荣华去他家做客。因为时间仓促，胡荣华无法前往。这一件事，一直让胡荣华难以忘怀。后来，胡荣华在一篇文章中遥祝方新其同志身体健康。

讲课和比赛结束后，胡荣华一行人游览了风景秀丽名不虚传闻名中外的天山明珠——天池。

已经不是旅游季节，游人稀少。

群山环绕中，一潭碧水嵌镶在山峰峡谷中，满山翠松和嶙峋怪石相衬，湖光山色浑然一体，构成了一幅绝妙的山水长卷。

胡荣华曾见过峨眉之秀、青城之幽、石林之奇，无论是在黄山看翻腾的云海还是泰山顶上观喷薄的日出，无论是川江上的激流险滩还是漓江夜晚的点点渔火,无论是巍峨壮观的长城风光还是苗家寨上的少数民族风情,都曾使胡荣华流连忘返。

但是,像天池那样独特的景色,胡荣华还是第一次看到。这让胡荣华感到,在大自然面前,他只是一个匆匆过客。

告别了天池后,四位棋手来到了天池下的昌吉县。没有想到,下山后的四位棋手被棋迷包围。棋迷们要求棋手表演象棋。胡荣华看看盛情难却,临时决定作了一次车轮比赛。面对朦胧的博格达冰峰和仙境天池,在宁静和幽雅中,往返于棋桌的胡荣华,又体验了一次人间仙境。

返程回克拉玛依时,当地一位朋友建议四位棋手去看一看"沙尔坦克尔西"。"沙尔坦克尔西"是哈萨克语,又叫"魔鬼城",意思是鬼山。每到傍晚,原先非常好的天气会狂风大作,卷起千堆沙;还有阵阵尖厉的呼啸声和鬼哭狼嚎声……

朋友的介绍,引起了棋手们的好奇心。

10月4日,汽车从克拉玛依出发,穿过油井林立的百里油田,往东北行驶约一小时后,克拉玛依体委的老刘突然发声:"快看,前面就是魔鬼城。"

举目望去,只见遥远的平线上,一道青灰色云带进入胡荣华的眼帘。青灰色云带很像古代的城墙。

"魔鬼城"那里是寸草不生,荒无人烟,无城可言。经过几千年风化后的山石峰峦,已风化成各种形状:有的似宫殿,有的像庙宇,有的像俯视着的怪鸟山鹰——大地死一般的寂静,游人面对千年孤独。此景此情,让胡荣华又走进岑参的诗句中。

汽车在油田的原野上疾驰。和"魔鬼城"告别后,胡荣华还没有走出岑参的诗句。

胡荣华回首"魔鬼城",那峰峦呈鬼怪形状,传来了一阵阵尖厉的嚎叫声。

10月8日,四位棋手带着新疆各族人民的热情,乘民航飞机离开乌鲁木齐市。

新疆之行,胡荣华是感概良多。回上海后,有感而发的胡荣华在10月15日写了一篇散文。

万里奔波，美洲忙传道

1986年6月，胡荣华、吕钦和香港赵汝权、马来西亚黎金福一起，作为亚洲象棋明星队的成员，访问了加拿大和美国。

在加拿大和美国的20天，让胡荣华难以忘怀。

让胡荣华萦念不已的，并不是世界闻名的尼亚加拉大瀑布、金门大桥、联合国广场以及路易斯湖和庞福温泉。最重要的，是他和吕钦以及亚洲一些国家的棋友一起，把我国古老的文化瑰宝象棋带到美洲。车、马、炮横跨太平洋和大西洋，这在中国象棋史上还是第一次。能有这样的一个机会，尽一个棋手的职责，把象棋推向世界，胡荣华为此感到自豪。

6月6日下午2时，亚洲象棋明星队代表团从香港机场起飞启程前往加拿大。经过11个小时的长途飞行，到达加拿大的温哥华。亚洲象棋明星队代表团团长霍英东是亚洲足球联合会主席，又是世界足联执委，所以在第13届世界杯足球赛前已经先飞赴墨西哥参加足球大赛的开幕式。代表团一行人是副团长洪林、秘书陈伟能和教练李志海。

走下机舱在行李房候领行李时，胡荣华意外发现，因为时差的原因，这里竟是6月6日的上午10时，时间倒退了15个小时。

在温哥华机场，代表团和霍英东先生、霍震霆先生会合。代表团受到当地棋界代表的热情欢迎。温哥华的中文报纸、电视台在先前已经作了报道。

明星队代表团下榻在假日酒家。

在霍英东先生率领下，代表团拜访了温哥华的市政厅，又拜访了温哥华的中华文化中心和象棋会，出席了记者会和当地棋界举行的欢迎宴会。

为了推广中国象棋走向世界，在欢迎宴会上，霍英东先生正式宣布：5年内，在正式比赛中战胜中国胡荣华的任何外国血统棋手，可以获得50万美元的奖金。

霍英东先生的这一席话，等于是引爆了一颗新闻炸弹，自然是引来了记者的一阵阵提问。

霍英东先生把胡荣华作为中国象棋的"盟主"，令胡荣华深感责任重大。胡荣华知道，作为一名中国棋手，他会和对手切磋棋艺，也一定会竭尽全力，维护中国象棋发源地的威望。

这天的胡荣华，等于是24小时没有入睡，他疲劳并兴奋着。

虽然代表团在温哥华只逗留了3天，但胡荣华却两遇"误会"。记者会上，有位略带"广东味"普通话的记者因为功课没有做好，把胡荣华当作老人："你在25年里拿了12次全国冠军，我以为你一定是一个身穿长袍大褂、面目清癯的老人，没料到你这么年轻。"

胡荣华笑答："不年轻啦，已经41岁了。"

在温哥华第一场的闭目棋表演，胡荣华也因为误会，差一点出洋相。事先商定，代表团访问美国和加拿大，除了在六大城市各举行一场对抗赛外，胡荣华还要和当地棋手举行一场1对4的蒙目棋比赛。温哥华的棋迷也是第一次听到下蒙目棋，而且，又是1对4，因此，观棋者趋之若鹜。谁也没有料到，会遇到语言的难题。唱棋者临时声明他只会讲广东话，挂棋者也只会讲广东话，所以唱棋者要胡荣华也讲广东话。这就把胡荣华给难住了！对一般的上海人来说，广东话就像是外国话。对方的广东话胡荣华不能完全听懂；胡荣华的上海广东话，对方也不能完全听懂。因为唱棋者是临时声明，一时也找不到取而代之之人，而表演赛也不可能因此停止。

因为语言沟通的原因，开局不久，胡荣华的棋就陷入这人为的被动。身经百战的胡荣华最后花了九牛二虎之力，才挽回局势。4局棋胡荣华是2胜2和。这也是胡荣华这次出访蒙目棋表演赛中，唯一的2盘和棋。这以后，明星队的教练李志海主动担任起唱棋的任务。李志海是香港象棋界的前辈，经常在电台开讲棋课，他的普通话和广东话都是一流水平。这样，蒙目棋表演赛的语言问题得以解决。既无后顾之忧，胡荣华的水平就可以正常发挥。在以后五个城市的蒙目棋表演中，胡荣华取得了20盘全胜的战绩。

访问了加拿大的温哥华、卡尔加利（卡城）、多伦多三城市后，代表团飞往纽约。每到一地，霍英东先生都会大力推广象棋：讲述中国象棋悠久的历史、丰富的内涵和浓郁的趣味。霍英东先生一再提到50万美元的悬赏之事。

当地的报纸对亚洲象棋明星队的到来都作了详细报道。兴许是重赏之下必有勇夫，抑或是好奇心使然，在明星队到达纽约时，一位叫柯夫曼的美国国际象棋大师，特地从佛罗里达州赶来挑战胡荣华。他自我介绍学象棋已有两年，在纽约，曾战胜过美东象棋协会的棋手。一开始，负责接待明星队的美国朋友不同意柯夫曼的挑战。原因是明星队在纽约的日程已经非常紧凑，而胡荣华当天晚上还有蒙目棋表演任务。可是，柯夫曼坚持要挑战。消息传来，明星队感到外国朋友既有这种热情，理应奉陪。于是，就派吕钦打头阵。柯夫曼对中国象棋有一定研究，执扁圆形的中文棋子运用自如。前面10多个回合弈来是有板有眼，完全是按照中国象棋谱在开局。进入中局后，因为没有棋谱可"套"，他就乱了阵脚。柯夫曼沿用国际象棋的着法来应战，把车冲到对方底线后，就"躲"在丝毫不起作用的九角上。吕钦仅用10分钟，就轻而易举获胜，柯夫曼却用了1个小时。赛后，柯夫曼看着那残局，还在频频摇头。他无法理解，吕钦为什么不按谱走棋？

有记者问吕钦与柯夫曼的棋艺差距。开始吕钦是笑而不答。被记者穷追猛打后，吕钦只能如实相告：大概可以让一匹马。

记者又问吕钦柯夫曼相当中国国内哪一级棋手的水平？

吕钦一时不知道怎么回答好！

因为，他既怕打击外国棋手的积极性，又不愿意说谎。

沉思片刻，他还是和盘托出："相当于中国广州市少年宫训练班的水准。"

记者们"啊"声一片——少年宫——训练班！

对于柯夫曼的出现，胡荣华觉得是一个可喜的信号：外国朋友，特别是那些擅长国际象棋的外国棋手，已经开始对古老的象棋产生兴趣。国际象棋和象棋虽然不完全相同，但两者之间有共同之处。中国很多优秀的国际象棋棋手，一开始都是从学中国象棋入手，改下国际象棋后，短时间内就成绩不俗。国际象棋棋手只要认真学习象棋，同样可以达到事半功倍的效果。

　　胡荣华想，到了那一天，如果有那么多国际象棋选手来学习象棋，那么，象棋一定能在世界棋坛上大放光彩。这也正是亚洲象棋明星队访问美洲的目的。

　　明星队在三藩市（旧金山）与当地棋手进行的比赛，是明星队本次出访的最后一场比赛，观众超过了800人。800人的数目，在国内可能是微不足道。但是在一个不讲中文，不知道象棋是何物的异国他乡，已经是天方夜谭。当地一些华文报纸的记者观看后，纷纷在报纸上撰稿，为象棋自豪："中国象棋确实非常迷人……"

　　美加之行归来后，胡荣华对中国象棋走向世界充满信心！

三棋论战，英才叹空前

比起很多同行，胡荣华从业的历史并不长，但是，他的经历却极富传奇。在胡荣华第一次获得全国象棋冠军后的1961年，因为全国象棋比赛暂停，上海市体委的一位领导建议胡荣华改学围棋。市体委领导的建议，也是事出有因。因为，胡荣华受陈祖德和吴淞笙的影响，很喜欢围棋；围棋队的顾水如邀请他，刘棣怀又看好他。在这种情况下，胡荣华如果不去围棋队报到，似乎也不尽情理。

学围棋伊始，陈祖德让他5子，有时，还揶揄他几句。陈祖德不把胡荣华放在眼里，胡荣华也当然不会把陈祖德的话放在心上。陈祖德和胡荣华当年在上海棋队，住在同一间宿舍。而且，两人还头对头地睡在上铺。象棋队的另外一位队员陈奇睡在胡荣华下铺。当年上海棋队的宿舍，在南京东路国际饭店隔壁的一栋楼的四楼。说到陈奇，胡荣华总是忍俊不禁。为何？1959年，胡荣华第一次参加上海市成人象棋比赛碰到陈奇，陈奇后走。开局时陈奇走了一步马三进四，胡荣华炮8进3一打，陈奇走马四退三，胡荣华又走了炮8进1。胡荣华的8路炮，本来就要炮8进到现在的位置。问题是陈奇的马进而复退，白白浪费了一步棋。平时，队里集训，陈奇是让先胡荣华。比赛中因为这一匹马一来一去，等于是陈奇让了胡荣华两先。最后的结果是胡荣华胜出，拿了第7名。

再说，胡荣华学围棋进步神速。80天之后，陈祖德只能让他3个子了。本来，这个让子棋还可以继续下去。因为一件事，使中国围棋少了一个胡九段。其时，广东象棋队来沪与上海队进行对抗赛。结果，胡荣华一盘未胜。当时的一位上海市领导很吃惊："刚刚获得全国冠军的胡荣华，为什么退步这么快？"

了解到胡荣华改下围棋后，这位分管体委的领导大感不解，打电话给体委要一个说法。体委领导也无法定夺，要求胡荣华"不搏二兔",让胡荣华自己选择。结果,胡荣华还是选择了象棋。

胡荣华说:"当时我自己也不知道更适合下哪一种棋,只是觉得在哪里跌倒就应该在哪里站起来,于是就回到象棋队了。"

而正是因为这一段特殊的经历,才有了后来胡荣华与陈祖德、聂卫平的围棋象棋大战,以及再后来的三棋春秋论战。

和胡荣华一样,围棋"棋圣"聂卫平也爱"串门":打牌、国际象棋等等无所不能。两位都是一个时代的风云人物,都喜欢逍遥自在地隐于江湖,就是喝酒的癖好也是不尽相同……

林语堂在谈到中国的酒时,曾说过这样一句话:"好饮之人所重者不过情趣而已。"

胡荣华和聂卫平所重的,正是情趣。正因为酒中注入了情,酒便变得十分可爱。胡荣华和聂卫平投缘。有机会便会在一起推杯把盏。然后,是煮酒论英雄。

1987年,棋圣聂卫平来上海参加《新民晚报》和《围棋》杂志社联合主办的"天元赛"挑战赛。作为东道主,胡荣华在国际饭店12楼请聂卫平吃午饭。

当胡荣华走进国际饭店的一瞬间,他忽然就想起了大新公司,想起了何顺安老师,想起了何顺安和杨官璘的十局赛。一晃,已过去了这么多年。当年上海最高的国际饭店,今天已经是小弟弟中的小弟弟,真是物是人非。胡荣华生发了洞中一日,人间千年的感慨。

饭厅在12楼,在座的有陈祖德,还有上海棋界和新闻界的两位朋友。聂卫平大口喝着啤酒,谈着中日围棋擂台赛。胡荣华热情地传菜于聂卫平的盘中。棋手在一起,自然离不开棋。一位棋手问聂卫平:"你和胡荣华下围棋,可以让几个子?"

聂卫平看了看胡荣华,微笑着说,"多不能让,大概4到5个子吧"。

胡荣华立即反驳:"绝对让不了4个子,2个差不多。"

因为是老朋友,又无酒不风流,聂卫平就开始天马行空:"你忘了1980年那次,我让你到11个子……"

聂卫平竟然让过胡荣华11个子!

在座的都大吃一惊！

此时的胡荣华，也成了"醉翁"。胡荣华的醉翁之意不在酒，在于棋。胡荣华说那次比赛太不公平！下棋时围棋队员在一旁起哄，当他走了一步好棋时他们却说是"臭棋"，明明走了步臭棋他们却说是'好棋'；加上输一盘就跳让2个子，这样，才有了让11个子的出典。

胡荣华的解释引来了大家的一阵笑声。

聂卫平坦承那一次胜之不武，但强调说让4个子应该没有问题。胡荣华继续喝酒，不置可否。

一边有好事者插叙："胡荣华和老聂下象棋，估计可让两个马吧！"

胡荣华借着酒意说让两个马或者马三先都可以。

聂卫平怎么会买账呢！

聂卫平说让马三先我不懂其中奥妙，要吃亏。可是两个马你肯定让不了。我把所有兵马守在自己阵地上，来一个兑一个，你怎么让？

既然彼此都不买账，作为棋手，只能是在枰上一见高低。于是，有人提出两人来一次三棋全能赛。陈祖德听后，表示赞同。不过，陈祖德说仅仅是两个人的对抗不热闹。干脆，就举办一个全国范围的三棋比赛。陈祖德还表示愿意做发起人，促成这一赛事。

在座的当然都赞成。聂卫平还建议把桥牌列进全能比赛项目。可桥牌是两人配合的比赛项目，对象不同，很难计算胜负，所以当时就被"否决"了。

棋圣棋王酒后"论战"的新闻，被记者透露出去，分别在贵州、广州、上海的报纸上披露。《羊城晚报》用"假如胡荣华向聂卫平挑战？"为题作了报道，引起了全国棋界的关注。

比赛后来是在北京举行，而且是在三年之后。

既然全能赛是在上海提出，那么为什么不在上海举行？原来，上海的有关方面曾经研究了多次，发现困难颇多：如果先进行选拔，然后每项棋产生2至6人比赛，经费支出浩大，筹集的难度相当高；比赛规程怎么定？胡荣华碰到聂卫平彼此是让子还是平下？如果让，让多少？积分该如何计算？既然是全国性大赛，在海内外有极大影响的棋手也希望参加，该怎么处理……

于是，三棋赛就这样拖了下来。

1989年，在重庆举行全国象棋个人赛期间，北京棋院的负责人王品璋表示，愿意承办这次比赛。北京西城区华远建设开发公司表示乐意赞助经费，北京兆龙饭店也愿意以优惠条件接待棋手。北京棋院先确定了参赛对象杨官璘、胡荣华、陈祖德、聂卫平、刘文哲、简怀穗等六人。这六位都是蜚声海内外棋坛的高手。除了大家熟悉的陈祖德、聂卫平、胡荣华之外，简怀穗在1964年曾获全国国际象棋冠军，广东象棋甲组棋手，1971年担任香港围棋社社长。刘文哲是国际象棋特级大师，1962年曾获得全国象棋赛第6名。于是，这场蕴酿三年的全能大赛，终将在北京举行。

确定参赛的选手中，唯一有变化的是广东杨官璘。这位在20世纪50年代蜚声棋坛的象棋高手，考虑到自己"封刀"多年，回信婉谢。于是，又请了曾在象棋"棋圣战"和"棋王战"中夺魁的李来群代替。

经过近一个月的锣紧鼓密的筹备，三棋赛万事俱备。1990年1月20日，三棋赛在北京兆龙饭店揭开战幕，并且定名为"华远杯"三棋全能超级大赛。华远建设开发公司总经理任志强赠辞一首，以志庆贺：

三棋乃众弈之首，六君称群雄之冠。
同庆创联赛之先，合竞博全能之王。

企业家任志强是一个文化人，也是一个象棋迷。他很有投资意识，也看到了三棋全能赛的广告效应。于是，敢为人先地进行了投资。今天的任志强，已经是耳熟能详的公众人物。

为了迎接这次比赛，胡荣华和聂卫平在赛前都作了充分准备。胡荣华在广州和上海找了好几位围棋高手练兵，聂卫平特地到承德国际象棋集训基地找棋手下国际象棋。

1月21日下午1时，胡荣华和聂卫平两人赶到北京工人俱乐部大舞台当众交锋。

比赛前，胡荣华特地在兆龙饭店理了一次发。胡荣华说兆龙饭店的收费也太贵了，收费高达21元。21元，是他平时在上海市体委大楼理发费的 15 倍！

出场时的胡荣华是风度潇洒，聂卫平还是头发披在额上，穿着一套浅色西服，配上红色的领带。

比赛前，和胡荣华握手时，聂卫平笑嘻嘻地对胡荣华说："希望你今天也摸错子。"胡荣华听了先是一愣，继而一笑："但愿不会。"

聂卫平当然是在开玩笑。可胡荣华在那一段时间，确实是屡走漏着。在第十届"五羊杯"冠军赛中，因为摸错子，胡荣华竟被柳大华炮打"闷宫"。遥想当年，胡荣华蒙目 1 对 14 也未发生过这样的低极错误。在这一次三棋全能赛的第一轮中，胡荣华与全国国际象棋冠军简怀穗斗国际象棋时，已经占优的胡荣华因为摸错子，被简怀穗反败为胜。

聂卫平既是在开玩笑，也是善意提醒。

经过抽签，胡荣华在国际象棋和围棋上先走，象棋是聂卫平先走。

对胡荣华来说，这是一个个"上上签"；对聂卫平而言，就是"下下签"了。

聂卫平转过头去对几位北京棋友说："这个签我抽亏了，象棋我先走有什么用？"

胡荣华也笑着回敬了一句："围棋我先走更没用，以后还得贴子给你。"

两人闭口不谈国际象棋，他们知道，谁胜了国际象棋，谁就取得了胜利。

因为两人饶有兴味的一番舌战，赛场的气氛开始轻松起来。

比赛开始，聂卫平笃悠悠坐在了椅子上。比聂卫平大 7 岁的胡荣华却是站着那里，然后噼噼啪啪地按起了那三个比赛的时钟。

聂卫平在以逸待劳，胡荣华似乎是要先声夺人。

同时下三盘棋，除了拼脑力，还要拼体力。与其他选手相比，当众交锋的消耗战，付出的体能更大。胡荣华和聂卫平都透支了体力。

胡荣华和聂卫平是英雄所见略同，分别在自己的专项棋——象棋和围棋上虚晃一枪。两人真刀真枪在国际象棋上。

胡荣华还是轻视了对手，他没有估计到聂卫平赛前在国际象棋上的几次突击练兵，效果明显。开局不久，聂卫平利用兑兵机会，抢先一步王车易位，然后小兵冲抢要道。大吃一惊的胡荣华感到形势不妙，但他还是喜怒不形于色，却在象棋上故意露出破绽，让聂卫平感到有机可乘，从而达到转移聂卫平在国际象棋注意力上的目的。胡荣华的战术很快就被聂卫平察觉，聂卫平在围棋上分妙必争——胡荣华落子，他就随手落子；象棋上是全面防御，不轻易进攻，一有机会就和胡荣华兑棋；国际象棋上，则是8个小兵全面进攻。

赛前，舆论都认为胡荣华三棋的平均水平比聂卫平高。没想到，胡荣华在国际象棋上竟然占不到聂卫平的便宜。

谁也没有料到，45分钟后，国际象棋上风云突变。开局一直顺利的聂卫平突然发现，自己的几个兵虽然冲了过去，可后续人马却没有及时跟上，犯了兵家大忌——孤军深入。正当聂卫平苦想对策之际，胡荣华已经果断弃马，然后用车马兵奇袭聂卫平的王座，迫使聂卫平的王移位，从自己的王位上逃到胡荣华的王座处"避难"。聂卫平不得不把在围棋上的注意力移位于国际象棋。趁此机会，胡荣华在围棋上捞到不少实惠。

胡荣华见对方的王已离座，周围又没有什么"保镖"，便认为已稳操胜券，就在这千钧一发之时，胡荣华走了一步随手棋。因为这随手一步，胡荣华不仅没有活擒对方的主帅，反而是赔了夫人又折兵——让聂卫平的"王"在"流亡"中掠去自己的小兵，形成王3兵对王4兵的残局。

胡荣华连连摇头，不停地嘀咕："臭！臭！"

聂卫平感到危机已过，回到椅子上点起了打火机。

象棋上，聂卫平采取兑子战术时，不是丢兵就是丢相。经过几次兑子，双方是双车炮对双车马。聂卫平仕相残缺，并且少兵，聂卫平审时度势后，放弃了抵抗。

在国际象棋上，胡荣华少一兵，但时间宽裕，聂卫平多兵但时间十分紧张。聂卫平毅然用兵直冲对方底线，胡荣华经过细算也不顾一切地如法炮制。当双方小兵到达对方底线升后时，两个后在棋枰上立即交换。紧接着，两人留下的最后一枚小兵，又以百米赛跑的速度再次向对方底线冲去。聂卫平的兵先变后，实力大增。只要一步，仅仅只要一步，就可将死胡荣华的白王，拿下三棋的胜利。危难之时，胡荣华的白兵单骑救主，冲到底线升后连带叫将，迫使聂卫平的王躲避。如是这般，胡荣华的白王得到了一次转衡的和局。

这一局棋，竟然先后出现了 6 个"后"，实战之激烈，可见一斑。久经沙场的棋圣棋王，紧张得冒汗。

国际象棋风波平息后，围棋也很快鸣金收兵。胡荣华利用国际象棋作掩护，在围棋上占了一些便宜。可是聂卫平毕竟围高一筹，最后点目，聂卫平白子 184 子，加上胡荣华贴 2 又 3/4 子，聂卫平终以净胜 6 又 1/4 子结束。胡荣华对此相当满意："输得不多！"

双方苦战 4 小时，棋圣、棋王的三棋全能赛以 1 胜 1 和 1 负打成平手。

第二天晚餐时，聂卫平诚心诚意地对胡荣华说："看来我让你 4 子是让不动的。"

胡荣华以笑应答："我让你双马也是不可能的。"

前面交代过，胡荣华和聂卫平大斗国际象棋，棋盘上竟先后出现 6 位"皇后"。晚餐时，6 位棋坛"司令"对此都感到很新鲜，6 位"皇后"成了谈话资料。此时的陈祖德看了看胡荣华，又看了看聂卫平，忽然调侃：看来你们两位最喜欢的是"皇后"。一句妙语，全场爆笑。

当众交锋是要付出代价的。由于当众交锋的消耗战，透支了体力，影响了胡荣华和聂卫平两人后来水平的正常发挥。结果，胡荣华只得了第三，聂卫平屈居第二，冠军被香港简怀穗拿走。

简怀穗也不是等闲之辈。

许多年来，简怀穗对我国围棋事业的发展，做出了贡献。在香港，中国人是主体，但下围棋者并不多。原因之一是缺少一个下围棋的公共场所。1982 年，简怀穗租了一个单元房，创办了香港围棋社。简怀穗既是教练，又管一切杂务。香港的围棋能走到今天，也是简怀穗十多年惨淡经营的结果。

作为围棋事业的积极推动者，大家对简怀穗并不陌生，但作为国际象棋选手的简怀穗，人们却知之不多。

1964 年，还叫简明基的简怀穗，获得了当年的国际象棋全国冠军。

今天的简怀穗，就是当年的简明基。十年动乱中，简明基从广州去了香港。故土难离，却又不得不离。去了香港后的简明基改名简怀穗。

怀穗，怀念广州也。

初入香港的简怀穗生活艰苦，他先是在厂里做工人，后来去了朋友开的酒楼当会计。为了生计，少有时间下棋。

1972年，一个国际象棋水平很高的华裔印尼富商经人介绍，与简怀穗下了一局快棋。擅长快棋的富商败下阵后，非常吃惊："想不到我们华人中还有这么好的棋手。"华裔富商请简怀穗参加香港快棋赛，简怀穗不负众望，荣获冠军。

华裔富商非常高兴，又请简怀穗参加世界冠军赛的远东赛事。比赛原定在马来西亚举行，因为简怀穗没有拿到去马来西亚的护照，作为赞助商的华裔富商，申请把比赛场所移至香港半岛酒店。结果，简怀穗没有让华裔富商失望，取得了第二名。

这次比赛，简怀穗非常吃亏。因为，除了他，其他选手都住在半岛酒店。每天上下午各一场棋，住家的简怀穗要来来去去。

华裔富商出了钱，安排好比赛，到欧洲做生意去了。当时香港的国际象棋会会长就顺手牵羊，把简怀穗的一份吃住都顺去了。会长是英国人。

1981年，西方几家财团发起签名运动，筹款500万美元，邀请前世界冠军、美国的天才国际象棋手菲舍尔"出山"。为了让菲舍尔磨刀，请菲舍尔先和亚洲的棋手过招。新任的香港国际象棋会会长柯宁慈出面，请菲舍尔和简怀穗下十局赛。菲舍尔提出无论胜负，酬金50万美元。香港汇丰银行表示同意；谁料菲舍尔又加码，提出要100万美元，香港汇丰银行也同意了。

其间，香港国际象棋会为了提高简怀穗的声望，在香港举办了两次国际性比赛，简怀穗拿下了这两次赛事的冠军。

菲舍尔和简怀穗的十局赛，后来因为一字之争，成了梦中月水中花。十局赛协议书上称菲舍尔为"前世界冠军"，菲舍尔不悦，坚持要去掉那一个"前"字。双方来来回回多次，拖过了香港汇丰银行的财政年度预算。简怀穗5万美元的酬金，也成了泡影。

张弛有道，玩物不丧志

棋手和牌的不解之缘

棋手爱牌历来有之，由于国际象棋棋手上网最频繁，网上打牌也成为他们的放松手段。围棋国手中，麻将的影响一直延续到"小龙"一代。从古力、胡耀宇他们开始，在围棋上都比较用功，但偶尔也会打打牌放放松。古力在赛前赛后有时会上网玩玩简单的牌戏，或者和家人在一起打打桥牌。

象棋界的"东北虎"赵国荣、河北老帅刘殿中都是麻将高手，同时，他们也擅长一些北方地区流行的牌戏。但北方的牌戏与南方棋手难以交流。广东棋手喜欢颇有地方特色的"锄大地"，相对北方的牌戏而言，"锄大地"的流行区域也稍微广些。但是胡荣华不太喜欢北方的和广东的玩法，因为这两种牌的人情味太浓！

胡荣华成名较早，尽管胡荣华求知若渴，对很多艺术种类都甚为好奇，但因为职业特点和人生经历，他的兴趣爱好经过自我压缩后，主要还是集中于棋牌。

胡荣华垄断春秋后，事业通达，一览众山小，独孤求败。于是，他时不时地会移情于国际象棋和围棋。国际象棋有亦师亦友的徐天利开先河，围棋有年长他一岁的陈祖德以及小阿弟曹志林等朋友。大家终日都在棋院，除了象棋就是围棋，除了围棋就是国象，转来转去还是离不开一个棋字。

有道是一方水土养一方人。胡荣华从小生长在上海老城区的石库门里，虽然棋是他的最爱，但弄堂游戏还是无时无刻不影响着他的生活。像上海许多的老棋手一样，胡荣华不但会打牌，也会打麻将。胡荣华打麻将比较讲究战术技巧，不过，胡荣华的麻将圈比较窄，主要是棋界朋友和熟悉的媒体人士。

上海流行的麻将玩法是"靠麻"，"靠麻"的打法是只能碰不能吃。当你听牌后，要立一张牌起来，有和必和。不和就过期作废——成为废品。"靠麻"的玩法，就是尽量扬弃人情牌，向公平公正公开靠拢。

当然，棋手中也有不提倡甚至反对打牌者。比如，围棋一代宗师吴清源，他曾经劝聂卫平"不搏二兔"。不过，他反对的只是聂卫平在桥牌上的用情太专，并不是反对把打牌作为一种放松的方法。

2001年，斗地主的牌类游戏开始风靡申城，成为广大市民尤其是退休职工茶余饭后的首选活动。

在"斗地主"之前，上海的牌桌上，流行的是三打三的"大怪路子"。虽然"斗地主"比起"大怪路子"来少两个人，技术含量又相对简单，但由于有不固定的配合和选择，打起来还是比较热闹。在上海象棋队里，也以"斗地主"最为流行。

南京西路闹中取静的上海棋院，透过窗户偶尔会瞥见这样的画面：一群人围着一张小桌，因为"斗地主"，正在和棋院院长胡荣华没大没小。

棋手们都知道，胡荣华下棋时的表情特别丰富。有时，也成为影响对手的武器之一。其实，胡荣华在打牌的时候，脸部动作也不少：看牌时神情严肃，骗招时眯眼冷笑，拿差牌时不声不响，持好牌时眼睛瞪得老大，侥幸赢牌时放声"哈哈"，失利时他把手里的牌砸向牌堆。然后——然后是又抓又挠着零乱的头发……

因为都是高手，每盘打完必复盘。因此，复盘争起来时胡荣华总是不依不饶。因为牌桌上无大小，打完牌后，胡荣华的门生和部下也会和他真刀对实枪地论战。这种争执，是娱乐，也是放松。

两次夺冠前的奇妙巧合

话说2007年，上海棋界是双喜临门：胡荣华挂帅的上海金外滩象棋队在华亭宾馆捧起2007象甲冠军奖杯；常昊领军的中国移动上海围棋队，又在金牌主场新苑宾馆力克北京新兴队，登顶2007围甲联赛之巅。

在夺冠关键轮次的前夜，胡荣华做了什么战术安排？

胡荣华说没做什么战术安排，就是要大家正常下。

夺冠前夜最重要的是什么？平常心！几十年的经验告诉胡荣华，领队教练最正常的思想工作，就是要让队员们开心。有些运动队喜欢赛前开动员会，领导对队员们说你们好好下，不要紧张！这样一来，本来不紧张的也紧张了！不开会时队员还有说有笑，开完会眼睛都白了起来……胡荣华认为大赛前教练的最好的做法就是"此时无声胜有声"。

在2007年象甲激战正酣之际，胡荣华突然就想起了1960年全国个人赛的前夜。那一天，不想临时抱佛脚的胡荣华还在读他的小说。

胡荣华喜欢看小说，小说有助于他赛前的放松。

政治辅导员见状，担心地问胡荣华："怎么不看棋书看小说了呢？"

胡荣华说我没有带棋书，只带了小说。

政治辅导员又问："多看小说会不会影响比赛呢？"

胡荣华回答说不会。

上海象棋队热衷"斗地主"，赛前也照打不误。外人看到他们似乎有些松散。其实打牌还是有很多限制，在时间上严格控制。基本上是胡荣华招手即来、挥手即去。

胡荣华的想法是：正确的用功应该是在平时的训练中。与其大赛时当天抱佛，还不如临阵放松。当然，赛前放松的方法有很多，都应该是因地制宜因人而异的。

方法是很重要的，爱因斯坦也说成功是勤奋加上正确的方法。

当然，天赋也是很重要的。

胡荣华说："斗地主"和下棋是无法相提并论的，打牌纯粹是一种放松的手段。从技术上讲，完全不搭。但是打牌的心态对下棋还是有所借鉴。牌的偶然性大，运气成分居多，要求牌手要胆大心细，敢博输赢。但如果赢面小，也不能瞎博。

"斗地主"也曾给胡荣华带来过负面影响。有一段时间，上海队几位年轻棋手状态不佳。中国棋院象棋部主任刘晓放见状，放心不下，遇到熟悉的上海人总要唠叨："见到胡司令提醒提醒，少让孩子们打牌，他自己也最好少打一点。"

不知就里的刘晓放虽然是出于关心，但是却有点冤枉了胡荣华。胡荣华打牌看似痴迷，其实是"一张又一弛，玩物不丧志"。

2004年2月20日，上海市体育局在莘庄训练基地举行胡荣华先进事迹表彰会时，胡荣华为"斗地主"公开正名："技术的东西很难临时抱佛脚，对于年轻队员来说，比赛前的心态调节才是最重要的。所以我们有时斗斗地主，只是为了调节心理。"

上海队两次拿联赛冠军的前夜，都斗了地主。

近两年，上海举办了许多种类的扑克牌比赛，有"阳春白雪"的市民桥牌赛，也有"下里巴人"的"大怪路子""斗地主"等赛事。"下里巴人"的牌局，渐渐成为上海全民健身热潮中的"脑力运动风景线"。

比赛需要一个详尽、规范、权威的规则。既然扑克是民间游戏，因为地域、群体，还有时间衍变，自然造成规则尤其是细则上的五花八门。除了有国际通行规则的桥牌，上海的扑克比赛规则，又由谁来制订呢？

上海的几次民间比赛，规则都是胡荣华制订的。因为斗了"地主"，胡荣华才会去研究前人牌戏的经验成果。因为研究了前人的经验，胡荣华统一了"斗地主"的规则。

那年，上海要举办"斗地主"比赛，报名者众多。可是，"斗地主"作为一项如火如荼的群众体育节目，却没有制定统一的游戏规则。

没有规矩不成方圆。于是，曹志林草成了规则，最后由胡荣华一锤定音。

和浸淫其中、乐此不疲的胡荣华相比，曹志林自己很少打牌。胡荣华又名闻天下，三教九流接触较多，自然见解高超。因此，胡荣华制订的规则比较详尽全面，很少出现争执。

一个由斗地主引出的话题

2005年象甲闭幕式上，胡荣华收了一名"俗家弟子"李文奎。李文雍是九城置业的董事长。喜欢下棋的李文雍，在象棋比赛中没有什么出色成就，但是，因为胡荣华的"破墙收徒"，让上海象棋界迎来了一位热心的棋友。出于对胡荣华的尊重，出于对象棋的热爱，李文雍出资支持了第一届象甲联赛的冠名，出资支持了象棋界破天荒规格的巨奖赛事，还出资支持了一系列深受上海市民欢迎的牌类赛事。不仅如此，李文雍还再雪中送炭资助了上海女子象棋队……

现任上海象棋协会副会长、上海休闲棋牌协会会长的李文雍，为上海的棋牌事业，已经做出了很大的贡献。

上海休闲棋牌协会的办公地点，在吴兴路87号。吴兴路87号的环境，十分幽静。这所花园小洋房共有三层，透过底层客厅中的大玻璃，可以看到花园中绿色的草坪和青翠的松柏。1949年之前，吴兴路87号是东方汇利银行的所在地，也是汇利银行董事长的住所，董事长是一位法国人。因为属于买办资产阶级，1949年以后房产被政府没收。相隔60多年后，东方汇利银行还想出大价钱，把吴兴路87号买回去。

本来，吴兴路87号已经承包给他人开饭店。上海市体委考虑到体育场馆一定要姓体，恰巧李文雍要搞休闲棋牌协会，上海市体委就同意吴兴路87号由李文雍承包，作为上海休闲棋牌协会的办公地点。

上海棋社是在1961年，从南京西路150号的上海市体委办公楼，搬到了吴兴路87号。上海市休闲棋牌协会，于2017年进入吴兴路87号办公。其间，相隔55年。

胡荣华最后一次拿全国冠军，是2000年。那一年，胡荣华55岁。

胡荣华感到，他和上海市休闲棋牌协会，是有缘分的。

说到斗地主，又要提一提五星体育频道斗地主的主持人董旭彬。提到了董旭彬，就必须提一下1988年的上海二队。1986年，上海象棋队获得全国冠军，冠军队的队员是胡荣华、林宏敏、邬正伟和于红木等棋手。按照规定，冠军队在下一个赛事可以出两个队。因为1987年是第六届全运会，没有全国象棋赛。因此，上海在1988年组建了两个队参加全国比赛。上海一队按照台次分别是胡荣华、林宏敏、邬正伟和于红木；上海二队分别是李澄、董旭彬、朱祖勤和王鑫海。四个人当中，年龄最小的是董旭彬，当时只有18岁。李澄和王鑫海都是1949年生人，朱祖勤出生于1956年。

1983年，胡荣华的棋艺应该说还处于鼎盛期，参加上海市比赛，先手几乎都是手到擒来。但在当年的市比赛中，胡荣华先手飞相局和了李澄。那一年，李澄拿了第3名。

上海二队的教练是徐天利。上海二队当时制定的策略是对一号台要求不高，二号台的董旭彬以锻炼为主。结果，二号台13轮拿了10分，三号台13轮拿了17分，四号台13轮拿了18分。上海二队的成绩因为一、二号台之故，名次不太好。胡荣华感到上海二队就是这个成绩，并没有什么遗憾。让胡荣华遗憾的是，李澄后来因为高血压中风，英年早逝。朱祖勤当时在卢湾区土特产公司工作，后来一共拿过6次上海市冠军。1989年10月，经胡荣华推荐，进入上海市邮电系统，开始了半专业棋手的生涯。白白净净偏瘦的朱祖勤性格较内向，不抽烟。王鑫海拿过两次上海市冠军，虽然如今已年届70，但一直活跃在上海棋坛上。

1988年的全国比赛，在湖北省的孝感市举行。上海一队和二队乘的长江轮从十六铺启程，两天两夜后抵达武汉。热情的东道主柳大华在渡口欢迎上海队。然后，用一部面包车，把上海队送到了孝感。柳大华与上海队同车到达。

欧阳琦琳是上海棋社副社长，董旭彬的妻子。2001年，"胡荣华象棋学校"成立，缺一个大师级别的专职老师。这时候，董旭彬所在的轻工象棋队刚刚解散。董旭彬除了代表上海浦东参加全国象棋比赛外，正处于半退役状态。胡荣华知情后，认为董旭彬符合"胡荣华象棋学校"老师的要求，就安排他去学校执教。这样，董旭彬的生活稳定，事业也能够可持续发展。董旭彬不仅是一个称职的老师，还是一位称职的电视台斗地主节目的主持人。董旭彬说他在电视台能够做一个称职的主持人，和他在"胡荣华象棋学校"做老师有关。老师这一职业，让他的口才得到了锻炼。

董旭彬和欧阳琦琳的女儿董嘉琦，2000年生于上海，受父母影响，从小喜欢象棋。2013年，上海棋院把13岁的董嘉琦招入上海女队，此举也打破了女子棋手进入专业队的低龄纪录。对此也引来了外界的一些质疑：认为欧阳琦琳是上海棋院副院长，这里面，有开方便之门的嫌疑。胡荣华想，如果这也算是开后门的话，这个责任，我来承担。

当年，为了争取一个象棋出征名额，不夸张地说，会争得鱼死网破！

在1986年的上海市运动会上，代表上海邮电出战的朱祖勤以13轮23分的成绩，获得了冠军。为了引入竞争机制，进一步推动上海的象棋发展，胡荣华决定次年代表上海出战全运会的人选，在已定三人林宏敏、于红木和胡荣华之外，让上海市队的邬正伟和朱祖勤进行十轮大战以决定第4位人选。邬正伟和朱祖勤一直下到第10盘，才决出胜负。最后由邬正伟胜出收盘。

1993年，上海象棋队在全国团体赛中不甚理想，只取得了第5名。按照有关规定，次年的全国象棋个人赛只能是三人出战。三位出战人选中，胡荣华和林宏敏是当然人选，难的是另一位人选的归属。一位是邬正伟，一位是胡荣华的入室弟子万春林。两位都是国家级大师。而且，万春林1994年又坐镇全国团体赛上海队的第三台，邬正伟呢，坐镇第四台。按照上海的以往惯例，前三台出战个人赛。胡荣华想："邬正伟以往一直打三号台，今年坐四号台得分率也很高。应该说，邬、万之间的棋艺最近是难分伯仲。让他们打一场吧，权作热身赛，谁胜谁出战。"

这样，便有了邬正伟和万春林之间的八场对抗赛。前六场，出现了戏剧性的一幕。谁先走谁胜。第七场，执先的邬正伟没有赢棋，不过也没有输。这时，命运的天平已偏向了万春林。第八场万春林执先一举擒邬。事后，邬正伟说，"胡司令"很公正，是我自己没有把握住机会。

今天的象棋项目，绝非当年鼎盛时期可比。

现在的上海家长，愿意让孩子走专业棋手道路的，是少之又少。上海家长让孩子学象棋，只是一个手段，不是目的。更何况，要发现一棵象棋好苗子，是非常之难。

董嘉琦的学习成绩也不错。正因为此，父亲董旭彬反对董嘉琦放弃学业。欧阳琦琳几次征询了董嘉琦本人的意向，董嘉琦最后还是选择了下棋。

到底是读书还是下棋，这个决定很难做。

让董嘉琦下棋！最后这个决定，是由胡荣华拍板：孩子自己喜欢下棋，成绩每年都在进步。那么，就选择象棋。

在进市队的 3 年内，董嘉琦夺得了全国少年赛女子 12 岁组、14 岁组和 16 岁组的冠军，而且都是"以小打大"。那一年，队内选拔，董嘉琦的成绩，超过了比她大好多的老队员。董嘉琦和她妈妈做了队友，一起出征女子联赛。董嘉琦还参加了智运会专业组团体赛以及 2014 年的女子象甲联赛。联赛上，还逼平了女子特级大师。

在这种情况下，胡荣华对董嘉琦提出了更高的要求，要董嘉琦在两年内，取得"象棋大师"称号，3 到 5 年里拿下全国女子个人赛的冠军。

慧眼识人，响鼓重槌敲

低谷奋起的常昊

2005年，常昊获得围棋世界大赛最重要的应氏杯冠军。一时间，善于归纳的媒体把常昊和代表"上海高度"的姚明、"上海速度"的刘翔相提并论：称之为"上海深度"。

常昊这一路过来，并非是一帆风顺。胡荣华作为曾经的上海棋院的院长，作为师辈，作为见证人，感慨良多。

1986年，10岁的常昊能进专业队，和胡荣华的坚持分不开。在胡荣华的坚持下，经当时的上海市体育局局长金永昌批准，破格招收10岁的常昊进专业队。胡荣华坚持的理由很简单："冠军棋才可遇不可求，一旦发现了，就必须破格培养。"

当年，因为中日围棋擂台赛的影响，围棋在国内的影响力日益增强。在这样的态势下，上海棋院已经开始放眼未来并着手长远。除了培养曹大元、钱宇平、芮乃伟等已经崭露头角的一批新秀，还把眼光放到了邵炜刚、常昊等少年棋手的身上。上海棋院的人才培养计划，也得到了胡荣华的老朋友、中国棋院首任院长陈祖德的大力支持。不久，中国围棋"国少队"正式成立，邵炜刚、常昊和天才少年罗洗河等一起入选。这一批少年棋手后来成为中国围棋有名的"七小龙"。常昊之所以后来达到的高度最高，是因为上海棋院为了培养常昊，倾当时棋界的最好资源。而常昊也以他良好的修养，赢得了社会各界的认可。常昊是继陈祖德、聂卫平、马晓春之后，中国围棋具有代表性的领军人物，曾三次获得个人世界冠军（应氏杯、三星杯、春兰杯），是中日擂台赛和中韩擂台赛的终结者，是中国队首次夺得"农心杯"世界团体赛（中日韩三国擂台赛）冠军的最大功臣。

常昊的成长过程，开始是一帆风顺。后来，因为韩国围棋的崛起，因为曹薰铉、李昌镐、李世石三代天才的出色表现，常昊和中国围棋一度陷入低谷。

在常昊从低谷奋起的过程中，作为上海三棋的总教练，当年力荐常昊进入职业棋手之门的胡荣华，对常昊是关怀备至，多次和常昊谈心。

2003年，常昊在几个世界大赛中止步八强。作为主将，常昊又在围甲联赛中，目睹最重要对手重庆队在上海队主场完成六连霸业，刺激很深，一度竟难以自拔。胡荣华见状，于心不忍。于是，借助《新民晚报》寄语：

> 我对围棋的飞速发展不太了解，但在竞赛方面，象棋和围棋还是相通的。作为过来人，我想作一点经验之谈。我从各种渠道知道了常昊的低迷，围棋界有很多人说，常昊肯定是心态出了大问题。后来，我从一个记者的报道中看到，常昊自己也是这么认为。我不同意这种说法。
>
> 虽然说每个棋手在棋艺生涯中，都有高潮和低迷期，但常昊的这次低迷过于离谱。我认为造成这种现象的主要原因不是心态出了问题，而是水平出了问题。常昊曾经在围棋界傲视群雄，现在他还能傲视群雄吗？换句话说，这两年来，常昊的水平没有长进，或者说是长进很少。而中国更年轻的棋手水平都上来了。我听一位围棋界人士说，常昊的输棋，大都不是因为昏着而是被逆转。因为上来就不占优势，导致后来越来越急躁，最后只能是孤注一掷，被强歼大龙而败下阵来。如果情况属实，那常昊的低迷便有了最好的解释——还保持着领军人物的心态，却失去了领军人物的实力。常昊用这样状态去比赛，成绩怎么会不糟糕？
>
> 我曾经也有过这样的经历：20纪80年代末90年代初，由于吕钦、许银川等一批新人水平急速上升，而我年龄渐老，在棋上又吃老本，所以在水平上已不占优势。但我却依旧是"天下第一"的心态。结果明明是该和的棋，当时也不肯和，结果最后反而输了。以至于当时有很多人都在说："胡荣华怎么了？"
>
> 我很快意识到是自己的定位错了。过去的优势随着年轻人的长进和自己的退步，已经不复存在，我必须每盘棋去力拼对方。有了

这样的定位，马上就觉得棋好下了。相反，那些年轻人想欺负我这个老先生，往往该和的棋不肯和，反倒被我杀下马来。

因此，我对常昊的建议是：首先应该为自己的实力正确定位，如果盲目地以为自己还有领军人物的实力，那么随你去如何调整，都只会越调越糟。

最后，我想强调的一点是，正确定位并不是妄自菲薄。常昊还年轻，重新为自己画个起跑线，或许他又会冒尖的。

常昊当然知道胡荣华老师的语重心长，更相信胡荣华老师的洞察力。

第二年，通过调整和努力，常昊的棋力在年底时开始有所恢复：首先是率中国移动上海队夺得了围甲联赛的冠军，这是围棋团体赛职业化后上海队的首次夺冠。然后又先后杀进了丰田杯和应氏杯决赛。

丰田杯和应氏杯决赛，都是在2005年年初举行。首先是应氏杯，对手是韩国小将崔哲瀚。崔哲瀚年龄不大，但在韩国国内比赛中，已经连续几次把李昌镐拉下马，人称"毒蛇"。应氏杯决赛的五番棋，先是在韩国举行两盘。常昊和对手下成1比1平。随后，在日本名古屋举行了丰田杯的三番棋决赛。丰田杯的奖金仅次于应氏杯，是国际第二大赛事。常昊的对手是韩国小将李世石。外界认为，常昊遭遇李世石，要比以往遭遇李昌镐好下很多。

胡荣华感到出征名古屋前的常昊，依旧没有摆脱低迷，胡荣华还是担心常昊的自信心。在赴名古屋前，胡荣华多次找常昊谈心。胡荣华知道常昊对李世石不是没有信心，但当时的背景是中国围棋在整体上被韩国压住。鉴于"韩流"的强大气势，完全可能左右任何一个决赛的氛围；再加上常昊还有一些自身的问题没有调整到位，胡荣华认为非常有必要和常昊进行交流。

苦口婆心的胡荣华以自己兵败乐山又重新崛起的故事，帮助常昊调节心理，鼓励常昊继续奋进。胡荣华对常昊说："我能下到60岁，你就打个八折，下到48岁，那还是有得下了！"

胡荣华一再劝慰常昊："韩国围棋拿了那么多冠军，你不能有优势心理，要有'死马当活马医'的心态。要背水一战，但不要孤注一掷。"胡荣华还和常昊开玩笑："我和你一起去名古屋，效果肯定好！"

胡荣华只是在开玩笑，他当然没去名古屋。

胡荣华的担心不幸成真：在关键性的三番棋决战中，常昊还缺乏背水一战的勇气。1比2输给昔日视他为"苦手"的李世石。而且，输的那两盘棋，是在巨大的优势下功亏一篑……

比赛后，常昊回到上海参加中国围甲联赛闭幕式，虽然上海队夺冠，但领奖时的常昊还是怅然有失。

上海棋手的成长，似乎都是这样：能取得一定的优秀成绩，但又存在拼劲不足的痼疾。这，兴许也是石库门文化影响的结果。

为此，胡荣华再一次找常昊谈心：人在遭遇挫折的时候，应该正确面对，这样才能使自己处于相对有利的位置。

胡荣华的一席话，让常昊茅塞顿开：顺境的时候，向前看，不忘本；逆境的时候，向后看，不灰心。

看到常昊精神面貌的转变，胡荣华是喜在心头。在常昊出征丰田杯时，胡荣华预言："如果常昊拿了一个世界冠军，接下来也就可以拿两个。"

胡荣华的预言，在常昊的棋艺生涯的成绩中得到证实。

在北京进行的应氏杯最后决赛中，痛定思痛后的常昊脱胎换骨判若两人。他摆正了位置，主动去拼对方。这样的常昊，比"毒蛇"崔哲瀚更毒！常昊一气呵成连下两城，为中国围棋捧回了告别多年又是4年一届被称为"围棋界奥运金牌"的应氏杯。

少年成名的常昊，历经坎坷才登顶世界冠军，很重要的一点是他善于吸取失败的教训，在逆境下奋起。胡荣华知道常昊有这一个特质。不然的话，当年胡荣华也不会力荐常昊进入市队。不然的话，胡荣华也不会如此的苦口婆心！

常昊为上海争光，作为上海棋院院长的胡荣华，当然是十分高兴。

常昊用他的成绩，回报了胡荣华老师的苦口婆心！

一夫当关的孙勇征

1984年，胡荣华出任上海棋院院长。1986年，上海市体委又发聘书请胡荣华担纲上海三棋总教练。徐天利退休后，欧阳琦琳等几位棋手也转到胡荣华的门下。因为胡荣华还在一线拼搏，在传道授业上只能是有所侧重。胡荣华用心较多者，当属孙勇征和谢靖。

孙勇征1981年11月生于上海，最早是在闸北区乌镇路小学（现已并入上海棋院实验小学）上学。象棋教育是乌镇路小学的传统特色。在乌镇路小学里，孙勇征受到了象棋大师葛维蒲等老师的指点。

1996年，孙勇征有幸成为胡荣华的学生。那一年，上海象棋队新老交替，孙勇征作为新人被征借到队里参加全国团体赛。外出比赛时，胡荣华有意识地经常和孙勇征住一个房间。孙勇征的性格比较内向，平时与人交流很少。但是，孙勇征非常珍惜和胡荣华在一起的时光。因为，他知道这是一个千载难逢的机会。每一次，孙勇征都会把研究中的难题一一列出，请教胡荣华。胡荣华看到孙勇征聪明好学，也确实是一个可造就之材，于是，在1999年年底，正式征召孙勇征入队。

孙勇征知道千里马常有，伯乐不常有。于是，他更加用功。每每是闻鸡即起，下弦月时就寝。

天道酬勤！2001年，刚满20周岁的孙勇征就勇夺全国个人锦标赛第3名。成绩已经和队里比他大不少的特级大师林宏敏、万春林相差无几。其时，上海的民间象棋方兴未艾，每年暑期的擂台赛更是红红火火：由专业棋手组成的"御林军"，接受民间高手组成的"绿林好汉"攻擂。绿林好汉里既有退役的前专业棋手，又有民间高人——个个都是身怀绝技。作为擂主的胡荣华，几乎每一次都稳坐钓鱼台。有一次，初出茅庐的孙勇征竟然是一夫当关万夫莫开！来了一次"一杆清"。这一次的一夫当关，对孙勇征而言寓意深远。

2001年前后，中国象棋界出现了几位成绩提高很快的年轻人，在全国比赛中显山露水的孙勇征和王斌、聂铁文、黄海林三位棋手一起，并称为"四小龙"，都是被看好有希望有实力冲击全国冠军的新人。上海的棋人为此十分高兴，充满期望地等待着孙勇征登上最高的领奖台。

谁也没有想到，这个冠军是千呼万唤不出来！谁也没有想到，夺冠路上的孙勇征，是走得那么艰难。

胡荣华一直认为，孙勇征是沉稳有余，霸气不足。成绩虽然是一直非常稳定，但是杀力不够。胡荣华认为：你不敢杀，不敢胜，灵感也不会出来；你想杀的话，灵感也会随之而来。

胡荣华有一句非常通俗但又是非常经典的形容："想杀等于肌肉在负重，肌肉会硬的呀！如果你软绵绵软绵绵的，肌肉也没有了。肌肉没有了，杀力也没有了。"

要真正登上冠军的宝座，需要在"临门一脚"时有舍我其谁的霸气，孙勇征却是万宝全书独缺这霸气。关于这一点，孙勇征自己也是心知肚明。但是江山易改本性难移，为求霸气，孙勇征是"衣带渐宽"，但每每还是无霸而返。

胡荣华是急在心头！为此，胡荣华和孙勇征交流了多次。

在2011年象甲联赛中，此前表现一直非常稳定的孙勇征，意外失常。

胡荣华认为，与其稀里糊涂地继续，不如触动痛处。响鼓也用重槌敲，何况，此鼓已哑然失响！联赛结束后，胡荣华狠狠地批评了孙勇征。上海棋牌管理中心主任张国强闻讯后担忧：是不是批评过重了？

痛定思痛后的孙勇征，在接下来温岭举行的首届国手赛上，一举夺冠。首届国手赛，荟萃了当时中国棋坛等级分最高者8位，奖金也是当年赛事中最高的。

孙勇征在首届国手赛上的表现，让胡荣华想起1960年杭州的五省市邀请赛。在那一次邀请赛上，胡荣华也是一举夺冠。然后，他在接下去的全国冠军个人赛上登顶。历史果然重演：在接下来江苏句容举行的全国象棋个人赛上，知耻近乎勇的孙勇征，终于登顶！同时晋升为特级大师。孙勇征为自己30岁的生日，送上了一份厚礼。继胡荣华之后，上海棋坛也终于迎来了一位新的男子全国冠军。

登顶的那一刻，孙勇征想起了胡荣华老师在宾馆里毫无保留的指导；想起了胡荣华老师和单霞丽老师的重槌敲打。

春播夏耘秋收冬藏！你在春天里播种什么，你就会在秋天里收获什么。

为了全国象棋个人赛，孙勇征听从胡荣华和上海棋社领导的劝告，在双方家人的支持下，推迟了婚期。又做到了前事不忘后事之师！吸取教训，在比赛的心理调节上下了苦功，终于一飞冲天！

这个时候，在一旁冷眼看缤纷世界的胡荣华想：在孙勇征之前，已经有好几位年轻的棋手相继登顶。和洪智、蒋川、赵鑫鑫以及王天一等棋手相比，孙勇征已经没有年龄优势。对孙勇征来说，要从冠军到真正的"王者"，恐怕还是远方的长路。

"以小打大"的谢靖

生于1989年的谢靖，比胡荣华的第一个弟子单霞丽小27岁。谢靖是江苏泰州人，父母亲在当地最好的医院里工作，是医院里的骨干。谢靖幼时就读于泰州市人民医院幼儿园和大浦中心小学。4岁时，父亲特意买了一副象棋给他，谢靖玩着玩着就着了迷。酷爱象棋的父亲看到儿子迷恋象棋，自然是非常高兴。谢靖的悟性甚高，仅仅跟父亲学了半年，便青出于蓝而胜于蓝。1995年，年仅6岁的谢靖获得了扬州地区少儿象棋比赛亚军。看到儿子有如此之高的象棋天赋，父亲决定送谢靖去江苏棋院接受系统的学习。于是，谢靖孩提时的寒暑假，经常是奔波在泰州和南京。1998年，9岁的谢靖一举获得全国少儿比赛冠军。

那一年，胡荣华到泰州参加象棋比赛，棋界很多朋友，包括曾经教过孙勇征的上海棋手葛维蒲，都向胡荣华推荐，说当地有一位很有天赋的少年象棋人才。听到年仅6岁就获得了亚军，又是扬州地区少儿象棋比赛的亚军，扬州是胡荣华老师窦国柱的家乡，胡荣华自然很是关注。于是，胡荣华就和谢靖见了个面。那一次见面，谢靖给胡荣华留下很好的印象。

1999年和2000年，谢靖又以不败的战绩连续三年获得全国少年赛同年龄组冠军。

1999年和2000年的全国象棋乙级团体赛，规定每队要派一名少儿棋手出赛。经葛维蒲推荐，上海浦东象棋队的领队、胡荣华的同门师兄贾友福在胡荣华那里了解了谢靖的情况后，出面商借谢靖，作为浦东象棋队的少儿棋手。经过两年的全国象棋乙级团体赛的锻炼，2001年8月，全国象棋少年锦标赛在上海举行，谢靖以12岁的低龄，越组"以小打大"，参加了16岁组的比赛。结果，谢靖获得了冠军。谢靖以11岁零9个月的年龄，晋升为国家象棋大师，创造了全国最年轻象棋大师的纪录。

2001年，谢靖被胡荣华破格引进到上海象棋队试训。2001年8月31日，胡荣华正式收12岁的谢靖为关门弟子。

试训一年，谢靖正式进入了上海象棋队。2003年，谢靖在上海象棋队的选拔赛中脱颖而出，成为上海象棋队的主力队员。这一年，在胡荣华的率领下，谢靖和师兄万春林、孙勇征一起，为上海夺得全国象棋甲级联赛的团体冠军。14岁的谢靖，也成为最年轻的甲级联赛冠军队成员。

谢靖到上海队的时候还不满13周岁，而且又是外地来沪，谢靖的母亲特地办了停薪留职陪伴着他。胡荣华还特地关照兼任教练的林宏敏带着谢靖母子去找合适的出租房。担任院长助理的单霞丽，也经常照顾谢靖这个小师弟的生活起居。只要有时间，单霞丽就会开着那辆老旧的桑塔纳，接送谢靖到"绿林高手"出没的茶室去实战。

茶室里的"绿林高手"们虽然行棋不太规范，但个个是身藏"飞刀"，常常能走出棋谱中鲜见的招数来。胡荣华和单霞丽用心良苦，谢靖吸收了江湖棋的搏杀能力后增加棋力。

在谢靖的成长过程中，胡荣华给他的机会，不比他任何一个师姐师兄少。

为了谢靖的走向成熟，胡荣华是付出了很多很多。

那一年，中央电视台的一个摄制组，前来上海拍摄胡荣华的专题片。摄制组跟随胡荣华去谢靖的临时住所拍摄。出现在镜头里的谢靖，还是一个顽皮的孩子。胡荣华对谢靖充满了期待。2004年，为了让谢靖有一个更好的学习环境，上海棋院让谢靖住进了棋院的宿舍。

为了让谢靖增加棋力，感受他的大同乡、师爷窦国柱先生从江苏来上海后的生活艰难，以及窦老师以后的成就，胡荣华特地把谢靖带到肇嘉浜路窦国柱先生的旧居。窦老师的家，已经不见踪影。

物是人非！物非人非！

好在，他们也不是来寻找白墙小瓦，他们是来感受窦老师的磨刀精神。

当年的徐家汇路与斜徐路已经是两条路并为一路，拓宽成宽宽的徐家汇路。

当年的斜徐路南侧，木质小棚早已不现。取而代之的，是现代化商住两用楼——海华大楼。如今的打浦桥，通过肇嘉浜路和北面的徐家汇连为一体，被称为"东方的曼哈顿"。

胡荣华在《新民晚报》上，读到了一篇《竹篱笆弹硌路及小河》的文章。文章里提到了"香港风水先生对这独一无二地块的发现：这一地块东南西北莅临四条街，瑞金南路中有个金字，大木桥路中有个木字，肇嘉浜路中有水，斜土路中有个土字，阴阳五行她占四……"胡荣华看了之后，是一笑了之："广告宣传，风水先生根本不知道，瑞金南路当年还是一条河！"那条河叫日晖港。

这一次，胡荣华去的时候，日晖港已不复存在。当年的日晖港，已经在20世纪90年代被填，河上的桥也随之一起拆除。日晖港被填后，起名为日晖东路。当年的日晖东路一侧，存有依稀可辨的残堤。时至今日，几经改建的日晖东路，更名为瑞金南路。如今的瑞金南路上，已经鼎立起几十座高楼。当年日晖港龙须沟的残堤，和厚里陋之又陋的油毛毡作顶的土房，已经是了无影踪。

在胡荣华的精心培养下，谢靖的棋艺稳步提高。2008年，谢靖夺得威凯杯全国象棋排位赛冠军。这一年，谢靖只有19岁，成了中国最年轻的特级大师。

成为特级大师之后，胡荣华要求谢靖把奋斗目标定格在全国冠军上。谢靖夺冠的过程是一跌三宕起起伏伏：从初生牛犊的成绩不错，到后来的患得患失成绩下滑。

相比孙勇征，谢靖的性格更加外向。聪明的谢靖给他人的感觉是对胜负不是特别在乎，缺少执着。晋升为特级大师的2008年，才19岁。如果顺势而为的话，参照老冠军们的发展模式，全国冠军应该是指日可待。

没想到，此后5年，谢靖一直没有脱颖而出：在一个个邀请赛上都没有显山显水，在全国个人赛上一次次空手而归。

这一等，就是5年。

谢靖的父母都非常着急，胡荣华也是急得非常。

谢靖本人还是不温不火。胡荣华认为谢靖在关键比赛中缺乏孤注一掷的搏性——胆子小。

当时的棋坛，竞争残酷，和谢靖年龄相仿的洪智、蒋川、赵鑫鑫、王天一等年轻棋手先后夺冠，许银川延续佳绩，湖北的汪洋在快棋上成绩突出。反观谢靖，2008年以后，他给人的感觉是只长个头不长棋。此时的谢靖，已经长成1米9的帅小伙。

胡荣华分析，在这样的态势下，谢靖如果没有搏性，要在全国个人赛上加冕，无疑是镜中月水中花。

胡荣华不厌其烦地向弟子们强调：如果不拼，没有前途。

在老师不厌其烦的叮嘱下，谢靖逐渐有"想法"了，谢靖想争夺冠军了。

2012年，谢靖代表中国赴法国里昂首参加第二届世界智力运动会，一举获得男子团体和男子个人快棋两枚金牌。2013年9月，在浙江温岭举行的象棋国手战上，谢靖又夺得冠军。

回上海备战全国个人赛期间，胡荣华对谢靖说："国手战对上海棋手很'友好'，你能夺冠是个'好兆头'。于我们而言，浙江也是一个风水宝地。当年，我在夺冠前，也是先在杭州拿了一次冠军。两年前，你的师兄孙勇征正是在浙江温岭得了国手战冠军后，获得了当年的全国个人冠军。今年，我认为你只要拼字当头，也会像孙勇征一样，拼出一个全国冠军来……"

2013年底，全国象棋个人锦标赛开张。

虽然谢靖在起步阶段表现平平，下到第七轮时，不过是3胜4和，落后领头羊整整 2 分。但此时的谢靖，搏性已张，已经是开弓不带回头箭。面对混战的格局，谢靖静下心来后，继续放手一搏。因为放手一搏，谢靖取得二连胜匹马领先。最后一轮，谢靖后手战胜北京名将蒋川，如愿以偿地以 6 胜 5 和的成绩登上冠军宝座。

　　谢靖拿了冠军，胡荣华自然是十分高兴。但是，胡荣华没有把高兴放在脸上。胡荣华对谢靖还是非常严格。

　　在上海棋院，平时陪胡荣华打牌的，主要是几位行政人员和几位没有比赛任务的资深棋手。对孙勇征、谢靖等几位年轻棋手来说，训练当然是放在第一位的。尽管谢靖是公认的算牌好手，但是他很有自知之明。一次，在训练累了之后，谢靖也来到牌桌边观战。但是，他只敢站在胡荣华的身后。其时，胡荣华打错了一张牌，观战的谢靖一时忘情，尖着嗓子跟着起哄。

　　其实，当谢靖高大的身影来到时，胡荣华已经有所察觉。胡荣华是不置可否。当听到了谢靖的声音后，胡荣华回过头去斜了谢靖一眼："三个打胡荣华还不够？还有参谋？"

　　大家一阵哄笑。胡荣华又看了谢靖一眼。谢靖知道胡荣华的意思，舌头一伸，离开了牌桌，回到了他的棋桌。

　　谢靖现任上海象棋队男队教练兼队员，平时一边比赛一边训练年轻棋手。比赛、训练、教学之余，就到各地宣传讲授象棋知识。2015 年夏天，谢靖着手出书事宜。历时 2 年，新书《靖在棋中》业已完稿，上海书店出版社准备付梓。《靖在棋中》全书 12 万字，前半部为谢靖学棋成长经历，后半部是谢靖从 11 岁出道到 24 岁获得全国冠军期间的 60 局精彩对局和棋评。胡荣华特地为《靖在棋中》写了序。

胡荣华象棋名局精选 10 局

第 1 局　杨官璘先负胡荣华

1960 年 10 月 28 日弈于北京

中炮对左炮封车

徐天利评注

1960 年全国个人决赛中，杨官璘胡荣华首次相遇疆场！一位是棋坛泰斗，一位是无畏无惧锋芒毕露之弈林新秀。赛前评论，呈一面倒之势于杨官璘。临战前夕，上海为胡荣华在思想、技术，尤其布局上皆作精心准备。胡荣华亦深知唯布局出奇制胜，先声夺人压住杨官璘，方有取胜可能。由此，构成一则永载象棋史册的珍贵名局。

1. 炮二平五，马 8 进 7
2. 马二进三，车 9 平 8
3. 车一平二，卒 7 进 1
4. 兵七进一……

自左炮封车被公认为有效之反击方案，此后廿余年来，红方大都先走车二进六（亦是缓进过河车演变成急进过河车的重要因素之一），经过马 2 进 3，兵七进一，遂形成中炮急进过河车对屏风马基本阵式。

4. ……炮 8 进 4

左炮封车这一重大变例，在本届大赛前之甚长一段时期，曾是上海队研究室内重要研究课题之一，对这一变例所可能引起之变化，诸沪将已作有较为系统而全面之分析与解剖。悲哉杨公！胡正好"集思广益"，操得秘密武器向君试刀也。

5. 马八进七……

针对左炮封车，当时另一路重要变例为炮八进二，拟兑三路兵，从而使黑过河炮处于无的放矢之软弱地位。杨官璘行兵布阵一生谨慎，自是不愿布局弄险。在此顺便一提：1964年后在对付红炮八进二这一变例中，黑方已觅得更为积极有效之反击手段：先卒3进1弃去一卒，拆散红巡河炮架子。

5. ……象3进5

6. 炮八进七……

以原始部位之炮换马，步序虽亏，但由此迅速亮车牵住对方脱根车炮，亦不无补偿。这一得失参半之着法亦正符合杨公棋艺风格，无可厚非。另一路重要变例为炮八平九，士4进5，车九平八，对此黑方可（一）马2进4，（二）炮2平3，各成体系。

6. ……车1平2

7. 车九平八，炮2进4

8. 马七进六……

如车二进一、车8进5，黑方主动。又如马三退一、炮8进1，马一进三、炮8退1还原。如再重复，则按棋规双方不变作和。执先的杨公岂肯就此轻易罢休？

8. ……士6进5

9. 兵七进一……

软着。贪吃一炮形成全盘受制之被动局面，实是得不偿失。如图，形势已至这一布局变例之三岔路口。对局着法显然不妥。另有选择供参考：马六进五、马7进6，马五退四、炮8平5，马三进五、车8进9，马五进四、车8退1，前马进六、车8平6，马四进三、将5平6，形成激烈对攻。大凡高手对垒，都忌此种局面。上海有句俗谚道"理发师碰上癞痢头"，真是各有顾忌。

9. ……车3进5（图6）

弃炮争先！乃全局精华所在。如此，方得保证了左炮封车变例经受廿余年考验而长盛不衰。

10. 马六退八，炮8平5

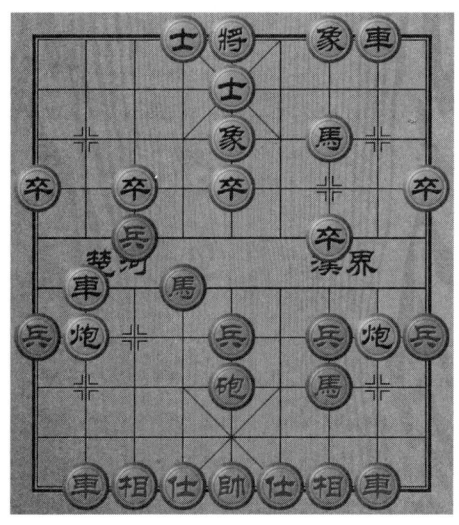

图 6

11. 士六进五，车 8 进 9
12. 马三退二，马 7 进 6

进马，欲保留较多子力，但却引起局势之多变性。此等着法，亦自反映出早期胡荣华不愿与素有残棋圣手之称的杨官磷下无车的马炮残棋之心理状态。此后与胡荣华共同探讨这一名局时，胡慨然评论道：今如再逢此种局势，当毫不犹豫续走炮 5 平 9。此是后话，现且看当时战况演变。

13. 车八进一，炮 5 平 3
14. 兵七进一，卒 5 进 1

正着。如马 6 进 4，炮五进一。

15. 炮五平三……

应改走炮五平一，适当拉长战线，周旋余地较大。

15. ……马 6 进 7
16. 马二进一，马 7 退 5
17. 相七进五，炮 3 退 2
18. 炮三平二，炮 3 平 2
19. 炮二进二，马 5 进 3

20. 炮二进五，士5退6
21. 车八进一，炮2进2
22. 马一进三，卒7进1

红方已失误于第九回合，局势本已陷入困境，幸赖黑12回合攻得过猛，局势才有所松动。但不久红15回合又出软着，战场本是险地，一误岂能再误，局势遂再度恶化。之后黑方步步进逼，19回合得还一子，形成多卒占势的全控局面。战至此时，黑弃卒逐马诱起红相，为车马炮三子成势创造条件。

23. 相五进三……

或曰：不飞相去卒而改走炮二退六将可谋和。诚然，黑方对此如轻易动马，红方即可借兑车简化局势，再设法谋兵，和望较大。但此时黑方可十分简单明了地径走卒7进1去马。下如炮二平七、卒5进1，炮七退二、卒5平4，炮七平八、卒4平3，炮八进二、卒3进1，黑凭借先弃后取战术仍占多卒优势，胜望极大。

23. ……马3退5
24. 马三退五……

无可奈何。如改走炮二退六、炮2平5，炮二平五、车2进2，炮五进二、士4进5，马三进五、车2进2，仕五退六、车2退5，炮五进一、卒1进1，炮五平二、车2平5，炮二退二、卒9进1，仕六进五、车5平8，炮二平一、车8进2，黑方亦是胜势。

24. ……车2平3
25. 车八退二，炮2平5

显得火候不够。理应及时车3退2，消除红方所有反抗之机，然后再从容进兵，谅红方亦劫数难逃。

26. 兵七平六，马5进3

更精确之着，当为马5退3，保留中炮，胜来较易。

27. 炮二退三，士6进5
28. 炮二平五，马3进1
29. 车八平六，卒5进1
30. 炮五退三，卒5进1

31. 马五进三，车 3 平 7
32. 车六进二，马 1 进 3
33. 车六退一，马 3 退 1
34. 车六进一，马 1 进 3
35. 车六退一，马 3 退 2
36. 马三退四，卒 5 进 1
37. 车六进二，马 2 进 3
38. 车六退二，马 3 退 1
39. 相三进一，车 7 进 2
40. 兵一进一，车 7 平 9
41. 马四进三，车 9 平 7
42. 马三进五，车 7 退 2
43. 车六平九，车 7 平 5
44. 车九进一……

自 27 回合起，红方于失势困境中竭尽全力顽抗，至 30 回合兑去黑方恶炮，相对削弱黑方攻势，代价乃是一双大相。这一段，杨公在困难局势下表现出非凡韧性战斗力，从而增大黑方取胜难度，其精妙含蓄之处极堪玩味。虽是如此，红方由于开、中阶段亏损太大，苦战至此，局势仍未能脱离危境。

44. ……象 5 进 7
45. 兵六平七，卒 1 进 1
46. 车九平八，士 5 退 6
47. 帅五平六，卒 5 进 1
48. 士四进五，车 5 平 9

正着。如车 5 进 3，车八平六、士 6 进 5，车六进二，立成正和之势。

49. 车八平五，士 6 进 5
50. 车五进三，车 9 平 3
51. 士五进六，车 3 退 2
52. 车五平三……

亟应车五平九，则黑方取胜难度将大为增加。

52. ……车3平1

53. 帅六进一……

如车三进四、士5退6，车三退四、车1平4，帅六进一、士4进5，车三平九、将5平4，黑方胜势。

53. ……象7进5

54. 车三退一……

如车三平六、士5进6，再士4进5之后，车1退1拟车1平4兑车，黑方亦将获胜。

54. ……卒9进1
55. 车三平五，士5进6
56. 车五进一，卒9进1
57. 车五退一，卒9进1
58. 车五退一，车1平9
59. 车五进二，车9平4
60. 车五平九，车4进3
61. 兵九进一，卒9平8
62. 车九平五，士4进5
63. 车五进二，卒8平7
64. 兵九进一，卒7平6
65. 车五退五，车4退2
66. 兵九进一，车4退1
67. 兵九进一，车4退1
68. 兵九进一，车4退1
69. 兵九进一，车4退1
70. 车五平一，车4平1
71. 车一进七，士5退6
72. 车一退五，车1进8
73. 帅六退一，卒6进1
74. 车一平四，卒6进1

75. 车四进三，士6进5
76. 车四平八，将5平4
77. 车八退三，车1退6
78. 车八平四，车1平4

杨官璘虽竭力抗击，运出极为深厚之功力，然终因布局吃亏太大，败下阵来。从此终结杨官璘称雄而开始进入胡时代。更为重要的是，胡荣华如果没有问鼎，则象棋历史或改写？原来，胡荣华对围棋亦兴趣浓厚，全国象棋冠军宝座落定，方得坚定从事象棋决心。否则弃象弈围，则可能乃是"胡九段"矣。

第 2 局　胡荣华先胜杨官璘

1964 年 5 月 4 日弈于杭州
（1964 年全国比赛最佳对局）
五八炮对屏风马
大赛裁判组、黎民良评注

1964 年的全国象棋个人赛在杭州举行。这次全国赛，首次采用"积分循环制"。所谓"积分循环制"，就是积分高的与高的较量，低的与低的对垒，每天比赛完毕再排定下一场比赛。这种办法，使棋手很难有充分的时间备战。时隔两年，杨官璘和胡荣华再度重逢。这两年间，杨官璘和胡荣华交锋得比较少，只下过两盘棋，都是和局。当时，广东蔡福如已经有了新的飞跃。他在 1962 年全国赛时，二十多盘棋的开局除一盘外都占上风，而且杀着凌厉。要不是对李义庭和对胡荣华两盘棋应胜反败，他早已夺得全国冠军了。杨、胡两龙争珠，到这时演变成杨、胡、蔡三强鼎立。在全国赛前，胡荣华到各地访问时，采用了很多布局，如"飞象局""仙人指路""反宫马"等。这些布局，有不少是胡荣华过去未用过或很少采用的。胡荣华对各种布局都有创新，使一些人们认为是平淡的布局，变得攻击力较强而又复杂多变，因此，他在对东北联队的比赛中，有半数的布局，是在错综复杂的形势下弃子抢攻的。上海棋队起程赴杭之前，笔者连夜拍门采访。胡荣华在争分夺秒的备战中，答应给《羊城晚报》答复读者来信。复信写得很有见地，现摘一段以供同好："要超过老前辈，一方面要好好向他们学习，继承他们积几十年经验研究出来的成果；另一方面不要盲目跟他们走。无论哪个高手的棋艺都不会达到顶峰。他们用过的布局，即使当时赢了，也不一定对。如果我们不抱着推陈出新的态度来研究它，很容易束缚自己的思想，闯不出一条新路……创新布局并不容易，但是，棋艺总是向前发展的，只要我们反复研究和实践，总会发现新的变化。"

胡荣华就是在这种思想的推动下，对一些古局和偏局进行发掘和整理。他在学习和继承前辈的经验中，注意接收新事物，研究新问题，把过去成功的经验，结合新的情况加以运用。

1960年，胡荣华第一次参加全国赛，先手只熟悉"中炮过河车"的布局，后手只擅长"斗顺炮"布局。那时候，他是较难使用灵活机动的战略战术的。四年来，在创新道路上顽强奋进的胡荣华，已经对很多布局有深刻的体会。这使他有条件、有能力凭借棋盘这个舞台，"导演出很多有声有色，威武雄壮的戏剧来"。这次比赛一开始，杨、胡、蔡三强的竞争就白热化了。杨官璘和胡荣华在第七轮相遇时，杨官璘9分，胡荣华10分，而积分最高的蔡福如已达11分。根据赛前的积分情况，可以推测他们的心理状态是：杨官璘要赶胡荣华，胡荣华要赶蔡福如，双方对这局棋所寄托的，都不是一分而是两分。因此，棋界人士从赛前种种迹象，以及赛中出现的紧张情况，预料握先手之利的胡荣华，使用的新颖布局，可能是杨官璘捉摸不到的。

1. 炮二平五，马8进7
2. 兵三进一……

胡荣华擅长中炮挺七兵布局。以往杨官璘跟胡荣华交锋，不是胡荣华抢先挺起七路兵，驾轻就熟，就是杨官璘抢先挺起三路兵，避重就轻。这次胡荣华一反常态，大出杨官璘意外。胡荣华灵活改变战术是有成效的，因为战法经常变化，计谋不断更新，才能使对手难以识破。

2. ……卒3进1
3. 炮八进四……

胡荣华这么早飞炮过河，在"五八炮"布局的发展史上从未有过。只走三步棋，他就布成了预期的"五八炮"战阵雏形。

3. ……车9平8
4. 马二进三，炮8平9

"五八炮"是广东棋手擅长的布局。杨官璘过去使用或对付这种布局，有过良好的成绩。这次胡荣华"以子之矛，攻子之盾"，看来是早有预谋的，杨官璘对此不得不存有戒心。为了避重就轻，杨官璘也不落常套，变出平炮亮车新招。这种灵活地随着"敌"情的变化，作相应的修正来决定行动是十分必要的。

5. 马八进七，象3进5

胡荣华的过河炮正瞄着杨官璘的七路卒。按理，杨官璘最好不上右象而上左象，避免胡荣华炮轰七路卒后左象受到威胁。

6. 炮八平三，马2进8
7. 车九平八，炮2进2
8. 车八进四，卒1进1

胡荣华升车巡河，目的是想兑七路兵跃马出击。这时杨官璘最好不挺边卒，而走炮9退1，在胡荣华前进的道路上伏下包围圈。假如胡荣华不察觉，继续按计划走兵七进一，杨官璘就可以炮9平2打死车，取得运动伏击战的胜利。倘若被胡荣华发现了，杨官璘也可以打乱他兑七路兵的作战计划。

9. 兵七进一，卒8进1
10. 车八平七，马3进4

杨官璘跃马盘河，封锁胡荣华的三路马通道，为以后进车捉炮创造条件。

11. 马七进六……

胡荣华这一步令人惊讶不已。人们都以为他会走车七平六顶马头，如马4退3，则车六进二，仍握先手。现在胡荣华置炮于虎口不理，而拍马进击，激起了无限波澜。

从1960年胡荣华第一次参加全国赛起，每次全国赛和杨官璘交锋，胡荣华都弃子抢攻。1960年，胡荣华弃炮，杨官璘吃了被动而败。1962年，胡荣华弃马，杨官璘不吃，双方力战不下言和。今回，胡荣华又弃炮，结局将会如何呢？

11. ……车8进8
12. 炮三进三……

这时胡荣华也可以用"围魏救赵"的办法来解三路炮之围。变化如下：车七进二，炮2进3（如改走炮2退1，则兵三进一，红方稳握先手），车七平五。这样，红方深入虎穴的车，就大有孙悟空钻入牛魔王肚里造反之势了。因为局势使黑方不能马7进5吃车，否则红方炮五进四轰马，带"将"抽去八路车；黑方也不能炮 2 平 7 打马，否则红方炮三进三轰象叫"将"，乘势抽去八路车。这样黑方八路车如坐针毡，不得不放弃眼看到手的炮，而溜之大吉了。

虽然上述变化不错，但比弃子抢攻来得平淡，是非胡荣华所愿的。

兵法有云："运用之妙，存乎一心。"这个"妙"，在对弈中，是棋手的精心策划啊！胡荣华这步弃炮的确妙极了，它妙在灵活地使用兵力，攻击对方不防备的地方，行动向着对方不意料的方向。

然而，胡荣华的灵活不是妄动，而是基于客观情况，审时度势制定的强攻战术。他这时已经估计到后一阶段大体上如何打法，对可能引起的各种变化作了几手准备，因此弈来气势磅礴。

12. ……象 5 退 7
13. 车七进一，炮 2 进 3
14. 车七平六，炮 2 平 7
15. 车一进二，炮 7 退 1

胡荣华弃炮之后，连抢几步先手，并乘势将双车都调活了。杨官璘面对这样的形势，不得不慎重考虑。他盘算一番后，发现胡荣华的左翼比较空虚，于是偃旗息鼓地退炮，埋伏平炮扫兵从左向右转移，配合右车直指胡荣华的要害地带，制造有利战机。如果胡荣华不察觉，杨官璘不动声色地调集的车炮，一投入战斗，就会出现《孙子兵法》描述的局面："故善战人之势，如转圆石于千仞之山者。"

假如杨官璘不将炮向右转移，而走炮 7 平 8，强攻胡荣华的右翼，很可能引起如下的变化：

一、炮 7 平 8，兵三进一，炮 8 进 2，车一平三，炮 8 平 9，兵三进一，车 8 进 6，车六平三。这样，黑方的强攻如同碰到铜墙铁壁，丝毫无效。

二、炮 7 平 8，兵三进一，炮 8 进 2，车一平三，车 1 平 3，兵三进一，车 8 进 5，相七进九，车 8 平 4，兵三进一，车 3 进 6，士六进五，车 3 平 4，车六平四，后车退 1，车四进四，将 5 平 6，兵三平四。这样，黑方虽然强行反扑夺回一子，但红方可以巧妙地连弃车马智胜。

16. 车一平三，炮 7 平 1

17. 卒三进一，车1平3
18. 卒三进一，车8进5
19. 马六进四（图7）……

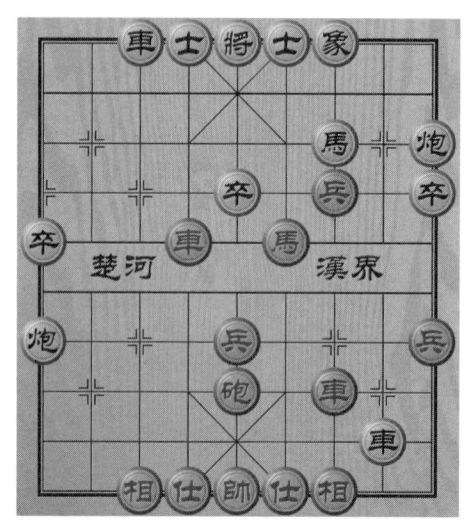

图7

当时，陈松顺、屠景明、谢小然、沈志奕和王启宏等象棋前辈，联合评注这步棋的时候，认为进马急攻，是凶悍着法，反映了胡荣华敢于搏杀的风格。但失相以后，黑棋亦有对攻机会。可改走相七进九先守一步，则车8平4，兵三进一，车3进6，车三平四。以后黑方有四种应法，变化如下：

一、车8平4，车四进七，将5平6，车六进四，将6进1，马六进五，将6平5，马五进七，将5平6，兵三进一，将6进1，车六平四，红胜；

二、炮1平5，士四进五，士4进5（如车3平4叫杀，则车四进七，杀法同前），车四进一，车3平4，帅五平四，后车退1，炮五进四，士5进6，车六平九，红方胜定；

三、士4进5，炮五进四，相7进5，士四进五，炮1平5，帅五平四，炮5平6，车四平八，红方大占优势；

四、炮9退2，士四进五，车3平4，炮五平六，红方得回失子，小兵逼近九宫，形势优越。

十九年后，笔者将拙稿送给陈松顺同志指教时，陈却有新的见解。他认为胡荣华这一着棋，有两个方案：一个是飞相拦炮，先守一步；另一个是弃相跃马，抢先对攻。前者比较稳健，但攻势缓慢，给对方有选择对策的余地。例如飞相之后的变化是：车8平4，兵三进一，炮9进4。黑方下手来个炮1平2，就可能使局势复杂多变。后者对攻激烈，比较危险，但着法紧凑，逼使对方没有考虑的余地。按照胡荣华积极主动、力争胜利的风格，当然他是要舍弃前者而取后者的。今天笔者重新整理稿件时，深感陈松顺同志的新分析的确是真知灼见。为了便于读者探讨，特将前后两种论述都列出来。

19. ……车8进9
20. 马四进三，炮1进3
21. 车三平四……

两军相争勇者胜。胡荣华置车于虎口不理，平车抢杀，确有胆色。这着如他误走车三进三，双车并联防抽"将"，那么黑方车8平2后，来势就更凶了。双车得机借炮连珠带响抽"将"，必擒红方一车。

21. ……士6进5

目前双方都背水一战。在这种"拼刺刀"搏杀中，谁稍为后退半步，都会导致阵势的崩溃。杨官璘上士防御胡荣华的车马攻杀。胡荣华便可乘机炮轰中兵，连续不断发动攻击，把杨的双车逼退返防，完全控制了局势。假如杨官璘不上士，而走炮9退2，将暂时没有多大作为的边炮调动起来，加强防守兵力，以化解胡荣华的杀势，继续保持强大的攻击力量，还可以从对攻中争得均势。现将这种变化试演如下：炮9退2，炮五进四（如误走车六平四，则车8平5，黑方突施妙手擒王），车8平2，车六退三，卒1进1，相三进五，车3退3，士六进五，车2进1，士五退六，车3平5，士四进五，车5进1（如改走车2退1，则相五退七，车5进2，帅五平四，车5平8，炮五退六，这样红方可解杀还杀），车六平九，车5退2（如改走车5平1，则车四平九，炮9进6，车九进二，炮9平7，兵三平四，车2退7，车九退四，车2平7，这样，红方的空头炮和过河兵的威胁较大），车九退二，车2平1，车四进六，车5退2，马三退五，炮9进6。经过一番精彩而又曲折、紧张而又复杂的变化后，局势从紧张转趋平淡，这时和棋的可能性是很大的。

  22. 炮五进四，士5进6
  23. 车四平六，车3退9
  24. 士六进五，车8退6

  杨官璘在胡荣华双车马炮的强大压力下，被逼退回双车防守，使互相牵制的局势消失，以后只有招架之功而无还手之力了。到此地步，杨官璘的一线希望是兑子求和。杨官璘寻求兑子有两个方案选择：一是走车8退6，一是走车8平7。车8退6的变化。现在把平车捉兵可能引起的变化试演如下：车8平7，炮五退二，车3进9，士五退六，车3退2，士六进五，车3平4，士五进六，车7退5，车六平五，象7进5（如改走士4进5，则车五平三，车7平5，车三平九，红方可抽"将"得子胜），马三进二，炮9退1，车五进二（如改走车五平九，则炮9平5，黑方有转危为安的机会），士4进5，车五退二，将5平6，车五平九，士5退4，炮五平四，将6平5，车九退五，车7退3，炮四平八，炮9平2，车九进八。这样，红方可得子胜定。

  25. 帅五平六，炮9平7
  26. 前车进四，车3平4
  27. 车六进七，将5进1
  28. 车六退一，将5退1
  29. 相三进五……

  象棋谚语说："过河卒子大似车。"因此，胡荣华是不会轻易以兵换炮的。他弃马后，炮镇空头，车压象田，过河兵离九宫近在咫尺，其势甚猛。现在胡荣华飞相，无疑是精巧之着。但如改走兵三平四，可迅速集结兵力于中路作最后打击，那取胜就更快了。

  29. ……炮1平2
  30. 车六进一，将5进1
  31. 车六平三，炮2退7
  32. 车三退一，将5退1
  33. 兵三平四，炮2进2

34. 兵五进一，炮 2 平 7
35. 车三平四，前炮乎 6
36. 炮五退一，炮 7 进 2
37. 炮五平三，车 8 进 1
38. 兵五进一，车 8 平 6
39. 兵五平四……

胡荣华在围攻中，把着眼点放在消灭对手的有生力量上，从而一举吃掉杨官璘的双炮，奠定了胜利基础。

39. ……车 6 进 1
40. 炮三退三，车 6 进 2
41. 车四平六，车 6 平 9
42. 车六进一，将 5 进 1
43. 车六退三，将 5 退 1
44. 相五退三，卒 1 进 1
45. 车六平五，士 6 退 5
46. 炮三平五，车 9 平 4
47. 帅六平五，将 5 平 4
48. 车五进二，车 4 进 2
49. 车五退四

胡荣华的主炮占居中路要冲，而杨官璘又没有士象掩护主帅，因此胜负已分明。胡荣华和杨官璘运用灵活的成术，使得对攻形势诡奇突兀，其搏杀之激烈，局势之紧张，为他们过去对局中从未见过。

在这盘棋的实战中，灵活运用战略战术，主要表现在两个方面：一是灵活地改变战术，二是灵活地使用兵力。胡荣华主动采用过去被杨官璘逼走的中炮进三兵类布局，而且不按"五八炮"布局常规走法，使杨官璘难以捉摸其行动规律。杨官璘面对新的情况，并不墨守成规，而是灵活地随着对手的变化作相应的行动，同样也使胡荣华难以掌握其行动规律。胡荣华和杨官璘灵活地使用兵力，也是十分出色的。胡荣华在第十一回合弃炮跃马出击，是形势还未明朗时作出决定的。当时，双方兵力齐全，杨官璘的防御表面上没有露出丁点儿破绽，然而胡荣华却能洞察其虚实，避实击虚，弃炮袭击对方不防备的地方，而行动的方向又是对方意料不到的，故能弃子得势。杨官璘在第十四回合前，都企图集中兵力从左翼发动强攻，但当他发现胡荣华更有潜力调集更多的兵力于同一侧防守的时候，便果断迅速转移，使一步未动的右车发挥出极大的作用。虽然转移后这一翼兵力的集结，与左翼兵力相比仍有差距，但胡荣华却毫无布防，相对来说，是集中绝对优势兵力来进攻的。双方灵活地调动兵力，使局势瞬息万变，耐人寻味。弈棋是千变万化的，棋手的战略战术，必须灵活地依据局势的发展而发展，随着情况的变化而变化。如果棋手光是死记硬背棋谱或名手的某些布局，对其变化囫囵吞枣，浅尝辄止，比赛时生搬硬套，依样画葫芦，结局不堪设想。这盘棋，倘若胡荣华照以往"五八炮"布局走法的顺序行子，杨官璘不一定会让他走成，即使走成了，也难免不落杨官璘的圈套。

第 3 局　胡荣华先胜李义庭

1964 年 5 月 1 日弈于杭州
中炮过河车对平炮兑车
朱永康、朱剑秋评注

1964 年全国个人决赛进行到第五轮，胡荣华与李义庭二位全国第一流高手相遇，展开了一场不寻常的角逐。布局阶段，双方采用了中炮过河车对平炮兑车的流行布阵；在搏斗过程中，虽然出现激烈局面，由于针锋相对，胡方仅略占先机；中局阶段，由于李方应守欠当，导致了防守上困难；最后，胡荣华掌握战机，运用了车马兵精雕细刻，取得了胜利。

1. 炮二平五，马 8 进 7
2. 马二进三，车 9 平 8
3. 车一平二，卒 7 进 1
4. 车二进六，马 2 进 3
5. 兵七进一，炮 8 平 9
6. 车二平三，炮 9 退 1
7. 马八进九……

上边马攻平炮兑车，是当时流行的布阵之一，另外还有兵五进一，进中兵以及马八进七以后炮八平九的五九炮等攻法，仍在分别被采用。

7. ……车 8 进 5

进车骑河，控制红方子力活动，是一种积极对抗着法，如改走士 4 进 5，则炮八平七。

8. 兵五进一，士 4 进 5

也有走马 3 退 5，兵三进一，车 8 进 1（如车 8 平 7，车九进一，再车平四攻黑左翼），炮八进四，对攻也很激烈，从很多实践看来，退马比上士要灵活多变。

9. 炮八平七，炮9平7
10. 车三平四，卒7进1
11. 兵三进一……

兑兵稳健，如改走士九平八，车1平2，兵七进一，卒7进1，马三退五，炮2进4，兵七进一，马3退4，成对攻局势，红方当然不愿意。

11. ……车8平7
12. 车九平八，车1平2
13. 车八进六……

进车对黑方右翼弱点施加压力，如改走兵七进一，可能产生以下变化：卒3进1，相三进一，车7进1，炮七进五，车7进1，车八进六，卒3进1，这样的局势，双方的右翼，均有不足之处，将形成对攻。

13. ……相3进5
14. 兵七进一，炮2平1
15. 车八平七，马3退4
16. 兵七平六……

排兵，保持物质力量，同时防止黑炮1平3化解，如改走马九进七抢攻，则炮1平3，马七进六，炮3进2，炮七平六，车2平3，失去过河兵，还造成复杂对攻。

16. ……车2进6
17. 兵五进一，卒5进1
18. 兵六平五，马7进8
19. 车四退一，马8进7
20. 车七退三……

目前形势，红方虽有过河中兵之利，但双马不活，黑双车占据要点，黑方七路马将有咬中炮，再车7进1威胁红方三路马，以及马7退5的反击。角逐中成各有千秋。现在红方退车邀兑，既活边马，又瓦解黑方反击意图，是步要着。

20. ……车2平3
21. 马九进七，炮1平3
22. 炮七进五，马4进3

23. 车四退二，炮7平8
24. 炮五进一……

黑方第21回合，兑去红方凶炮，对红方右翼施加影响，继之平炮企图打车反击，来势不善。红进中炮出于无奈，如改走马三进一，则炮8平9，马一进三，炮9平8，不变作和。

24. ……炮8进5
25. 车四进三，马7退5
26. 相七进五，车7进1
27. 炮五平二，马5进3

应走车7平3吃马，炮二平五、马3进4这步临场容易忽略的巧棋。车四退三，马4进5，兑子后即成和局。

28. 车二平七，车7平3
29. 马三进二，马3进2
30. 马二进四，马2进4
31. 马四进二，车3退3
32. 马二进三，将5平4
33. 车四退二，马4进2
34. 仕四进五，车3平7

车离防守好点捉马，不如走象5退3，弥补防守不足，较为合适。

35. 马三退四，车7进3
36. 兵一进一，马2进3
37. 帅五平四，马3退4
38. 车四平六，将4平5
39. 兵五进一，马4进3（图8）

如图形势，双方仅剩有车马兵的兵种，但红方多一过河兵助攻，局势占优。黑方比较艰难些，由于无助攻兵力，仅赖车马周旋，处于守多攻少之境。现轮黑方走子，进马作用不大，带来右翼隐患，应走士5进6，加强防守，尚有谋和希望。

40. 仕五进四，卒1进1
41. 仕六进五，车7退2

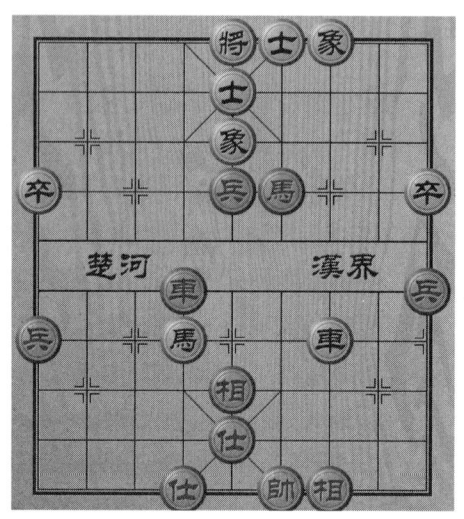

图 8

42. 车六平八……

由于第 39 回合黑方进马，给防守带来困难，现在红方乘虚进攻，局势就更加不利了。

42. ……将 5 平 4

43. 车八进五，将 4 进 1

44. 车八退八，车 7 平 3

45. 车八进五，车 3 退 2

46. 兵五平六，马 3 退 4

忙于退马回守，应走将 4 退 1 较安全。

47. 兵六平七，车 3 退 2

48. 马四退六……

红方因为胜利在望，有些放松。应改走兵七进一，送兵得马取胜。

48. ……将 4 退 1

49. 兵七进一，马 4 退 3

50. 车八平一，车 3 平 2

51. 车一平六，将 4 平 5

52. 马六进四，士 5 进 6

53. 兵七进一，士 6 进 5
54. 相五进七，车 2 进 9
55. 仕五退六，马 3 退 2
56. 车六退一，车 2 退 3
57. 兵一进一，车 2 退 3

应走车 2 平 1 吃兵，再作艰苦周旋。

58. 马四退三，车 2 平 4
59. 车六平八，车 4 进 6
60. 帅四进一，马 2 进 3
61. 帅四平五，马 3 进 5
62. 象三进五，象 5 退 3
63. 车八平五，马 5 进 4
64. 马三进二，象 7 进 5
65. 兵七平六，车 4 平 8
66. 马二进三，将 5 平 6
67. 帅五平四，车 8 退 1
68. 帅四退一，车 8 进 1
69. 帅四进一，车 8 退 1
70. 帅四退一，车 8 退 3
71. 车五平六，马 4 退 5
72. 兵六平五，车 8 进 4
73. 帅四进一，马 5 进 7
74. 帅四平五，士 6 退 5
75. 帅六退二

黑方失马，红胜。

第 4 局　陈新全先负胡荣华

1965 年 11 月 21 日弈于银川

中炮对反宫马

徐天利评注

如果说 1964 年前的胡荣华在象棋艺术的深造上主要是学习和继承，兼收并蓄各家之长，那么在这个基础上，自 1964 年以后，他以旺盛的独创精神对象棋艺术的高峰开始了新的攀登，开始了对当代象棋理论的全面探索和革新。对反宫马布局的全面革新和补充就是他的重要研究成果之一。经过近 20 年的研究和实践，今天，胡荣华所著的《反宫马专集》已经问世，也被国内外棋界一致推崇，公认为最佳布局著作之一。今天，回忆起这一对局是颇有趣味的。当年比赛时，我与胡荣华同居一室。当他赛完这局棋回房时，我问他下得如何。他先是一笑，继而摇了摇头说："胜是胜了，但吃了不少苦头，我想在大赛中实践一种布局构思，不料，陈新全局面嗅觉很好，应变十分有效，被他控制局面达二小时之久。最后，陈由于久攻不下不免有些急躁，直至第 27 回合才出现转机，胜来不易呀。"

当下，我们马上复盘研究。胡荣华在被动的形势下走得十分冷静，阵脚始终不乱，表现出罕有的韧劲，是一个棋手的技术素质、气魄、意志的全面较量的表现。陈胡之战给我留下了深刻的印象。当时我深深地感到：胡荣华开始成熟了，前途无可限量，我钦佩不已。

1. 炮二平五，马 2 进 3
2. 马二进三，卒 7 进 1
3. 兵七进一，炮 8 平 6
4. 炮八进二……

蜀中名将陈新全，当时正值壮年，棋风深沉有力，他采用左炮巡河对抗反宫马阵式，这在当时还是少见的。发展至今已成为流行变例之一。可见陈新全对布局理论颇有见解。

4. ……马8进7
5. 车一平二，象7进5

飞左象是针对巡河炮的常用战术手段。其目的是阻止兵三进一兑兵，因兑兵后，红炮至三路，则黑左马跃出后可走车9平7捉炮争先。

6. 车二进六，炮2退1

胡荣华对象棋结构方面进行了初步的探索。强调子力的协调、态势的优越、潜力的蕴藏、弱点的消除、空间的争夺以及出子的速度等等。这些都是当代象棋理论上的重要课题。经过对局后一个相当长时间的研究，在这一特定布局形势下右炮退1准备左移七路，固然是一种良好的布局构思，但由于出子速度上的落后，红方可通过马八进七、马七进六之后及时赶至河头，构成坚固有力的阵地。这就使得集结于左翼的黑方子力一时难以开展，反而处于被动。70年代后期以来认为黑方此时应改走炮2进1更富有弹性。

7. 马八进七，炮2平7
8. 马七进六，士6进5

如改走车1平2，车九平八，士6进5，炮五平七，红方主动。

9. 炮五平八，车1进1
10. 相七进五，车1平4
11. 车九平八，车9平7

红方第九回合平炮封车，继而上相导致局势进入了阵地战。红方占据制高阵地，局势较为主动。但要制定一个逐步推进的计划并非易事，更不能过高地估计这一局势。胡荣华黑车平7是看到在相峙的局势下，不宜妄动，故加固阵地以待其变。

12. 炮八平六……

不必急于打车，可先走仕四进五，以下如卒9进1，兵九进一等待其变，以静制动来消耗对方在比赛中思考的时间。

12. ……车4平2
13. 炮八进二，卒9进1
14. 仕四进五，车7平6（图9）
15. 车二进二……

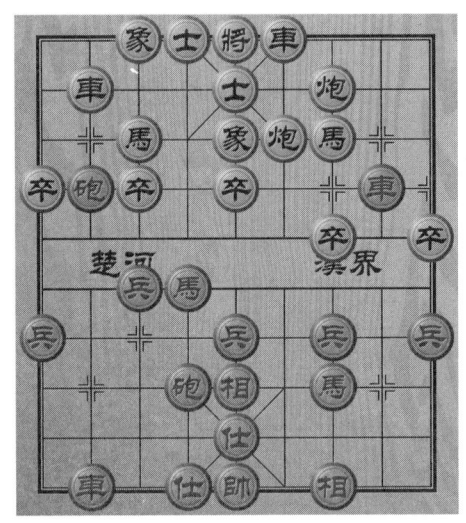

图 9

信手弈一计划不明。如图形势，应改走相三进一准备兑三兵灵活右马，可进一步扩大空间优势，前景将更加乐观。

15. ……车 6 平 7

16. 兵九进一……

仍应相三进一准备兑三路兵。

16. ……马 3 退 1

回马逐炮正是时候。可见黑方第 14、15 回合在于诱使红车离开卒林，为实现此着退马作好准备。

17. 炮八退二，车 2 进 2

此后，为右车取得较大的活动空间。至此，黑方局势稍见松动。

18. 炮六平七……

不宜走马六进五，由于炮 6 退 1，车二退二，卒 3 进 1，红马反被捉死。

18. ……马 1 进 3

19. 炮八进一，士 5 退 6

防患于未然。调整士位以减轻三线之压力，表现出极大的韧性。

20. 车八进三，士 4 进 5

正着。不能走炮7平2，因红棋可走兵七进一。

21. 车二退二，车7平9
22. 兵五进一……

红方自第8回合起掌握了主动权，但战斗至此未见有明显的进展。究其原因是始终没有制定出明确有效的作战计划。局部的战术手段难以突破胡荣华坚固的防线。如能适时兑三兵活跃右马，则红方进击线路将会更宽，必会有满意的收益。可惜陈新全没顾及到这一点。现在红方急进中兵，失去了最后的机会。此时仍应乘黑车脱离7路，抓住战机走兵三进一兑兵，仍可有相当的主动权。

22. ……车9进3
23. 车二平一，马7进9
24. 炮七进四，马9退7
25. 兵七进一，炮6进3（图10）

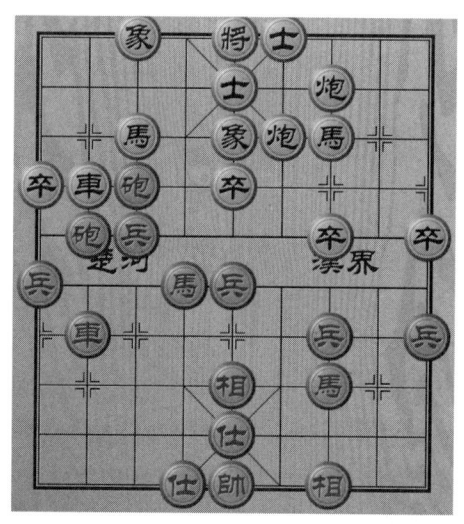

图10

针锋相对的唯一应着。红方七兵强度，隐伏杀机。图形势如黑方立即接受弃兵走象5进3，则炮八平三，车2进3，炮三进三，先要杀再回马吃车，可净得一炮。现胡荣华识破计谋而先进炮轰马，红方如退马，则车无根。黑方就可从容飞象取兵了。

201

26. 兵五进一，象 5 进 3

27. 炮七进三……

战斗进入高潮。现红炮击底象，显然是冒险之举。应改走车八平四较好。以下如炮 6 平 1，则兵五平四（车四进五，炮 7 退 1，车四平三，象 3 退 5，车三退一，卒 5 进 1，黑将可夺还一子，局势乐观），象 3 退 5，马三进五，炮 7 平 9，双方机会相当。

27. ……象 3 退 5

28. 炮七平九，卒 5 进 1

29. 兵三进一，炮 6 平 5

镇中炮是稳当着法，决心在兑车后较量马炮残棋。如立即走卒 7 进 1，则马六进七，将引起不少波澜。

30. 炮九退二……

不如走兵三进一，炮 7 进 3，炮八平三，车 2 进 3，马六退八，象 5 进 7，马八进七，红方尚可周旋。

30. ……卒 7 进 1

31. 炮八平一，车 2 进 3

32. 炮一进四，炮 7 退 1

33. 马六退八，马 7 进 6

经过这样的大转换，黑方形势已明显占优了。

34. 兵一进一，马 3 进 2

35. 炮九进二，马 2 进 3

36. 马八退七，炮 5 平 2

37. 马三进一，卒 7 平 8

38. 兵一进一，卒 5 进 1

再渡一卒，黑势更强了。

39. 马一进二，卒 5 进 1

40. 仕五进六，马 6 进 4

41. 马二进四，马 4 进 6

42. 相五进七……

红右马虽然从边线绕道而出，但黑方中卒也长驱直入。由于红方子力难以配合成势，而黑方子力已基本成势，优劣可判，黑方已是胜势了。

如改走马四进三，将5平4，马三退五，则马6进7，帅五进一（帅五平四，炮2平6，马五退三，炮6退2），炮2进3，马七进八，卒5平4，黑方胜势。

42. ……炮2退1
43. 马四退六，炮2平9
44. 仕六进五……

不能马六退七，由于马6进7，帅五平四，炮9平6，后马进五，卒5平6，马五进四，卒8平7，胜势。又如走马六退五，马3退5，红方亦难招架。

44. ……马3退5
45. 马六进五，马6进7
46. 帅五平六，炮9退1
47. 马五进七，将5平4
48. 炮九平八，炮9平3
49. 后马进九，炮3退1
50. 炮八退八，炮3平4
51. 炮八平六，炮4进6
52. 帅六进一，将4进1
53. 马七退九，士5进4
54. 炮一平四，将4平5
55. 帅六退一，炮7进5
56. 相三进五，炮7平6
57. 前马退七，将5退1
58. 炮四退一，士4退5

精细！如立即走马5退3，则炮四平六，尚可防守一阵。

59. 炮四退三，马5退3
60. 马九进七，炮6平4
61. 后马退六，炮4进1

62. 相五退三，马3进1
63. 马七退八，马1进2
64. 马八退七，马2退3
65. 炮四平八，卒1进1
66. 炮八退四，卒1进1
67. 仕五进四，马7退8
68. 仕四退五，马3进1（黑胜）

第5局　李来群先负胡荣华

1977年9月25日弈于太原
五九炮对平炮兑车
朱永康、朱剑秋评注

1977年全国个人预赛，分六个组进行，李来群与胡荣华同在一个小组相遇。胡、李之战，是一场争夺决赛权的战斗。因为，按照规定，每个小组的第一名才有资格参加决赛。李来群在1976年参加全国少年赛时，已经初露锋芒。今年在参加邯郸市名手邀请赛中，更是大显身手，战胜了几位全国亚军。现在面对蝉联七届的全国冠军，也敢于斗争，敢于拼搏。可惜在中局的对攻中，李来群由于战略运用失当，招致败绩。胡荣华在这一关键性战役中，表现了沉着机智和丰富的临场经验。在开、中局的战略战术运用上，精湛之处颇多。这一战的胜利，为蝉联八届冠军，闯过了关键性的一役。

1. 炮二平五，马8进7
2. 马二进三，车9平8
3. 车一平二，卒7进1
4. 车二进六，马2进3
5. 兵七进一，士4进5
6. 马八进七，炮8平9
7. 车二平三，炮9退1
8. 炮八平九，炮9平7
9. 车三平四，马7进8
10. 车九平八，车1平2
11. 车四进二……

也可改走炮五进四打中卒。另外，也有走车八进六，卒7进1，车四退一，卒7进1，马三退五，象3进5，马七进六，以下黑方有炮2退1或马8进9，攻防双方均有复杂变化。

11. ……炮7进5

先手打兵再进炮封车，这是流行的一种对抗阵式，如改走炮2退1，车四退三，象3进5，车八进七，马8进7，车四退二，炮7进1，马七进六，车2平4，马六进七，炮2平3，兵七进一，车8进8，亦有复杂对攻。

12. 相三进一，炮2进4
13. 兵五进一，炮7平3
14. 兵五进一……

急送中兵，冲破中线，再用盘头马进击，展开中路攻势。在第四届全运会棋类竞赛中，这步棋曾出现马三进四的新招，这一新变，也含有马吃中卒，中路突破后，削弱过河炮的压力，进而攻击黑方右翼，是一个新的挑战，当时有两种应法：

（一）炮2退5，车四退三，卒卒进1，马四退三（如相一进三，炮3平6，红方失马），象3进5（如卒7进1，兵七进一，红方弃子抢攻），兵五进一，卒5进1，相一进三，炮2进5，车四平五，车8进3，仕六进五，中线打通，红方目的已达到。（二）车8进3，炮五平三，象7进9，马四退五，炮3平4，马五进六，红方把子力运到左翼集中，构成复杂攻势。

14. ……卒5进1
15. 马七进五，车8进2
16. 马五进六，炮3平1
17. 仕四进五……

上士，既防止二路黑炮有抽将机会，并在必要时出帅助攻，弈来稳正。

17. ……马8进7
18. 车八进二，马3退4

目前局势，红方八路车升起后，暗伏出帅杀机，现回马巩固中防，保持高度警惕性。

19. 兵七进一，马4进5（图11）

红方送七兵是一步恶手，上马应付是正着，如改走（一）卒3进1，

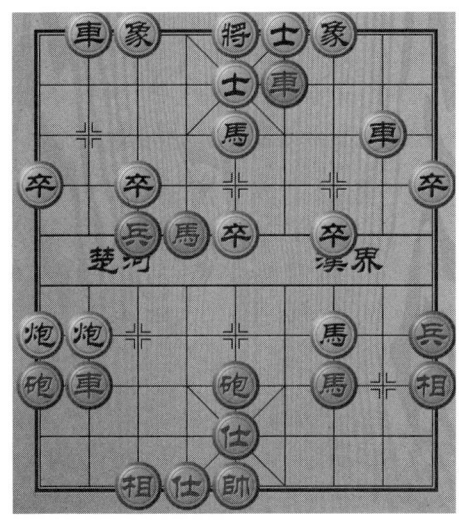

图 11

炮九进四,车 2 进 3,车八进一,车 2 进 3,炮九平五,马 4 进 5,帅五平四,将 5 平 4,炮五平六,红胜利在望。(二)马 7 进 5,车八平五,卒 3 进 1,车五进三,红方亦有攻势

20. 帅五平四……

如图形势,红方在开局过程中,失去三个兵力,换来一些攻势,黑方虽受一点攻击,但子力尚活,有一定对抗潜力。现轮红方走子,出帅,放弃过河七兵,导致以后少兵的不利局势,有嫌失策。宜保留利用过河七兵助攻比较有益,改走马六进七作一试探,如黑方接走车 2 进 2,则兵七进一,马 7 进 5,炮九平五,车 8 进 4〔如马 5 进 3,马七进五,士 6 进 5,车四平五,将 5 平 6,车八平六,车 8 平 4(车 2 平 4,车五退二,红胜势),车五进一,将 6 进 1,车六进五,车 2 平 4,马三进四,红优〕,马七退五,车 8 平 3,兵七进一,车 2 进 1,帅五平四。这样的结果可能会好些。

20. ……马 7 进 5
21. 炮九平五,卒 3 进 1
22. 马三进五,炮 1 进 2

刁着,逼上士避杀,影响红左车活动,便于黑将移动减少威胁。

23．仕五进六，车2进2
24．炮五进三，将5平4
25．炮五进一，车8进7
26．帅四进一，马5退3
27．车四退四，车8退3

红退车河头，待机平六求攻，黑方退车兵线，控制红马活动，并使红车不能平六制造威胁，然后凭借多卒取胜，弈来恰到好处。

28．相一退三，炮1退4
29．仕六退五，车1平4
30．马五进六，车8平4

黑方这两个回合，兑子、车守将门，其战略思想与第27回合的构思是默契的，即削弱红方攻击力，取得多卒绝对优势。

31．马六进四，车2平6
32．车八平四，卒9进1
33．帅四退一，炮2平9
34．炮五退一，卒7进1
35．马四退三，炮9平6

送七卒，再平炮照将，巧妙地兑去双车，简化局势，掌握多卒物质力量。

36．车四平六，车4进1
37．车四进三，士5进6
38．仕五进六，卒9进1
39．炮五退一，炮6退1
40．马三进二，卒9进1
41．马二进四，象7进5

兑掉主力后，黑方以马炮三卒士象全，对红方马炮仕相全，净多三卒，局势胜定。以后红方虽奋力顽抗，终因寡不敌众，以下着法从略。

第 6 局　胡荣华先胜王嘉良

1977 年 9 月 30 日弈于太原
过宫炮对左中炮
胡荣华评注

1. 炮二平六……

我决定采用先走过宫炮布局，是出于这样的考虑：过去，在全国比赛中，我对王嘉良大都是以飞相局布阵，王可能对此有较充分的准备，而用过宫炮则可能出乎他的意料。赛后，王嘉良也说他事先估计我最可能采用的还是飞相局。

1. ……炮 8 平 5
2. 马二进三，马 8 进 7
3. 仕四进五……

过去这步棋都是走车一平二，抢出右车，由黑方车 9 进 1，抢横车较多。现在我不出车是这样考虑的：假使让黑车 9 平 8 以后，下一步也没有什么太好的位置可占。出于"对方不是必争的，我也不争"的原则，决定先补仕巩固中路，准备以后改出肋车。

3. ……车 9 平 8
4. 相三进五，马 2 进 3
5. 车一平四，车 8 进 4
6. 车四进七……

黑方进车巡河是正着。如改走卒 3 进 1，则车四进五，象 3 进 1，炮八进四，红方易走。

红方目前的子力分布，右翼只有两个子，左翼却有四个子。红方的计划是既要防止黑方对己方右翼的反击，又要找机会向左翼成功地集结子力，向黑方右翼进攻。现在进车捉马，只是为袭扰黑方阵地，延缓黑方出子速度。如改走马八进九，另具变化。

6. ……马 3 退 5

7. 车四退三，炮 2 平 1

　　黑方平边炮，准备以后打边兵，同时可以开出右车。但是这只是问题的一方面，另一方面在黑方开出右车的同时，却也让红方左车顺利地开出来了，到底是否值得是有疑问的。本人意见是应走卒 3 进 1，红方马八进九，则马 5 进 3，从表面看似失去一先，但下一步有马 3 进 4 先手捉车的手段，也可以满意了。

8. 马八进九，车 1 平 2
9. 车九平八，卒 1 进 1

　　进边卒封住红边马，这是必然的，也是黑方走炮 2 平 1 时的计划，目的是取得残局多卒的优势，但这必须有一个前提：即兑去双方相当的作战子力。从实战的记录来看，黑方似乎过高地估计了自己取得优势的潜在因素，忽视了自己出子速度较慢这个现实的弱点。

10. 炮八进四，马 5 进 3
11. 车四平六，士 4 进 5

　　红方子力都已开出，但双马还不灵活，黑方则有两个马随时可能遭到攻击，红方怎样去攻击或取得便宜呢？接下去走：

12. 炮八退二，炮 5 平 6

　　黑方卸中炮，调整阵势加强马与炮之间的联系是冷静的。如果改走车 2 进 4，红方则车六进二，炮 5 平 6，炮八平三，马 7 退 9（如炮 6 进 1，则车六进二，黑方亦较难走），车六平七，以后再有炮三平七的手段，可以多兵占优。

13. 炮六平八，车 2 平 1
14. 车六进四，卒 3 进 1
15. 后炮平六，车 1 平 2
16. 车六平七，象 3 进 5
17. 炮八进三，车 2 平 3

　　平车兑车是败着，立即陷入被动，应改走士 5 退 4 坚持。如果改走马 3 进 4，则红炮八退二，炮 1 平 4，炮六进五，炮 6 平 4，兵三进一，车 8 进 3，炮八平六，车 2 进 9，马九退八，车 8 平 7，炮六平九，红多兵且有攻势占优。当然黑方 16 回合应先走卒 3 进 1 弃卒，再象 3 进 5 补象，也很工稳。

18. 车七平九（图12）……

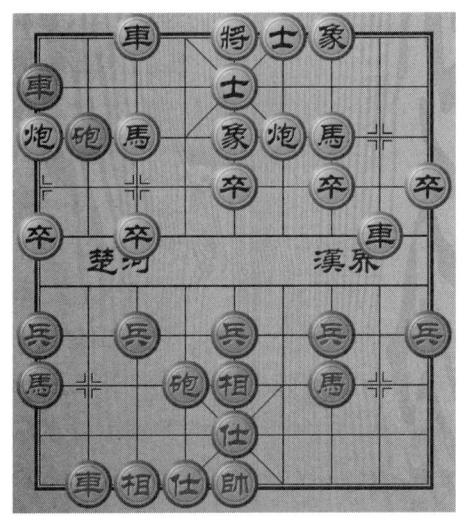

图 12

18. ……车 3 平 2
19. 车九退一，象 5 退 3
20. 车九退二……

改走炮八退二，马 3 进 2，车九退二，也属红方优势。

20. ……炮 6 平 2

如改走车 2 进 2，则车九进四，车 2 进 7，车九平七吃象将军，再马九退八吃车，黑方缺象少卒也难走。

21. 车八进六，象 7 进 5
22. 车八平七，马 3 退 4
23. 车九平八……

至此，红方完全控制局势。

23. ……卒 7 进 1
24. 兵九进一，马 7 进 6
25. 车八退一，马 6 进 7

26. 相五退三……

退相弥补自己的弱点，消除黑方可能出现的攻势，作好充分的准备，然后发起最后的一击才更加有力。

26. ……车8进4
27. 相七进五，车8平6
28. 炮六退一，车6退4
29. 炮六平八……

平炮消灭黑炮，也就打消了黑方最后一线希望。此时切忌走车七平五贪吃黑卒，否则被黑炮2平1献车，再马4进3捉双车，立可解脱困境。

29. ……炮2进6
30. 车八进五，炮2平1
31. 马九退七，车6进4
32. 车八退七，车6平7
33. 车八平九，炮1平2
34. 车七平八，车7退1
35. 车八退五，马7退6
36. 车九平六，车7退1
37. 车六进一，车7平9
38. 车八进三，车9平6
39. 兵九进一，卒5进1
40. 兵五进一，车6退1
41. 车六进一，卒5进1
42. 车六平五，车6进1
43. 马七进九，马6进7
44. 车五进二，卒9进1
45. 兵九平八，马7进6
46. 车八平六，车6平7
47. 仕五退四，卒3进1
48. 相五进七，车7进3

49. 仕六进五，车 7 退 3
50. 车六进四，士 5 进 6
51. 帅五平六，士 6 进 5
52. 车五平一，将 5 平 6
53. 车一进三，将 6 进 1
54. 车一平六（红胜）

第 7 局　傅光明先负胡荣华

1979 年 9 月 26 日弈于北京
顺炮进七兵对缓开车
朱祖勤、丁旭光评注

　　1997 年在北京举行的第四届全运会个人决赛，胡荣华对傅光明的那一盘棋，是胡荣华棋手生涯中最难忘的棋之一。因为这盘棋是关系到他能不能第十次蝉联冠军的关键一仗。第四届全运会中国象棋个人决赛倒数第二轮，胡荣华和傅光明狭路相逢。傅光明积 11 分，处于领先地位，胡荣华积 10 分，紧跟于后。对双方来说，这都是关键的一仗。按照赛前的排位，傅光明最后一轮的对手是一位台北棋手。按照彼此的实力，傅光明胜利的把握很大。也就是说，傅光明只要与胡荣华下和，冠军可以说就是囊中之物。傅光明此前最佳战绩是全国比赛的第 7 名。全国冠军的称号对任何一名棋手来说，其价值自不待言。这盘棋又是傅光明先走，只要他铁心和棋，胡荣华的"十连霸"将成为泡影。胡荣华必须获胜，才能十冠群英，完成十连霸伟业。

　　胡荣华如要获胜，必须把傅光明引上悬崖决斗。赛前的晚上，胡荣华是通宵难眠。经过一个晚上的思考后，胡荣华终于想到了一个机会最多的方案。在研究了傅光明的很多的对局以后，胡荣华采用了一个比较大胆的方案——让傅光明走成他自己认为很满意的开局。这局棋，胡荣华以顺炮开局迎战。在开局中取得反击机会后，胡荣华牢牢控制主动权，进而对对方窝心马发动精湛的攻击。最后，胡荣华取得胜利，开创了象棋史上空前的十连霸的奇迹。同时，也给人们对这一开局体系的进一步发展和探索，以及心理战术在棋艺上的运用，提供了研究的范本。

　　1. 炮二平五……

　　比赛开始，傅光明摆了个当头炮。按常规，第一步胡荣华可以不假思索地立即走子。但是，为了诱使傅光明求战争胜，然后请君入瓮，胡荣华知道，此时重中之重的关键要点，是千万不能让傅光明洞察出他已经有所准备。因为，只要有丝毫的风吹草动，先走的傅光明如果要退而求和，是举手之劳。

胡荣华开始充分麻痹对手。

胡荣华面对只动了一步棋的棋盘，呆若木鸡地思考了近20分钟。（当时实行的是每人一小时限着，也就是说，胡荣华第一步棋就几乎用了三分之一的时间）。现场悄然无声，可以听到彼此的呼吸声和滴滴答答的比赛钟声。一旁的北京队的教练刘国斌见状，对上海徐天利说："小傅今天有戏了。"刘的言下之意是胡荣华举棋不定了！傅光明下一盘和棋应该没有问题，冠军在握了。

20分钟后，胡看了看棋钟，如梦方醒。胡荣华在无可奈何地摇了摇头后，开始走棋。

1. ……炮8平5

傅光明对顺炮极有研究，看到胡荣华还以顺炮，他笑了一笑。徐天利看到胡荣华的炮8平5，心想胡荣华为什么要还傅光明最擅长的"顺炮"呢？他一时也不明白胡荣华的意图。

2. 马二进三，马8进7
3. 车一平二，马2进3
4. 兵七进一，卒7进1
5. 马八进七，炮2进4
6. 马七进六，炮2平7……
7. 炮八平七……

一开始，傅光明仍然是小心翼翼，只求和棋一盘。

对面的胡荣华在下第二步棋时，看了看计时钟，好像是一觉醒来恍然大悟。只见他无可奈何地摇了摇头。

7. ……车1平2
8. 马六进七……

如贪走兵七进一，则车2进5，兵七进一，车2平4，炮七进五，卒7进1，红方吃亏。

8. ……炮5平4

9. 兵七进一……

傅光明走得很快,因为他觉得是轻车熟路,这样局面下他赢过不少人。傅光明习惯性按着自己的方向走。他不知道,胡荣华已经埋了地雷。

9. ……车2进6

10. 炮七进二,炮4进5(图13)

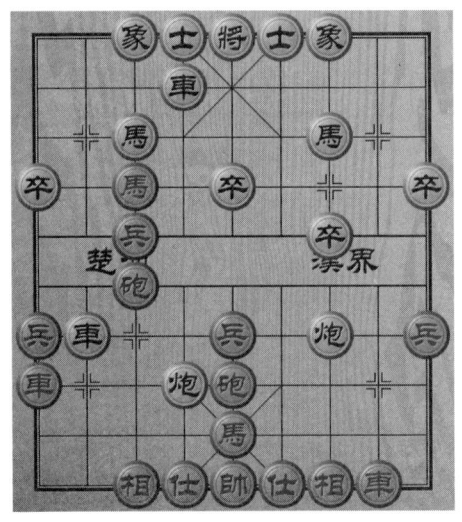

图 13

至第10回合,完全在傅光明的套路中。在1978年的全国团体赛中,傅光明对浙江省的蔡伟林时,蔡伟林走士4进5应对。这以后,不管怎么变化,蔡伟林的黑棋都摆脱不了覆灭的结果。

因为走进了傅光明的套路,胡荣华又是措手不及在抢时间,傅光明已经有所松懈。

胡荣华继续落子如飞。但是,胡荣华没有走蔡伟林的走士4进5,而是走了一步炮4进5。

胡荣华落子后,傅光明抿嘴一笑;对他来说,这个变化更好。因为,他可以得子了。接下去,胡荣华的一着炮4进5,让两位观战的教练一惊一喜!

北京队教练刘国斌尽显得意之色。原来,在以往的实战中,傅光明用这个直车对顺炮布局，战胜过四位高手。今天，不完全是曾经的四盘棋的翻版？

忍俊不禁的刘国斌悄悄地对上海队教练徐天利说："你们的小胡，今天恐怕是凶多吉少了！"

徐天利说不一定吧。徐天利的声音，似鸟儿的梦呓，没有底气。

徐天利不知道胡荣华是否准备好了布局套路。但是徐天利知道，这个布局套路，这一着棋以后的变化，是傅光明的拿手利器。

11. 马三退五，车9进1
12. 车九进二，车9平4

这十几步棋，胡荣华为抢时间，出子非常迅速，走得极快。傅光明看着局面，微微一笑：原来，这一手"顺炮"的套路，正是他最有研究的开局。足够的时间消耗了傅光明的警惕，见胡荣华的时间用去那么多，最后还走进他最擅长的布局，傅光明当仁不让地飞速地出子。胡荣华见傅光明进入了他的节奏他的套路，又因为胡荣华的时间也有点吃紧，他自然是继续飞快出子：傅光明手指刚离开计时钟，胡荣华的手指已经上去。傅光明当然是不甘落后，胡荣华快，他更快。因为，傅光明对这一路棋太有研究了。

红方在渡了七兵后，对黑方右翼进行强攻，黑左车右移，集中两个主力，配合炮队反击，这个行动计划，显然是有备而来。

红方车马炮加过河兵，正威胁黑方右翼。不足之处是马窝心。黑方除右马受攻外，双车占据有利地形，配合炮队反击，双方进入复杂而具有关键性的战斗。红方意识到战略选择的不当，意欲简化局势，由此给黑方先弃后取后，反遭不利之态，此外，如改走车二进四，以下黑如接走炮4退1，则兵七平六，炮4平3，炮五平六，车4平6（如车4进3，马七退六，黑方不利），马七退六，象3进5，相七进五，形成红方此时不愿接受的复杂对攻场面。

13. 兵七平六……

红方一车换双成对攻阵势。

13. ……车4进3
14. 炮七进三，车2退3

胡荣华先弃一马，让傅光明得子后燃起了胜利的渴望。这时的傅光明，已经考虑要拿下胡荣华，然后登顶。胡荣华弃马后，得到的回报是消灭了傅光明的过河兵，傅光明得到的结果是遗憾终生！

傅光明不知道，战局正按照胡荣华预定的线路形势在发展。虽然傅光明曾以这个套路战胜了不少好手，但是，胡荣华却研究出了红棋的漏洞以及制胜的方案。

15. 车九平七，车4退1
16. 车二进四……

以上黑方从第12回合起弃马吃兵几个回合，演成先弃后取有利局势，弈来巧夺天工，现在红方走巡河车嫌空，可考虑走炮七平四，车2平3，炮四退一，车3进4，马五进七，车4进3，虽然仍是黑优，但比实战结果要好些。

16. ……车2平3
17. 炮七平四，炮4进1
18. 车七进四，车4平3
19. 车二平六，炮4平2
20. 兵九进一，象7进5
21. 炮四退一，车3进3

至此，黑方车占兵线要道，红方窝心马出路较难，处境已经开始不妙。

胡荣华的脸上，流溢着浅浅的、生动的笑容，这是他得手的兆示。胡荣华的笑容非常特别，那是一种细腻的微笑，肌肉绽放到最善真，目光温和到最轻柔，而且长时间保持着，不放松也不放纵。

看到胡式微笑，徐天利知道了结果。

看到胡式微笑，刘国斌知道大事不妙！

看到胡式微笑，傅光明仔细看了看盘面，寒从底来！

中套了！中套了……

一时间，傅光明红棋的九宫外是黑云压城风声鹤唳。

22. 车六进一，车3平5
23. 车六平三，炮2退6

24. 炮五平四，车 5 平 3
25. 后炮进一，炮 7 平 8
26. 后炮平三，马 7 退 5
27. 车三进一，炮 2 进 3
28. 车三退二，炮 8 退 2

棋谚云"马退中，必送终"。黑方灵活运用双炮，逼红方交换一炮后，镇住窝心马，紧紧控制局面，由胜势到胜利。

29. 车三平八，车 3 平 7
30. 车八平五，炮 8 平 5
31. 相七进五，象 5 退 7
32. 炮四平九，马 5 进 4

胡荣华事后分析：黑棋只要把黑马以最快的速度放出去，牵住红棋的车，不让黑棋的窝心马解脱，黑棋就赢了。反过来，如果让红窝心马解脱，黑棋就没有胜势。胡荣华经过了几分钟的考虑，终于找到了捷径——下象！下象后，只要马 5 进 4 抓车，黑炮就可以直接锁住红窝心马。

33. 车五平六，车 7 平 6
34. 炮九平五，车 6 退 3

上一步黑方弃马，车占六路，攻杀凶狠泼辣，如红车六进二吃马，则将 5 进 1，再平 6 成绝杀。现在，黑方还是弃马，至此，黑胜定。

沧海横流，方显英雄本色。在积分落后而且又执后手的情况下，胡荣华充分显示了胜负师的功力，以新式的缓开车布局一举击败对手。这真是：河界三分阔，智谋万丈深。终于，胡荣华蝉联十届全国象棋冠军，写下了中国象棋史上一个浓墨重彩的辉煌。

第 8 局　胡荣华先胜柳大华

1982 年 1 月 9 日弈于广州
中炮对屏风马双炮过河
贾题韬评注

未入评题之先，有关局中人和笔者的一段小小插曲，顺便说几句，当作开场白。

在第一届"五羊杯"赛的棋评中，笔者对第二届"五羊杯"赛的桂冠属谁，曾写了"冠军谁与，鼎足而三，秦时明月，诗句可参"的俚句作为预测（见《成都棋苑》第四期）。第四句是配文，问题的说明唯在于第三句。这是借用了唐人"秦时明月汉时关"诗句的上半截作了谜面，"秦时明月"是指的古月非今月，古月二字合成恰是"胡"字，不少读者都已猜到所指的是胡荣华了。但是一年以来胡荣华的成绩是不够理想的。承德之役，仅获第三；温州之战，依旧乙等；泰国之行，名次居陈孝坤、李来群之下，看来要迎接像杨、柳这样的"大敌"取得桂冠，就更不容乐观。特别在此次比赛中和柳大华分先的第二局又先吃了零分，笔者所投的预测票似乎越来越趋于渺茫了。然而成绩揭晓，梅开春到，胡荣华的辉煌成果，使我这个虽置身局外但不无关系的人，却终于赢得了"身老沧州，心在天山"的会心一笑。

笔者预测此次"五羊杯"赛，胡荣华能获得桂冠的理由是：就棋论棋，国内棋手尚少有出胡荣华之上者。我们这样说，并不是单就历届比赛的名次而论，更重要的是依据对作品质量的分析和比较。当时广州发起了前此所未有的"五羊杯"赛，论理，正好轻装上阵，"失之东隅，收之桑榆"，一现身手。有利的条件是，对手仅限于杨官璘、柳大华，互相都已摸透了脾气，偶然性相对减少，战略战术较易于作出适当选择；而且棋逢对手，各不相让，不像全国赛中要遇到一些棋手锐意求和，难于着力；这就更适于表现胡在中局里劲悍多变的技能，展其所长。诚然，胡在第一届比赛中的成绩依然不够理想，是否受乐山新败之余的影响，身心尚未恢复正常状态？笔者不得而知。但他在此次比赛的前段既失利于杨，又见垫于柳，竟然对像杨、柳这样的"劲敌"当前，能够"挥戈返日"，力挽颓势，名次虽下于柳而尚高于杨，表现了他所具有的卓绝的战斗力量。为了证明这一点，笔者在评论胡以执后的过宫炮对柳执先的飞相局里，胡以高度的战术运用和战略转换，转败为胜，曾作了较详尽的描写，同时就投了如上预测的一票。自信是"持之有故"，并非侥幸命中的。如果胡能百尺竿头，更进一步，优游涵泳，养其全锋，今后棋坛风云，会继续证明笔者的论点的。好吧！让我们转入正文。

1. 炮二平五，马8进7
2. 马二进三，车9平8
3. 兵七进一，卒7进1
4. 马八进七，马2进3
5. 车一平二，炮2进4
6. 兵五进一，炮8进4

不顾中兵渡河，抢先伸炮和右炮在上二路结成担子式，进行封锁，是现代流行布局之一。《中国象棋谱》第一集，对此种布局有较详尽的说明，可以参看。

7. 兵五进一，士4进5
8. 兵五平六，象3进5
9. 仕四进五，炮2平3
10. 马七进五，车1平2
11. 炮八平七，炮3平7（图14）

一般认为车2进6比较稳健。炮3平7或平1，二者必得其一，对威胁中马有等同效力；而在步法上既延缓了胡的七路兵渡河，又加紧了以炮换双马的度数。如果胡立即兵六进一、卒5进1，马五进六、马7进6，兵六进一、士5进4，马六进七、士6进5，马七退九、车2退3，炮七平九、炮3进1，既打马又伏有炮8平1的闪击，柳反先。但这是常套，胡是否在旧的基础上，会别出心裁，有什么新招出现呢？可以设想，当柳伸车过河时，胡如不急于兵六进一而改走兵三进一邀兑，仍然采取

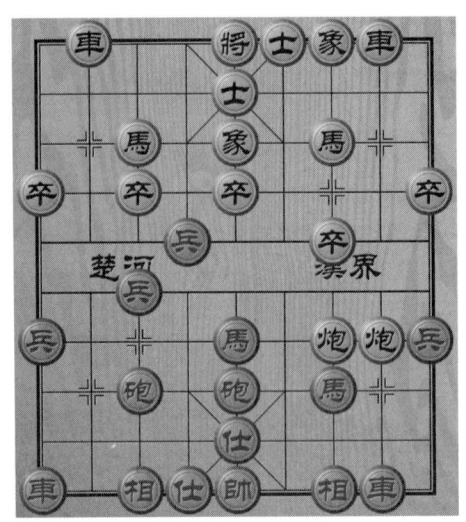

图 14

舍子争先的策略，"翻手云兮覆手雨"，便另是一番场面。着法大体上是炮 3 平 1，兵三进一、象 5 进 7（如炮 1 平 5，则兵三进一，无论柳退马与否，胡借有再兵七进一的运用均占优），以下有两种走法：（1）马五进三，车 2 平 7，炮五平六，炮 1 平 5，相七进五，炮 5 退 1，兵七进一，车 7 退 1（车 7 平 4，车九进一，车 4 进 1，马三退五，车 4 退 1，车九平五，车 4 平 3，兵七进一，胡优），之后埋伏有帅五平四、车九平五、相三进一的走法，柳必须奉还一子，而双兵渡河成为净利，胡优。（2）兵七进一，炮 1 平 5，兵七进一，炮 3 退 4，车九进四，象 7 进 5，炮七平九，马 4 进 2，车九平五，炮 5 平 7，兵六进一，胡荣华气机通畅，也好走。如果以上设想恰恰是胡荣华的预定计划。那么，柳没有照常规伸车过河，而立即炮 3 平 7 去兵，似乎也是经过深思熟虑并非随手之着了。读者不妨就笔者所提出的方案再作深入的析解，这里将关系到"双炮过河"局面的战略地位，不是小事。

  12. 兵七进一，车 2 进 6

  13. 兵七进一，马 3 退 2

  这一着，《中国象棋谱》上应的是马 3 退 1。现在没有退 1 而退 2，意在于预防车的沉底打将，并多有马 2 进 1 或进 4 的选择机会。但也引发了胡荣华一系列的催逼步法。

14. 兵六进一……

这是以争取得联兵和先手出车逼马为代价的。但局面由此简单化，让柳易于从容应付。同样舍子，视乎不如采取马五进七舍炮不舍马的方针较多变化。

14. ……炮8平5
15. 车二进九，马7退8
16. 马三进五，车2平5
17. 车九平八，马2进1
18. 车八进七，炮7平1
19. 兵七平八，车5平3
20. 炮七平九，马8进7
21. 兵八平九，车3平4
22. 炮五平三，马7进6
23. 兵六平五，卒7进1（图15）

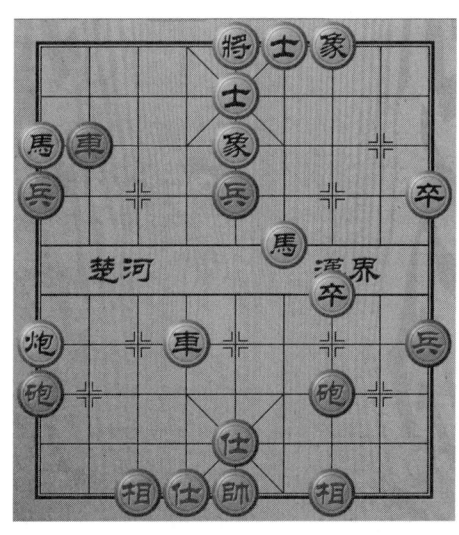

图 15

如改走车4退4邀兑，既易于谋和。柳没有这样走，可能认为时机尚早，自己的兵种较为齐全，利用胡的求胜心理作对攻的打算，这在战略上是正确的。不过从全局形势来讲面临胡的双兵已较迫近，应当先车4平7促令中宫搭相，免掉此后受当头炮的威胁，然后再车7平5咬兵，则兵五进一（不能平四，让马6退4，边马便有了生路），象7进5，兵九进一，马6进4，车八退三，马4进2，通过这样的调整使主要子力占到足以抗衡的适当位置，才能适应进退攻守的需要。而在关键时刻，进了一步缓不济急的卒，对掌握中残交界进入残局的契机是不够理想的。

24. 兵九进一，车4平7

不难看出，所以不敢下卒仍然走了车4平7，是对胡的安置当头炮有所顾忌。这不但犯了行子的重复顶撞之病，并且让对方的三路炮有了轰击对象，真可以说"帮倒忙"。

25. 相三进五，马6进8

上一回合，重复顶撞；这一回合，又把这样一只照应四方八面的马驱向僻地，接着让胡毫无代价地炮轰了过河卒并且恰恰堵截了马的进路，败局已定。如改走车七平五，仍可谋取和局。

26. 炮三进二，炮1平9
27. 兵五进一，炮9进3
28. 帅五平四，车7平6
29. 帅四平五，车6平7
30. 帅五平四，车7平6
31. 帅四平五，车6平7
32. 帅五平四，士5退4
33. 炮九平七，车7平5
34. 兵五平四，车5平6
35. 帅四平五，车6平7
36. 帅五平四，车7平6
37. 帅四平五，车6平7
38. 帅五平四，车7平6
39. 帅四平五，车6退1
40. 炮七进七，士4进5
41. 车八进二，车6退3

42. 炮三平五，将5平4
43. 炮七退八，将4进1
44. 炮五平六，车6进4
45. 炮六退二

此局双方以当头炮对屏风马双炮过河开局。由于大体上都是走的一些通套着法，乍看起来似乎并无什么动人之处。但必须对他们各在通套的着法上略有变动处着眼，正是推陈出新，亦虚亦实，使临局者一时难识庐山真面目的高度战略运用。而这些不多变动，对今后双炮过河这一布局的深入研究，将会成为极为宝贵的资料！

第 9 局　胡荣华先胜黄景贤

1986 年 11 月弈棋于湘潭市

飞相局对单提马

孟立国评注

却说"十连冠"胡荣华，棋艺上"力拔山兮气盖世"，截至目前在全国象棋大赛中已十二次夺魁，名重棋坛，史彪凌烟。在 1986 年的全国赛中，他又何尝不想再次夺标呢？然而，出师以来很是不利。第一轮首战告捷，好在有同乡王贵福给送了分垫底。其后，可就举步艰难了，连续四炮不鸣，先后与黑龙江孟昭忠、湖北李望祥、河北刘殿中、江苏徐天红打成平手。第六轮，总算胜了一员大将于幼华，刚有点儿起色，不料第七轮撞上了火车头，为傅光明所败，一下子被甩出了前 15 名之外。第八轮，胡荣华在第十台与广东黄景贤相遇。"十连冠"执先手之利，他要赢这局棋。

1. 相三进五，马 8 进 7
2. 马八进九，卒 1 进 1
3. 马二进三，卒 7 进 1
4. 仕四进五，马 2 进 1
5. 车一平四，象 7 进 5
6. 车四进四，车 1 进 1
7. 兵九进一，卒 1 进 1
8. 车四平九，车 9 进 1
9. 兵三进一，卒 7 进 1

胡荣华以飞相局布阵，黄景贤用单提马应对。黄景贤是广东队打第四台的一位新秀，棋艺自然要比胡荣华逊色。因此行棋中，"十连冠"表现出一些漫不经心的样子，那意思这局棋我胜来有些把握。黄景贤呢？面对强手毫不畏惧，从容应对。于是，双方行棋不紧不慢，好像不是在比赛，而是随便下着玩玩。给人的感觉，一个是久经枰场，一个是见过阵仗，看不出紧张气氛。你一招，我一式，好像舞厅里翩翩起舞的"慢四步"。一位观弈者朝着这一局棋努了努嘴，回头对笔者曰："不管风吹浪打，胜似闲庭信步。"笔者深明其意，抿嘴笑笑。闲言休絮，且看下面两人的对弈。

10. 车九平三，炮8退2
11. 马三进四，炮8平7
12. 车三平二，马7进6
13. 车二进一，马6退7

黑方可能以为红方不变，故又退马捉车。岂知，胡荣华着法突变。黄景贤这才意识到，上了小小的当。早知如此不如改走车1平6，炮二平四，马6退7，兑车后黑方车明马快，形势不错。

14. 车二进一……

要向前冲刺，焉能不变？红方布局弱点在于左车按兵未动。此刻已预伏跃马、兑炮、亮车的手段。

14. ……车9平6

应改走车1平6，马四进六，马7进6，车二平五，车9平8，牵制红炮，虽少中卒，但可发挥双车优势。

15. 马四进六，卒3进1
16. 马九进八，炮2进5
17. 炮二平八，车6进3
18. 车二进一，车6平7
19. 马六进五（图16）……

好的对局，如同美妙的乐章。高、低、快、慢音搭配协调，演奏出来悦耳动听。如果都是高音符快节奏，会十分刺耳，如果都是低音符慢节奏，却又平平淡淡，不成曲调。弈棋之道也是如此。若全是不紧不慢、平淡无奇的着法，自然弈不出精彩的棋来，若全是激烈的对攻拼杀，忙中有错，算不上精品。胡荣华在平淡的对弈中，突施妙手，激烈的气氛也就骤然而起，也便十分令人寻味。这步弃马，确实精彩之极。这是明显的弃子战术，一般不难看出，红方此刻弃子，弈理清楚，算度深刻，乃精彩之作。如若改走车九进六，则炮7平9，红方一时难以攻下。

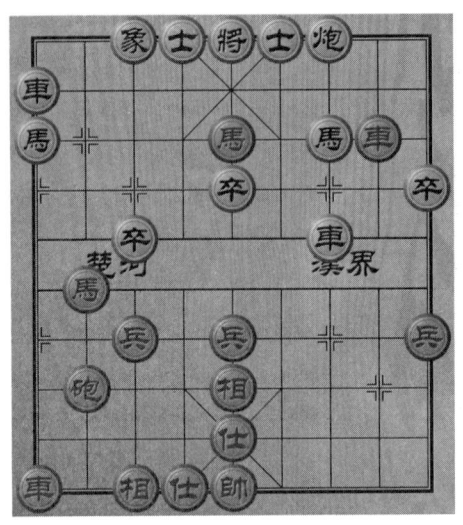

图 16

19. ……马7进6

黄景贤考虑再三，走了步跳马，他为什么不以象吃马呢？面对"十连冠"这步马踩中象的恶着，从当时黄景贤的表情可以看出，他是先喜后忧。原以为红方失算，仔细端详了半天，方知处境已经艰难，脸上顿时罩上了一层阴云。此时，如若改走象3进5，炮八进七，红方吃还一子，且有强大攻势，黑方难以应付。

20. 马五退七，车1平7
21. 马七进九，象3进1
22. 车九进七，前车退2
23. 马八进九……

好棋！一可谋卒，二可沉炮底线。"十连冠"力大无穷，黄景贤已是难以应付了。

23. ……前车平8
24. 车九平二，车7平3
25. 车二退二，马6进5
26. 马九退七，车3进2
27. 车二平三，炮7平8

28. 兵七进一，士4进5
29. 炮八进五，车3退1
30. 炮八退一，卒9进1
31. 炮八退一……

红方进炮退炮，再退炮，着法紧凑，非常精彩。至此，"十连冠"已稳操胜券。

31. ……炮8进9
32. 马七进五，车3平8
33. 炮八平一，车8进4
34. 炮一进四，车8退6
35. 炮一退五，车8进6
36. 炮一平五（红胜）

黄景贤仔细算计了一番，见红方几个子儿占位俱佳，车马炮兵联合进政，很快就要构成杀势，遂停钟认负。

第10局　胡荣华先胜吕钦

1985年10月弈于南京
中炮横车七路马对屏风马
吕钦评注

1985年全国个人赛第十轮，我后走对胡荣华，这是决定上天堂或下地狱的一战。我本是有备而来——我在胡荣华对刘殿中的布局中已寻到漏洞，以为自己是以己之有备对彼之无备。不料，却是知己而不知彼，胡荣华一记变招送中兵，我无计可施。沉思良久后，不得不马退原地。这样，被胡荣华乘虚强攻右翼，最后，宥于棋规，不能长将，让胡荣华车兵配合直捣黄龙。此仗，我耗时近2个半小时，是我在本次比赛中耗时最多的一局。

1. 炮二平五，马8进7
2. 马二进三，车9平8
3. 兵七进一，卒7进1
4. 马八进七，马2进3
5. 车一进一，象3进5
6. 车一平四，炮8平9
7. 车四进三，士4进5

至此，形成"中炮横车七路马对屏风马"的布局格式。红方进车巡河稳健着法。如改走炮八进二，黑方则马7进8，车四平二，炮2进2，演成另一种流行的变化。现黑方补士固防是稳健之着，亦可考虑改走车8进8，以下红如走兵三进一，则卒7进1，车四平三，马7进8，以后黑方炮9平7再炮2退1等手段，可以抗衡。

8. 炮八平九，炮2进4

黑方进炮过河变化较为复杂，红方稍为有利，黑方似改走车1平2较为适宜．红如接走车九平八，则车8进6，炮五平六，炮2进2，相七进五，车8平7，车八进四，卒7进1，车四平三，车7退1，相五进三，马 7 进 6，双方平稳。

9. 车九平八，炮 2 平 7
10. 相三进一，卒 7 进 1
11. 车四平三，马 7 进 6
12. 兵五进一，车 8 进 6
13. 兵五进一，卒 5 进 1
14. 车三平四，马 6 退 8
15. 车八进三……

红方进车牵制住黑方车炮，着法老练有力，防止黑方七路炮退防以后，黑车占据重要的兵行线，然后己方的七路马可以从容跃出。

15. ……车 1 平 4
16. 马七进六，炮 7 平 4
17. 马六进七，马 8 退 6
18. 仕六进五，车 8 平 7
19. 兵七进一，炮 9 平 7
20. 炮九平六，炮 4 平 3
21. 马七进九，炮 7 退 1
22. 兵七进一，炮 3 退 1
23. 车四平七，车 4 进 2
24. 车八进六，马 1 退 3
25. 炮五进一……

红方进车叫将着法凶狠、刁钻。如改走车八平七吃炮，黑方则车 7 平 3，车七退一，车 4 平 1，黑方可以抗衡。黑方退马迫不得已，如改走象 5 退 3，红方则马九进七！炮 7 平 3，兵七平六，车 4 进 1，车七进四，马 6 进 7，车七平九，车 4 退 3（车 4 平 3，车九退二），车九平七，红方多一子优势。现红方进中炮隔开黑方车炮的联系，构思独特精妙。

25. ……车 4 平 1
26. 兵七平六，士 5 退 4
27. 车七进五，炮 3 平 4
28. 车七退六，车 7 进 1

29. 车七平六，车 7 平 9
30. 帅五平六，车 1 平 3
31. 车八平六（图 17）……

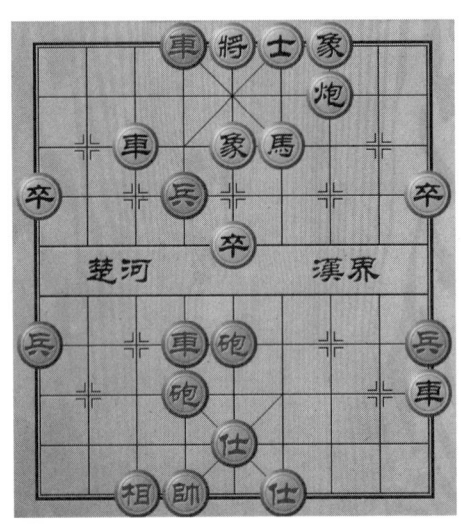

图 17

31. ……将 5 平 4

如图形势，红方平车杀士叫将，先弃后取，是取得局势主动权的好棋。如改走兵六平七拦车，黑方则车 3 进 1，对攻速度黑方稍快，红方反而有麻烦。黑方出将属于无奈。如改走将 5 进 1，则炮五平三拦炮，黑方也难应付。

32. 兵六平七，将 4 平 5
33. 兵七进一，车 9 平 8
34. 炮六平四……

黑方平车败着。应改走卒 5 进 1 捉炮，待红方炮五平三后再车 9 平 8 为好。现红方平炮士角佳着，至此，黑方陷入困境。

34. ……士 6 进 5
35. 车六平八，士 5 退 4
36. 车八进六，车 8 退 1
37. 车八平六，将 5 进 1

38. 炮四进四，卒 5 进 1

39. 车六平四，炮 7 进 8

40. 帅六进一，卒 5 进 1

41. 兵七平六……

红兵七平六着法紧凑。如改走车四退二，则卒 5 进 1，炮四退三，炮 7 退 1，帅六退一，炮 7 平 6，炮四平五，车 8 平 5，车四退六，车 5 平 3，和棋。

41. ……炮 7 退 1

42. 帅六退一，炮 7 进 1

43. 帅六进一，象 5 进 3

44. 车四退二，卒 5 进 1

45. 炮四退三，车 8 退 3

46. 炮四进三，将 5 退 1

47. 车四进一……

红车进一着法细致。如误走兵六进一，则车 8 退 2，车四平六，车 8 进 5，红方有麻烦。

47. ……炮 7 退 1

48. 帅六退一，炮 7 平 6

49. 炮四平三，卒 5 平 6

50. 车四平三，炮 6 平 7

51. 炮三平五，车 8 平 5

52. 车三进一，将 5 进 1

53. 兵六进一

至此，黑方如接走将 5 平 6，红方则车三退八吃炮，红方车兵对黑方车卒缺士象也无法守和，故推枰认输。

以这盘比赛为分水岭，最后三轮，胡荣华鼓起后劲，连取赵庆阁、徐天红，积 19 分。最后一轮不下，也稳获冠军。由此，胡荣华将其所夺的全国冠军数变成"一打"。这一盘棋我输了以后，斗志全无。后三轮，我 2 和 1 负，最后名次跌至第 17 名。这是我出道以来的最差名次！

胡荣华象棋年谱

1957年　上海市小学生个人赛第 1 名
1960年　上海市个人赛第 2 名
　　　　五省市象棋友谊赛第 1 名
　　　　全国个人赛第 1 名
1962年　全国个人赛第 1 名
1964年　全国个人赛第 1 名
1965年　全国个人赛第 1 名
1966年　全国个人赛第 1 名
1974年　全国个人赛第 1 名
1975年　全国个人赛第 1 名
1977年　全国个人赛第 1 名
1978年　全国个人赛第 1 名
1979年　全国个人赛第 1 名
1980年　全国个人赛第 10 名，由甲组降入乙组
1981年　全国个人赛乙组
1982年　第二届"五羊杯"第 1 名
　　　　"三楚杯"第 1 名
　　　　第二届亚洲象棋锦标赛第 1 名
　　　　全国个人赛第 2 名
1983年　全国个人赛第 1 名
1984年　《反宫马专集》出版（上海文化出版社）
　　　　全国个人赛第 2 名
　　　　"昆化杯"第 1 名
　　　　"七星杯"第 1 名
　　　　第三届"三楚杯"第 1 名

	第三届"亚洲杯"团体第 1 名
1985 年	出任《上海象棋》主编
	第五届"五羊杯"第 1 名
	全国个人赛第 1 名
	全国团体赛第 1 名
1986 年	全国个人赛第 6 名
	第六届"五羊杯"第 1 名
	全国团体赛第 1 名
	"清宝杯"第 2 名
	《十连冠的棋艺精华》出版（人民体育出版社，与徐天利合著）
1987 年	第七届"五羊杯"第 1 名
1988 年	全国个人赛第 2 名
	第八届"五羊杯"第 1 名
	首届"棋王"赛第 1 名
	"扬州日报木建杯"第 1 名
	第五届"亚洲杯"第 1 名
1989 年	全国个人赛第 2 名
1990 年	全国个人赛第 3 名
1994 年	全国团体赛第 1 名
	亚洲象棋赛第 1 名
1996 年	第十七届"五羊杯"第 1 名
1997 年	全国个人赛第 1 名
2000 年	全国个人赛第 1 名

跋　杨柏伟

能够成为胡荣华老师的"粉丝",应该感谢1982年复刊的《新民晚报》。在晚报复刊的同时,第二届"五羊杯"象棋冠军赛正鏖战在广州,晚报体育版每天都有详细的战报,甚至还有棋局评点。当时正沉迷于棋道的我,每天不等夜饭吃饱,先得把夜报的棋讯读完。胡荣华、杨官璘、柳大华三位全国冠军,下四循环决定名次,这样的赛制,在追求"短平快"的当下是不能想象的。然而,就是这慢节奏的棋战,却让场内场外的棋迷牵挂了十几天。

第二届"五羊杯"比赛进行到最后一轮前,柳大华一马领先,积分比居次的胡荣华老师高了2分。末轮又正好是他俩对决,只要下一盘和棋,冠军奖杯将入柳老师囊中。背水一战中,胡老师采用了被杨官璘在《中国象棋谱》中判定吃亏的布局变化。胡老师的选择,使对手的"家庭作业"落空,不得不在布局阶段耗费时间来应对胡老师"旧瓶"中装的"新酒"。最终,柳老师在时间恐慌中被胡老师的精兵攻克了王城。胡老师拿下此役,两雄积分持平,迎来了快棋加赛。胡老师再接再厉,一战而定乾坤。

这样的逆转,在胡老师漫长的棋艺生涯中仅仅只是一个案例。但就是这一个案例,已足以让我铭记一生。此后,我无可挽救地成为万千"胡粉"中的一员。当我成为一名编辑之后,我有幸走近了胡老师,成了他著作的"责任编辑",也为他做了一些事,这也是我的福气!

在感谢了一份报纸后,我要感谢一个人,他就是我的兄长——葛维蒲大师。1995年的一个夏夜,听说我想编胡老师的自战解说集,葛兄陪我来到了上海棋院胡老师的办公室。那年我28岁,是上海辞书出版社最年轻的编辑(职称还是"助理编辑"),面对偶像组稿,真的很抖擞。我真没想到棋盘外的胡老师是如此随和:一个大名家,什么条件都不讲,就欣然接受了一个小编辑的请求。因为知道我是屠景明先生的学生,也看过我写的一些象棋方面的文章,胡老师竟然放权给我,让我先搜集资料，最后给他审定。

那本名为《胡荣华妙局精萃》的厚书是1997年4月面世的，收集了胡老师从1960年至1996年间的二百五十多局自战解说，虽然有个别遗漏，但可以说是研究胡荣华棋艺的一本绕不过去的重要著作。那年5月1日上午，在陕西北路辞书出版社门市部，举办了胡荣华老师新书签售活动。活动信息提前在《新民晚报》刊登，当时晚报的影响力实在"结棍"。签售当天，门市部的门前排起了长龙。如果我记忆不错的话，第一位读者是一位残疾人，他是清晨开着残疾车从杨柳青路赶来的。当天的签售，那本定价为26元并不便宜的象棋书，居然售出了将近五百本，出版社社长和发行所经理都说想不到。这是我职业生涯中操办的第一场签售活动，能成功我预计到了，但如此大获成功我不敢想！把书稿交给我，是胡老师对一个年轻人的鼓励和支持；而第一场活动的"开门红"，也使我对图书的营销工作有了兴趣和信心，此后的二十多年，我最忙的两件事就是编书和搞活动。

胡老师一共夺过14次全国象棋个人赛冠军。2000年在蚌埠的第14次，55岁的胡老师创下了夺冠年龄最大的中国纪录，也留下了一波六连胜的奇迹。万幸的是，我在现场目睹了全过程。当时，我这个业余记者，成了沪上三大报的唯一供稿人。那次去蚌埠，我还有一个写作任务：为胡老师记录自传材料。我随身带了一个小录音机，比赛间隙，我就会去胡老师的房间聊天。后来，胡老师的成绩越打越好，我怕影响他休息，就暂停去房间聊天。回上海后，又聊了几回。遗憾的是，这个由香港《大公报》"大公园"约写的连载，仅仅连载了一个月，就因为版面编辑换人而"无疾而终"，我对胡老师的采访只做到1962年。这项未完成的工作很难再有机会弥补了，事情虽然已经过去很多年了，但想起来还是觉得很可惜。

2002年春，受央视体育频道王京宏兄之约，我十万火急入京，在梅地亚宾馆，被京宏兄"软禁"数日，赶出了万余字的五集《体育人间·胡司令外传》电视纪录片文字脚本初稿。脚本后来经过张虹、京宏两位专家的大幅修改加工定稿，比我的毛坯精彩百倍。当然，在史料方面我还是有贡献的，名字列入片子的撰稿人，没有给团队抹黑。

一来二去，和胡老师混成了老熟人，他人前人后地总是为我说好话。因为早年屠景明先生是上海市队教练，胡老师那时还是刚进队的小队员；而我又因为一直帮助屠先生编写书稿，尽管没有磕头拜师，大家还是认可了我这个屠门的"关门弟子"。也因此胡老师不止一次地在公开场合称我小师弟！平时见面，他会随着孙勇征、谢靖的口吻叫我"杨指"。我明白，这是胡老师对我这些年为象棋运动做的一点事情的肯定和尊重。我这一生既已"误入棋途"，那是一定义无反顾地要走下去了！

和旭光先生的缘分始于为他的一本象棋入门书做特约编辑，而见面却要迟至近两年。他多才多艺，精力充沛。他去年在由中国象棋协会主办的全国象棋邀请赛中，以3胜6和的不败成绩，获得中国棋协大师称号。他对胡老师的熟悉程度也不亚于我，听说他要为胡老师写传记，我觉得他是一个合适的人选。

我所寓目的胡老师传记，最好的一本是罗达成老师80年代出版的《中国棋王胡荣华》。但那本书如今看来，只能算一本胡传的前半部。罗达成和丁旭光都是懂棋的作家，这是他们的优势。现在在已有罗达成版本的情况下，丁旭光版有没有超越前人的可能呢？因为尚未拜读丁的全稿，无法判断。仅就我所见的丁版提纲，我认为旭光先生已经做足了功课。无论是采访，还是资料，都是充分、完善的。尽早把文本付梓，接受读者的检验，也是妥当的。在这个版本面世后，可以广泛地吸收专家、读者的意见，加以修订，在三五年后的将来出版定本，我相信那时的胡传会在文史两方面均臻上乘的。

谨以这些拉杂的文字，为旭光先生的胡传代跋，聊表我对胡老师的敬仰和对旭光先生的祝贺。

2018年5月30日

后记 丁旭光

胡荣华的大名,在棋界与棋迷中是以顶礼膜拜的方式传播的。胡荣华行棋中的霸气,往往令对手噤若寒蝉。胡荣华以十连冠的彪炳战绩独霸棋坛二十年,胡司令的称谓便成了他的雅号别称。

1989年,应四川交通大学出版社之约,我写了一本不算厚,当时定名为《丁旭光侦破小说》的小说集。因为书中的内容和棋有关,胡司令当然就成了我心目中书名题写者的最佳人选。

走进上海棋社胡司令的办公室时,胡司令正在专心摆谱。敲门而入后,他对我微微一笑,点点头表示欢迎。

看到胡司令并没有因研棋而拒我于门外,我便直奔主题——求字。

沉思片刻后,胡司令婉转地说:"我的字不行,一定要写,过两天给你。"

几天后,我又去了上海棋社。胡司令拿出一横一竖的"丁旭光侦破小说"题书说:"你看,这样行吗?不行的话,我再重写。"

看得出,那两行字是精心写就。

我的心中充满了感激之情!

无法预料的事发生了。因为种种原因,那本小说集易名出版,也就是说,胡司令的题书没有用上。

后来,我在棋社与其他场合与胡司令又不期而遇了几次。尴尬的我不知道如何解释。胡司令一定感受到了我的难堪,见我的王顾左右,他便言他。我知道,记忆超群的胡司令能同时下十几盘高质量的盲棋,他不提"题书",不等于他的偶尔健忘!

胡司令说自己的字不行只是一种谦虚。其实,胡司令的字,准确地说他的书法自有一种独特的韵味。当时上海棋社的围棋沙龙里,悬挂三幅扇面,一幅系陈祖德所书,一幅系聂卫平的墨迹,另一幅便是胡司令意味隽永的手书"通神"二字。我从那幅朴实无华的书法小品里，看到有一条美妙的弧线自王维的水田中逸出，让我心弦屏息，随后，发一声裂帛而诗。

一个智者往往具有自觉的反省精神。

在1991年的上海市机关运动会象棋个人赛上，我在决赛中以7胜2和的成绩获得冠军。然后，我又以冠军的身份在7月20日晚去打擂台。那天，我正发烧，但难以推辞。因此，上阵不到两小时便输给了上海市队的女棋手欧阳琦琳。胜败乃兵家常事，但输得有点稀里糊涂。赛后，上海市冠军朱祖勤和我复盘。这时，胡司令站在一旁说："红棋走相三进五可保持先手。"说完，他又走开去看正在比赛中的林宏敏和葛维蒲的对局。10分钟后，他又走过来说："刚才说的相三进五是假棋。"而我当时正"误入歧途"，觉得"相三进五"这一变着顶顶好。一般的上档次的棋手在复盘时，轻易不说走哪一着好，如果说了之后，也不会轻易否定。像胡司令这样一个智者，之所以能执牛耳，具有自我批判的精神也是其成功的因素之一吧？

一次，我去采访胡司令，请了报社的同仁、一位摄影记者为胡司令拍照。拍照时，胡司令要和我摆棋。坐定后，还没等我缓过神来，他已摆了一步炮二平五。我说："胡司令，这不行，还是我先行。"他笑了一笑："好吧！"那虚怀若谷之态，令我对他更加崇拜。

一个智者的行为方式往往与人相背。当年，一年一度的上海市象棋擂台赛，是上海棋手与棋迷们的节日。那年擂台赛上，对阵的"御林军"和"绿林汉"们几乎个个都是衣着不凡。而我们大智若愚的胡司令并没有在穿着上下功夫，还是我行我素地穿着他那背时的西装短裤和衬衫。不过这丝毫没有影响棋迷们对他的崇拜。想一想吧，在中国，棋迷有一亿之众，作为一个一亿之众的执牛耳者，人们怎么会不崇拜呢？

那一年，久负盛名的国际象棋"林氏家族"中的林鹤拿了上海市冠军后，有很多棋人和棋迷希望胡司令和林鹤约枰一比高低。这场在上海市体育宫对外正式卖票的表演赛，吸引了象棋和国际象棋的众多棋迷。胡司令在表演赛的中局时突发妙手，弃子后最终入局。当年观战的棋迷们回首往事，还是津津乐道。

胡司令对象棋、国际象棋和围棋的艺术进行了贯通，最后是三棋归于——有如登高望远，水天一色。

2017年春天的某一个下午，应中国象棋协会副会长王连云先生之邀，我有幸和胡司令、上海棋社社长单霞丽大师一起喝茶。看到年已七十有二的胡司令目光深邃，超人的记忆力依然，作为胡司令铁杆棋迷的我，倍感欣慰。

当今棋坛，新秀辈出！但是，像胡荣华这样一位独霸棋坛几十年的一代宗师，在中国历史上，当属空谷绝响。